깨져도 안 깨지는 믿음

투 웨 이
T W O   W A Y S

황웅근

머리말

독자님들의 삶과 마음은 안녕하신지요?

저의 전작 10월 『마음 세탁소』가 재작년 방송가를 시작으로, 여러 매체를 통한 독자님들의 뜨거운 성원에 힘입어 베스트셀러의 반열에 올라서게 되었습니다. 출간 9년 만의 역주행이었기에 무척 기뻤습니다. 이에 저는 제가 받은 기쁨을 다시 되돌려드리고자 새롭게 글을 쓰기 시작했습니다.

'그런데 이번에는 어떤 내용으로 독자님들께 보답해 드려야 하지?'

그러자 문득 독자님들의 폭발적 관심을 받기 약 1개월 전, 어느 날 새벽에 소쩍새 한 마리가 저에게 전한 메시지가 떠올랐습니다. 그 당시 녀석은 다소 가라앉아 있던 제 마음을 영롱한 울음소리로 활짝 깨워주었거든요. 녀석은 마치 나에게,

"형도 소쩍새야. 형에게도 나처럼 영롱한 그 무엇을 이미 가지고 있잖아. 그것으로 형의 삶을 노래해 봐."

라고 말해 주는 듯했습니다.

그렇습니다.

제게는 옛사람들로부터 배운 '투웨이(Two ways) 철학(이하 투웨이)'
이 있었습니다. 옛사람들의 정보와 지식은 현대인들보다 부족했지만, 통
찰과 지혜의 영역에서는 현대인들을 압도했습니다. 퇴계 이황, 율곡 이
이, 구암 허준 선생들이 그랬습니다.

저는 소쩍새 울음처럼 맑디맑은 선생들의 가르침을 깊이 궁구하면서
'깨져도 안 깨지는 믿음'을 얻었고 이를 기초로 투웨이를 확립할 수 있었
습니다. 그랬더니 보아도 보이지 않았던 세계가 보이고, 들어도 들리지
않았던 세상이 들리며, 만져도 만져지지 않았던 삶을 만지게 되면서 마
음병에서 벗어날 수 있었고 삶의 시야가 확 달라졌습니다.

현재 우리가 살아가는 세상은 어떻습니까?

육체적으로 힘겨운 노동은 로봇이 하고, 정신적으로 부담스러운 노동
은 AI가 맡고 있습니다. 그 덕분에 노동으로부터의 자유를 찾아가면서
생활의 편리함과 첨단 문명의 혜택을 누리고 있습니다. 그렇지만 풍요
속에서도 늘어만 가는 정신적 빈곤, 생활 스트레스의 누적, 건조하고 딱
딱해져만 가는 인간관계, 심리적 불안정과 각종 만성 질환의 증가 등은
꼭 해결해야만 하는 과제가 되었습니다.

그러나 놀랍게도 위 선생들은 이미 천년의 대계를 세우고 이를 해결
할 방책을 온전하게 준비해 두었습니다. 그러니 어찌 독자님들의 사랑을
듬뿍 받은 제가 이 아름다운 메시지를 우리 사회에 전파하지 않을 수 있
겠습니까?

저의 전작 역시 '투웨이'에 근거한 '심리 치유 에세이'였습니다. 그

리고 이번 책은 투웨이를 좀 더 확장하여 철학과 신학적 요소를 갖춘 인문서이자 심신의 건강을 챙길 수 있는 실용서로 나아가고자 합니다.

저는 선생들이 제시한 투웨이가 우리 시대가 꼭 필요로 하는 정신적 자양분인 소위 '오래된 미래'로서의 가치가 충분하다고 생각합니다. 따라서 우리 시대가 가진 여러 문제를 근본적으로 해결하고 개개인에게 마음의 평화와 일상의 행복을 찾아주리라고 감히 확신합니다.

이제 소쩍새의 노래가 시작됩니다.

2024년 한가을
청주시 무심천 수변에서
심의(心醫) 황웅근

차례

일러두기

* 소쩍새

나의 선한 소망을 이루게 해주는 하늘의 전령사요, 도우미이자, 해결사이
며, 매개체다. 사람뿐만이 아니라 사물 및 무형의 모든 존재도 포함된다.

* 해동네와 달동네, 음양(陰陽)

해동네와 달동네는 음양에 대한 저자의 현대언어 표기다. 보이는 모든 사
물은 하늘과 땅, 불과 물, 낮과 밤, 남과 여처럼 해동네와 달동네로 존재
한다. 보이지 않는 심리적인 측면도 마찬가지다. 내가 좋아하고 익숙하며,
내 뜻대로 되는 세상은 양(陽)에 해당하는 해동네이다. 내가 싫어하고 낯
설고, 내 뜻대로 안 되는 세상은 음(陰)에 해당하는 달동네이다.

* 투웨이 (Two ways), 원카드 (One card), 이분법과 순환론

세상과 우리의 삶은 땅과 하늘, 물과 불, 여자와 남자, 밤과 낮, 내 뜻대
로 안 되는 세상과 내 뜻대로 되는 세상처럼 음이라는 '달동네'와 양이라
는 '해동네', 이 두 가지 모습을 가지고 있다. 이 두 가지는 서로 대립하며
분리된 동시에, 서로 의존하며 연결돼 있다. 이때 해동네든, 달동네든 그
하나만을 우위에 두고, 그것만을 중시해서 다른 하나를 차별하면서 투쟁
적 시각으로 바라본다면(이를 '원카드 - One Card'로 규정함) 이분법적 사고
방식(이하 이분법)이며, 이 두 가지를 대등하게 바라보고, 양쪽을 모두 중
시해서 이 둘이 협력하고 서로의 자리를 내어줄 수 있는 순환의 구조로
파악하면(이를 '투웨이 - Two Ways'로 규정함) 순환론적 사고방식(이하 순환
론)이 된다.

그런데 이때 투웨이를 버리고 이분법을 좇거나, 이분법을 버리고 투웨이를 중시하면 이것이 곧 '원카드'이자 이분법이다. 이에 반해 '이분법도 좋지만, 순환론도 괜찮다'라고 바라보면 이것이 곧 '투웨이'이자, 순환론이다. 세상의 존재 양식도 '투웨이'이며, 우리가 살아가는 방식도 '투웨이'이다. 살아가는 방식에서의 투웨이는 내가 가지고 있고 내게 익숙한 삶의 방식 하나에 그렇지 않으면서도 매우 유효한 또 다른 삶의 방식이 있을 때 전자와 후자를 시의적절하게 적용하여 심신의 건강과 일상의 행복을 챙기는 방법론이다. 그러면 어떤 선택으로부터도 자유로워지며, 너에게도 좋고, 나에게도 좋은 길이 자연스럽게 열리게 된다.

* 표리(表裏)

표리에서의 표(表)는 겉모습이며 드러난 세상이고, 리(裏)는 속 모습이자, 표를 드러나게 해주는 원리를 말한다. 투웨이는 수평적 관점인 음양이라는 협의(狹義)의 개념과 여기에 수직적 관점인 표리까지 포괄하는 광의(廣義)의 개념이 있다.

* 하늘

사람과 만물이 존재토록 하는 원리에 인격을 부여한 실체다. 비존재의 모습으로 존재하며 신의 개념이자 신 그 자체이기도 하다. 성리학에서는 현상 세계[기(氣)]를 구성토록 해주고 이를 받쳐주는 본질 세계[리(理)]를 말한다.

* 본성과 칠정

본성이란 하늘의 마음 그 자체, 혹은 하늘의 마음을 닮은 선한 마음을 말한다. 인의예지신(仁義禮智信)이라는 덕목을 가지고 있으며 이타적인 마음이다. 칠정은 사람의 마음으로 성리학적으로는 희노애구애오욕(喜怒哀懼愛惡慾)이며, 한의학적으로는 희노우사비공경(喜怒憂思悲恐驚)이다. 변덕스럽고 고집스러운 마음이고 이기적인 마음이다. 본성과 칠정은 이분법적으로 구분해 볼 수 있지만, 현실 세계에서는 칠정 속에 본성이 있으며, 본성 속에 칠정이 있는 투웨이의 구조로 존재한다.

* 일상(日常)과 망상계(妄想界)

너와 내가 사랑하며 서로 교류할 수 있는 세상이 일상이며, 그런 사랑이 없기에 서로 교류할 수 없는 혼자만의 세상이 망상계다. 투웨이는 일상을 열고, 원카드는 망상계에 빠지게 한다.

* 삶과 행복

삶은 곧 행복이다. 극단적인 예외 조항 몇 가지를 빼고는 우리 삶에 불행은 없다. 행복에는 참된 행복인 '명품 행복'과 헛된 행복인 '유사품 행복'이 있다.

삶은 곧 행복
(불행은 없다)

명품 행복 (참된 행복)
▸ **일상의 행복** – 너와 내가 사랑함으로써 누리는 행복

유사품 행복 (헛된 행복)
▸ **불행의 행복** – 고통이 주는 존재감으로 얻어지는 행복
▸ **짝퉁 행복** – 우월감이 주는 존재감으로 얻어지는 행복
단, 극적인 상황은 예외(전쟁, 재난, 범죄 등)

* 구라

위트와 논리를 갖춰서 그 누군가의 심리를 평화롭도록 도와주는 이야기.

* 수다

너와 내가 구라를 치면서 머릿속 잡념과 부정적 감정을 덜어주는 유쾌한 이야기.

* 한방심성계발

한의학의 음양 원리와 동양의 인문학을 조합하여 투웨이를 깨우치는 마음공부.

제1장

현실을 인식하고

내 마음이 본성(투웨이)에 머무르면
참된 현실인 일상을 만나게 되고,
칠정(원카드)에 이끌리면
헛된 현실인 망상의 늪에 빠지게 된다.

일상의 삶에는 '참된 행복'이 펼쳐지고,
망상의 늪에는 '불행의 행복'과 '짝퉁 행복'이 자리를 잡는다.
괜찮다.
얼마든지 불행의 행복이나 짝퉁 행복을 누릴 수 있다.
하지만 우리가 항상 그럴 필요는 없지 않을까?
그러므로 이제 우리는 일상에 머물면서 참된 행복을 누려 보기로 하자!

가짜 한의사의 구라

"아빠 뭐 해?"

"뭐하긴? 글 좀 쓰고 있지!"

"어이구. 가짜 한의사가 또 구라치고 있네!"

한의사는 약을 처방하고 침을 놓아주는 의료인이다. 그런데 늦둥이 아들 녀석이 바라본 아빠는 치유센터를 운영하면서도 틈만 나면 치료와 상관없어 보이는 글만 써댄다. 아들 눈엔 아빠의 글은 구라요, 영락없는 가짜 한의사다.

"인석아. 구라 잘 쳐서 사람들의 생각을 유연하게 만들어 주면 마음이 건강해져. 그러면 몸도 건강해진단 말이지. 나도 그렇게 한의사의 역할을 하는 거야."

나의 구라는 '심신의 건강'과 '일상의 행복'을 찾아가기 위한 유쾌한 이야기다. 따라서 내 구라는 누군가와 옳고 그름을 따지기 위한 논쟁거리가 아니다. 나는 그저 나의 구라가 어떤 분들께 내면의 평화와 일상의 행복을 찾아가는 데 도움이 되기를 바랄 뿐이다.

아들 녀석은 현재 그토록 찬란한 대한민국 중2로서 자신의 정체성을 찾아가는 나이다.

"아빠! 전에 〈마음 세탁소〉가 베스트셀러된 것, 연예인을 돈으로 매수해서 광고시킨 거지? 한의사 면허증도 위조한 거고?"
"어라, 어떻게 알았지? 이거 참, 큰일 났군. 하하."

참 감사하게도 녀석이 어느새 농담을 주고받을 정도로 커버렸다. 공부와는 아예 담을 쌓았다. 그러나 녀석이 공부하겠다고 결심한다면, 나는 제대로 도와주려는 마음이 있었다.
작년 봄, 나는 녀석의 공부 동기 부여를 위해서 대학 캠퍼스 탐방을 시도했다. 먼저 나의 모교인 경희대 캠퍼스를 돌았다.

"와. 아빠네 학교 정말 넓고 좋네."

녀석의 첫 반응은 좋았다. 경희대 서울 캠퍼스는 고황산 기슭에 있기에 비교적 공기가 쾌적하고 운동장도 매우 넓은 편이다. 특히 사범대로 이어지는 벚나무 길은 호젓한 정취까지 느낄 수 있어서 주변 주민들의 산책 및 연인들의 데이트 코스로 인기 만점이다. 길 아래쪽에는 선동호라는 매우 아름다운 호수도 있다. 나의 학창 시절과 비교하면 기숙사라든지, 기타 건물들이 들어와서 다소 협소해진 느낌이 들었지만, 여전히 아름다운 자태를 뽐내는 캠퍼스였다. 녀석 역시 이러한 풍광을 보면서 마음에 이끌리는 점이 있는 듯 했다.

'녀석을 참 잘 데려왔군. 역시 현장을 보여줘야 마음도 일어난다니까.'

나는 내심 쾌재를 불렀다.

'좋아. 그럼 이참에 서울 소재 대학 캠퍼스를 하나씩 방문해 보자.'

나는 녀석을 데리고 다음 코스인 경희대에서 멀지 않은 고려대학교 안암 캠퍼스로 향했다. 먼저 문리대 캠퍼스에 갔는데 웬걸, 녀석의 반응이 영 신통치 않았다. 녀석은 건물의 웅장함보다 공간의 협소함에 답답함을 느꼈다. 자연계 캠퍼스도 방문했지만, 녀석은 그냥 자동차에서 내릴 생각조차 하지 않았다. 그 후 녀석은 나의 이벤트 여행을 거부했고 소기의 목적은 실패로 끝났다.

역시 세상일이 내 뜻대로만 될 수는 없었다. 나 역시 마음을 내려놓지 않을 수 없었다.

자녀가 중·고등 학교 성적이 좋아서 명문대에 진학하고, 외국으로 유학하여 석·박사 학위를 받고, 대기업에 취직한다면 참 좋은 일이다. 그런데 자녀가 그 길을 싫어하거나, 역량이 부족하다면 어쩔 수 없다. 그럴 땐 먼저 놀고 나중에 공부하면 된다.

과거에 나는 지금의 성숙한 두 딸에게 이 방법을 적용했었다. '먼저 공부해서 뜻을 이룬 후 나중에 신나게 놀겠다'라는 생각을 거꾸로 풀어가는 방법이었다. 내가 일찌감치 적용해 보니 아무런 문제가 없었다. 아니, 오히려 더 빨리 사회생활에 적응하는 모습을 볼 수 있었다. 첫째 딸은 24살에 결혼해서 자립했고, 두 살 차이의 둘째 딸도 프리랜서로 독립해서 잘 살아가고 있다.

누군가 말한다.

"남들은 학교 공부도 모자라서, 학원 공부에, 과외에, 공휴일, 일요일도 쉬지 않고 공부하는데 우리 아이를 놀게만 하라고요? 그럼 장래는 어떡하죠?"

그렇게 불안하면 아이를 다시 단단히 잡고 공부시키면 된다. 나도 그런 마음을 가졌었다. 나는 얼마 전 아들에게 하루 한 시간이라도 나와 함께 공부하자고 제의했다. 그리고 다소 거부감이 있는 아들의 마음을 붙잡고 함께 공부를 시작했다. 나는 녀석이 조금이라도 공부에 관심을 둔다면, 내가 녀석의 전 과목 과외 선생이 되겠다고도 결심했다.

그런데 이주일 쯤 지나면서 녀석의 집중력은 점점 떨어져만 갔다. 결국 아들은 공부를 놓았고 나도 포기했다. 녀석은 만세를 불렀다.

"아빠. 나는 아빠처럼 공붓벌레가 되고 싶지 않아. 이 좋은 청춘을 왜 공부로 날려?"

녀석은 지금 집에 있는 시간에는 주로 친구들과 채팅을 즐긴다. 하루 중 가장 많이 하는 일과다. 또 틈틈이 음악 듣고 춤추기를 좋아한다. 컴퓨터 게임은 하지 않기로 협의했다.

겨울방학 기간, 새벽에 잠들었던 아들이 오전 11시쯤 일어나더니 내게 말한다.

"어이~ 황 비서! 밥은 해 놓았어?"
"물론이죠. 회장님!"
"요즈음은 방학이니, 비서가 필요 없어. 몇 시에 나갈 건가?"
"오늘도 오후 3시에 나가서 2박 하고 내일 일요일 늦은 밤에 귀가토록 하겠습니다."

"들어오는 시간은 더 늦어도 좋으나, 나가는 시간은 꼭 지키도록!"

"넵. 회장님! 그리하지요."

녀석과 나는 녀석의 기를 살려주기 위한 회장 놀이를 자주 즐긴다. 녀석은 잔소리 안 듣고 제 마음껏 놀 수 있으니 좋다. 나는 나대로 편하게 다른 일정을 도모하니 이 역시 괜찮다.

오늘 녀석이 즐겁고 나도 즐거우면, 내일도 그렇게 즐거울 터. 나는 지금 녀석과 함께 내일 누릴 기쁨을 오늘 누리기로 작심했고, 그렇게 살아가고 있다. **먼저 즐겁게 살고 먹고 사는 일일랑 나중에 천천히 고민해도 된다**는 사실을 이미 앞선 두 딸이 증명했으니, 크게 걱정할 일이 아니다.

녀석도 좋고 나도 좋은 투웨이 라이프는 현재 진행형이다.

✍ 무슨 소리?

공부 먼저하고 나중에 노는 방법이 있고,
놀고 나서 나중에 공부하는 방법도 있어.

✍ 그래서?

각자가 처한 현실적 상황에 맞춰서 선택하면 되니까 후자도 고려해 봐.

✍ 뭐가 좋지?

자녀와 내가 더욱 친밀해져.

나는 소쩍새다

2022년 5월, 내가 지금껏 운영해 왔던 제천한방자연치유센터가 대규모 리모델링을 시작함과 동시에 위탁 운영이 종료되었다. 1년여의 리모델링 후, 센터를 재차 수탁하기까지 백수가 되었다. 그래서 나는 세종시 금남면의 한방힐링센터에서 일도 하고 휴식도 취할 겸 머물고 있었다. 그러던 8월 초순, 주말 새벽 4시에 눈이 절로 떠졌다. 그때 내 머릿속에는 여러 잡념이 다소 엉켜져 있는 상태였다.

'지금 내가 가진 것은 무엇인가? 가식과 허례, 위선, 빚. 그리고 주변 사람들의 기대치에 부응하지 못해서 생긴 신뢰 추락, 후년이면 벌써 60세, 늘어만 가는 흰머리. 에구, 제법 심각한 게 많군.'

바로 이때,

"솥적다. 솥적다. 솥적다. … 쩍다. … 쩍다. 솥적다."

소쩍새 울음소리가 창문 너머로 들려왔다. 처음에는 녀석의 울음소리가 무거워진 내 마음처럼 다소 처량하게 들렸다. 그런데 시간이 지나자 점점 맑고 깔끔하게 들리기 시작했다.

대개 소쩍새들은 '솥적다'라는 3음절로 노래할 때와 '소쩍'이라는 2음절로 노래할 때가 있다. 그런데 녀석은 계속 3음절로 부르는 게 아니라, '솥'이라는 음절 한 박자를 쉬고 '쩍다'로 시작하는 기발한 테크닉을 구사하고 있었다.

와우!

녀석은 보통내기가 아니었다. 나는 녀석의 울음을 들으면서 입가에 웃음이 맴돌았다. 그리고 나의 스승 허준 선생이 늘 강조한 마음 비우기 기법인 '지금 이대로도 충분하다'라는 공식이 떠오르면서 나를 짓누르고 있었던 잡념들이 정리되기 시작했다.

'아, 사람으로 태어나서 저렇게 예쁜 소쩍새 소리를 들었으면 된 거 아닌가? 내가 지금 무엇을 더 바라는 거지? 그러고 보니 나는 한의사 면허도 있고, 여전히 건강한 편이잖아. 가족들도 대체로 무탈하고. 나의 가식과 위선이야 본래 나쁜 목적을 가진 것은 아니지 않은가. 빚이야 다시 본격적으로 일하면 곧바로 갚을 수 있는 수준이고, 타인과의 신뢰 역시 내가 먼저 깨지 않는 한 결코 깨지지 않는 법. 한의사와 상담가로서의 일은 60세부터가 오히려 전성기가 아닐까?'

나는 중병이 든 것도 아니고 전쟁터에 있는 것도 아니었지만, 다만 내 삶에서 부정적인 요소를 캐내서 그 꼭짓점을 연결하고 있었다. 그러던 중 나를 찾아온 소쩍새의 울음소리에 정신이 화들짝 깨어난 후, 다시금 기쁠 수 있는 이유를 찾아 그 꼭짓점을 연결하기 시작했다. 그러자 곧바로 행복의 문이 열렸다.

똑같은 상황이었지만, 소쩍새 소리를 듣기 전과 들은 후의 현실은 너무도 달랐다.

나는 내게 일어난 이 상황을 이해하고 싶었다. 이때 내 머릿속에 암기하고 있었던 한의학의 경전인 황제내경(黃帝內經)의 다음 두 구절이 떠올랐다.

> 망상으로 피곤함을 부르지 않으면 천수를 누리면서 100세를 넘긴다.
> (…不妄作勞…盡終其天年, 度百歲乃去.)
> 망상을 일상으로 착각하면서 산다면 행복한 삶을 거스르기에 50세만 되어도 쇠퇴한다.
> (…以妄爲常…逆於生樂…故半百而衰也.)

소쩍새 소리를 듣기 전은 망상계였고, 그 소리를 들은 후는 일상이었다. 나는 나 자신의 수양에 어느 정도 자신감이 있었지만, 그것이 나의 교만임을 알게 되었다.

'그래 사는 동안 어떻게 내가 망상계를 벗어나랴. 수시로 오가는 게 우리네 삶이지. 깜빡 속았구나.'

나는 언제라도 현재 내 삶이 주는 찬란함이 부정적 망상에 의해 덮일 수 있음을 다시 한번 인식할 수 있었다. 고맙게도 소쩍새의 울음소리는 그런 나의 망상을 단박에 부서뜨려 주기에 충분했다.

이렇게 일상을 부르는 소쩍새 소리가 있다면, 망상을 부르는 소리도 있는 법이다.

"호르르, 후르르, 호르르, 후르르."

길가 덤불 속이라면 언제나 흔하게 들을 수 있는 종달새 소리다. 그들은 "너 지금 뭐 하고 있어. 그렇게 살면 되겠어? 정신 차려야지. 뭐라도 해봐. 일단 아침에 일찍 일어나서 독서도 하고 운동부터 시작해"라면서 훈계한다.

이렇게 해결책을 제시하는 사람들은 곳곳에 차고 넘친다. 물론 그런 해결책이 필요하고 도움을 주기도 한다. 그런데 해결책도 제시하지 않고 단점만을 꼬집고 지적질만 하는 때도 있다. 그건 오히려 내 생각을 더 복잡하게 만드는 가스라이팅에 가깝다.

종달새의 훈계를 따른 40대 후반의 어떤 부인이 말했다.

"항상 새벽에 일찍 일어나 소망을 100번 쓰기로 했죠. 참 열심히 공부했어요. 그런데 1년이 지나니 눈 밑에는 다크써클이 생기고 남편과 불화만 깊어졌네요."

대개 종달새 유형의 사람들은 내가 아프고 배고프면, 특정한 병원에 가서 처방을 받으라고 말한다. 슈퍼에 가서 밀키트를 사고 채식과 육식도 골고루 먹으라고 충고한다. 일자리가 없으면, 정부 시책을 살펴보고 무료 교육을 받아보라고 권고한다. 그리고 연봉이 높은 직장에 출근하라고 말한다. 모두가 맞는 말이지만, 결국 어떤 문제도 해결되지 않을 수 있다.

반면 소쩍새 유형의 사람들은 나의 배고픔을 직시한다. 잘 구워진 맛있는 빵을 사 와서 잼을 바른 후 함께 먹자고 말한다. 심지어 떠먹여 주기도 한다. 내가 아프다면 의료기관에 나를 데리고 가서 필요한 약을 처방받도록 도와준다. 심지어 내일부터 출근할 직장을 마련해 준다.

또한 소쩍새는 종달새처럼 정신없이 울어대지 않는다. 정확한 속도로 정확한 음률로 확실하게 박자를 맞춰주기에 듣는 사람도 편하다.

그래서 소쩍새의 사랑을 받으면 문제가 즉시 해결되고 일상의 행복이 바로 시작된다. 소쩍새가 울면 떠나간 그리운 님이 오신다는 노래도 있고, 풍년이 온다는 옛말이 있는데, "솥적다. 솥적다."라는 말은 솥에 담을 쌀이 넘친다는 점을 예고하기 때문이라고 전해 내려온다.

내게도 그랬다. 내가 소쩍새의 울음을 듣고 일상의 감각을 잡고 난 후 한 달여 지나자, 나의 책이 독자님들의 폭발적인 사랑에 힘입어 베스트셀러가 되었다. 그러한 독자님들의 힘찬 응원은 나에게 다시금 새로운 책을 집필할 동기를 심어 주었다.

우리 삶에 망상이 없을 수는 없다. 괜찮다. 그러나 '망상계'는 짧을수록 좋고, '일상'은 길수록 좋다. 그러므로 건강한 삶을 위해서라면 소쩍새의 영롱한 울음소리가 항상 필요하다. 내가 부르는 소쩍새 노랫소리 역시, 누군가가 일상으로 복귀하는 데 적지 않은 도움이 되리라고 나는 믿는다. 나는 투웨이를 전하는 한 마리 소쩍새가 되고 싶다. 그래서 다음처럼 노래한다.

"투웨이, 투웨이, 투웨이"

무슨 소리?

소쩍새 울음소리와 독자님들의 응원이 나를 깨웠어.

그래서?

나 역시 조언자인 종달새보다 해결사인 소쩍새가 돼보려 해.

뭐가 좋지?

너와 내가 서로 사랑할 수 있는 멋진 일상이 열릴 테니까.

형이 왜 거기서 나와?

"한의사가 왜 마음 치유니, 일상의 행복이니 그런 이야기를 하는 거죠?"

"한의사니까 그런 거예요."

"침놓고 약 처방하는 게 한의사 아닌가요?"

"물론 그렇습니다. 그러나 한의학은 몸과 마음을 하나로 보고 있죠. 동의보감 첫머리부터 허준 선생께서는 **마음을 다스림으로써 병을 치료하라**고 말씀하셨거든요. 심신의 건강을 바탕으로 일상의 행복으로 나아가라고 독려하는 것이 한의학의 핵심 철학입니다."

최근 우리 사회는 마음 챙김, 마음 명상, 마음 수련, 회복탄력성 등 온통 마음 치유 이야기로 뜨겁게 달궈져 있다. 가히 마음치유 공화국이라고 말해도 과하지 않을 정도다. 나 역시 '한방심성계발'을 통해서 내 마음속 무지와 착각의 때를 씻어내는 일명 '마음 세탁'이라는 장르로 이 유행에 동참했다.

경제적으로 어려운 상황을 극복하거나, 좋은 인간관계를 원할 때, 몸의 건강을 회복시킬 때도 착각과 무지의 때를 벗겨 내는 마음 세탁이라는 과정이 필요하다('마음 세탁' 과정은 전작에서 이미 심도 있게 논했다).

나는 병 치료에 있어서 마음 치유를 가장 중시하는 심의(心醫)다. 모든 한의사들은 나처럼 심의라고 자처하지 않더라도 이미 마음 치유를 중시하면서 진료에 임한다. 침의 원리를 밝힌 황제내경 보명전형론편(實命全形論篇)에서는 침을 놓을 때도 의료인과 환자, 두 사람의 마음 바탕을 중시할 것을 다음처럼 권고하고 있다.

무릇 침을 놓는 진수가 있다. 먼저 정신을 다스려서 오장이 안정되고, 몸의 모든 부위의 긴장이 풀린 다음에 침을 시술하라.
(凡刺之眞 必先治神 五臟已定 九候已備 後乃存鍼)

정신을 다스린다는 행위는 환자와 의사 모두에게 해당한다. 의사의 정신이 산란하거나, 환자의 정신이 안정치 않으면 무너진 전봇대로는 전기가 통할 수 없는 것처럼 의사와 환자 간에 생체의 기운이 흐르지 않아 침 효과를 발휘할 수 없다. 또한 동의보감에서는 허리가 아플 때도 마음에서 오는 원인이 있다면서, 이를 기요통(氣腰痛)이라고 이름 지었다. 요즈음 말로 스트레스가 누적되면서 허리 근육이 경직되어 나타나는 만성 통증이다. 이때는 스트레스를 해소해야 병이 낫는다. 이처럼 **마음 치유는 한의학의 근간**이다.

나는 임상 33년 차다. 나처럼 오랜 시간 임상을 했던 의료인들은 만성적 신체 질환에 심리적 원인이 있다는 점에 대부분 동의한다. 제천시 의한의사 A씨도 이 점을 중시한다. 그는 침을 놓기 전, 혹은 침을 놓는 도중에 대기실에서 설교를 시작한다.

"침만 부지런히 놓을 것이지. 왜 그리 말이 많아?"

라고 반문할 수 있겠지만, 그는 침을 놓는 것이 남녀가 사랑하는 원리와도 크게 다르지 않음을 잘 이해하고 있다. "사랑하는 사람의 마음을 어루만지지 않고서 어떻게 몸의 소통으로 나아갈 수 있겠는가"라고 말하며 설교의 끈을 더욱 굳세게 잡아당긴다.

수원시의 한의사 B씨 역시 아무리 바쁠지라도 환자와 최소 30분 이상의 상담 시간을 잡아 둔다. 환우와 보호자의 마음까지도 치료 대상에 포함되기 때문이다. 또 다른 암 치료 특화 한의사인 구리시의 L씨 역시 환자들의 마음을 따뜻하게 만져주면서 정성을 다한다.

우리나라 철학의 대중화에 공헌한 정통 한의사 도올 선생과 한의학의 생활 의학화를 이룬 故금오 김홍경 선생 역시, 마음 치유 영역을 특히 강조했다.

나는 할아버지께서 정통 한의사이셨기에 한의학과 인연을 맺을 수 있었다. 그러나 내 할아버지는 내가 태어나기 전에 돌아가셨다. 내가 어릴 적에 할아버지의 의술을 이어받아 읍내에서 한약방을 운영하셨던 당숙님은 나를 볼 때마다 "너는 커서 꼭 한의대에 입학하여 가업을 잇도록 하여라!"라면서 내 귀가 닳도록 말씀하셨다. 나는 당숙님의 애정 어린 세뇌 덕분에 한 번의 재수 끝에 1985년 한의학에 입문할 수 있었다.

그렇게 대학 과정을 이수한 나는 1991년 첫 개원 후, 할아버지때부터 전해져 온 의술과 학교에서 배운 한의학을 접목해서 임상을 시작했다. 그렇지만 치료 성과가 잘 나타나지 않았다. 1년이 지나자 오히려 자신감을 잃고 회의에 빠졌다. 환자의 병을 살피는 게 두려울 정도였다. 이때 불현듯 대학 시절 모 교수님께서 말씀하신 내용이 떠올랐다.

"임상에 나가서 어려움을 겪을 때는 너희가 안 되는지, 한의학이 안 되는지를 구분할 줄 알아야 해. 나는 단언하는데, 한의학은 이미 온전하고 훌륭하다. 만일 치료가 잘되지 않으면 너희 자신부터 의심하라."

나는 내 부족함을 인정했고 절실한 심정으로 다시금 동의보감을 찬찬히 읽어보았다. 그리고 해답을 찾는 데는 오랜 시간이 필요하지 않았다. 동의보감 첫머리에 '도로써 병을 치료하라, 마음을 비우는 게 도다(以道療病 虛心合道)'라고 적혀 있었기 때문이다. 학창 시절에는 그냥 넘어갔던 구절이었지만, 내 마음이 절실해지자 이 구절이 뼛속까지 새겨졌다.

나는 임상에서 곧바로 이 이치를 적용하기 시작했다.

'환자의 마음을 비워주기 위해서는 내가 할 일이 뭐지?'

그리고 이내 깨달음을 얻었다.

'아차! 내 마음부터 비워야 하는 거잖아.'

결국 충분히 준비하지 않고 빨리 결과만을 얻겠다는 내 조급한 마음이 문제였던 것이다.

나는 내가 가지고 있었던 조급함이라는 마음의 때를 씻어내기 위하여 환우분들과 식사도 하고, 기타치고, 함께 노래도 부르고, 운동하며 수시로 대화했다. 그렇게 찬찬히 치유의 과정을 소화하면서 한 스텝씩 나아가자 치료 효과가 점점 상승하기 시작했다. 이에 고무된 나는 2004년 어느 여름날 굳세게 심의(心醫)의 길을 가겠다고 다짐하면서 스스로 심의임을 선언했다.

나는 이 과정에서 퇴계 이황, 율곡 이이, 구암 허준 선생을 사숙(私淑)했다.

• 퇴계(退溪) (1502년~1572년)
  이황(李滉) 선생의 자(字).

조선 중기의 성리학자, 조선 성리학을 집대성했다.

- 율곡(栗谷) (1536년~1584년)

  이이(李珥) 선생의 자(字).

  조선 중기의 성리학자로서 실용주의적 철학자다.

- 구암(龜巖) (1539년~1615년)

  허준(許浚) 선생의 자(字).

  조선 중기 의관(醫官)으로 동의보감을 편찬했다.

사숙이란 후대인들이 스승이 남긴 책을 통해 가르침을 받는 것을 말한다. 나는 세 선생이 제시하는 인간과 우주 만물, 여기에 내재하는 자연의 이치, 본질 세계를 접하면서 답답했던 내 사고가 활짝 열렸다. 그것은 참으로 유연했고 나는 이를 '투웨이'로 명명했다.

내가 위 세 선생의 가르침을 받아들이는 것은, 이에 앞서 20대 초반부터 중반까지 이어진 한의대 재학 시절에 겪었던 생각 패러다임의 변화가 있었기에 가능한 일이었다. 나를 비롯한 학우들은 한의대 입학 전까지 철저히 서양의 이분법적 사고에 길들여진 상태였다. 이 사고방식은 한의학을 접할 때 상당히 많은 혼란을 불러일으켰다. 한의학에 등장하는 용어들은 고정된 의미를 지니는 그 무엇이 아니라, 상황에 따라 그 뜻이 달라졌기 때문이었다.

한의학은 한의학의 근간이 되는 음양표리(陰陽表裏)와 오행(五行)에 대한 패러다임이 아니면, 그 문턱조차 접근하지 못할 수 있다. 한의학의 입문자들이 겪는 이러한 혼란은 과학적이고 분석적인 이분법으로 한의학을 이해하려는 모든 사람에게 똑같이 나타난다. 그래서 자신이 가진 사고의 한계를 인식하지 못하고, 오히려 한의학을 미신이나 비과학으로 규정하는 우를 범하는 경우가 많다.

대개 한의사란 겉모습으로 보면 침을 놓고 뜸을 뜨고 한약으로 병을 고치는 의료인을 말하지만, 그 내면 심리에서 음양표리, 즉 투웨이가 정착될 때 한의사다움이 갖춰진다. 다행스럽게도 나와 학우들은 대학 시절 6년을 고심하면서 결국 '음양표리'에 대한 기초적 이해를 얻을 수 있었다. 그리고 나는 대학 졸업 후에 다시금 세 선생을 사숙하면서 이를 현 시대에 맞게 재구성하여 투웨이로 정립하여 세상에 내놓을 수 있게 되었다.

지금 대한민국은 선진국으로 진입했다. 따라서 이에 적합한 정신문명도 구축하고 일상의 행복을 찾아야 할 때다. 이를 위해서는 마음의 평화가 필요하고 따라서 마음 치유 영역이 무엇보다도 절실하다. 이런 시대를 맞이하여, 역사와 전통이 있는 한방심리치유 영역에 오랫 동안 전념해 온 저자 본인이 침묵하는 것은 적합하지 않다고 생각된다. 그러므로 비록 많이 부족하지만 이 웅근이 형이 여기서 나올 수밖에 없음에 독자님들의 크신 아량과 너른 이해를 구한다.

🖋 무슨 소리?

심의가 지금 시대에 등장해야만 하는 이유를 밝혔어.

🖋 그래서?

역사와 전통이 있는 우리 고유의 심리학이 전하는 메시지를 잘 들어 봐.

🖋 뭐가 좋지?

한국 정통 심리학이 주는 실용성을 맛보게 돼.

불행의 행복과 짝퉁 행복

나는 2004년에 스스로 심의(心醫)라고 선언 후, 마음병 치유에 전념했다. 그런데 그 당시 환우분들은 병이 나을 무렵이 되면, 치유 과정을 중단하고 나를 멀리하는 경우가 적지 않았다.

'이제부터 그냥 건강하고 행복하게 살아도 되는데, 왜 이 시점에서 치료를 포기하는 걸까?'

나는 왜 이런 일이 일어나는지 자세히 관찰했다. 그리고 적지 않은 환우분들이 **고통을 통해 자기 존재감을 느끼고, 그 존재감을 통해 행복을 느낀다**는 사실을 알게 되었다. **병의 고통으로 불행하다고 말하지만, 그 불행으로 행복을 느끼는 심리를 나는 '불행의 행복'**으로 정의했다.

이것은 흡연자들에게서도 흔히 나타나는 현상이다. 입과 기관지를 통해 흡입되는 니코틴은 폐에 머물면서 강렬한 존재감을 선사하고 내가 살아 있음을 느끼게 해준다. 비흡연자라고 할지라도 자기의 존재감을 느끼기 위해서라면 먼 옛날 나를 고통스럽게 만들었던 수많은 기억과 그때 형성된 트라우마를 흡입함에도 주저함이 없다. 과거뿐만이 아니라 현재 상황에서도 여러 가지 고통스러운 사건을 채집하여 스스로 '불행한 사람'이라고 규정하기에 이른다. 이러한 심리는 필연적으로 내 몸과 마음에 질병을 고착시킬 수밖에 없지만, 고통이 주는 존재감을 행복으로 보상받게 되면서 '불행의 행복'이 완성된다.

도대체 왜 이런 일이 일어나는지 살펴보기로 하자. 우리는 출생하기 전 엄마 뱃속에서 우주와 떨어진 개별적인 자아로서의 '나'라는 인식이 없었고 우주가 곧 '나 자신'이었다. 그러나 '으앙'하고 태어난 순간부터 '나'는 분리된다. 그러다가 인지력이 생겨나면서 '나'와 '나 아님'의 인식이 생겨난다. 이때부터 '나'라는 존재는 '나 아닌 다른 존재', 즉 '사물과 타인(이하 '타자'로 부르기로 한다.)'을 통해서 인식된다. 그렇게 '나'라는 인식은 '타자'에 대한 인식 없이는 불가능하다. '나'와 '타자'는 인식의 범주에서는 분리가 일어나지만, 본래 따로 떨어질 수 없는 존재다. 그러므로 우리가 '나'를 인식하면서 우주 속의 '나'를 분리해냈음에도, 결국 '나'와 '나 아님'으로서의 '타자' 모두 '또 다른 나'라는 사실을 부정할 수는 없다.

즉 '진정한 나'의 실체는 '나'와 '타자'의 합체로서 '투웨이' 구조로 이뤄져 있다. 이때 전자에 마음을 두면 이기적이라고 하며, 후자에 마음을 두면 이타적이라고 한다. 성리학에서는 전자를 사람의 마음인 칠정(七情, 에고)으로, 후자를 하늘의 마음인 본성(本性, 참나)으로 불렀다.

이때, '칠정의 나'는 내 존재를 느끼기 위해서라면 무엇이라도 가리지 않는다. '나'를 인식할 수 있다면 그런 '나'를 느끼게 해주는 요소들이 비록 고통스러운 요소라도 마다하지 않는다. 이때 '불행의 행복'이 탄생한다.

불행의 행복이 주는 장점 아닌 장점도 있다. 아프다는 핑계로 게을러도 되고, 경제 활동을 하지 않아도 된다. 지속적인 가족의 관심을 받을 수도 있고, 어떤 책임감도 가질 필요가 없다. 따라서 이미 행복하다. 다만 겉으로 심각한 상황을 연출해야만 주변으로부터 계속 관심을 끌어당길 수 있다. 그래서 그 행복을 철저히 숨기면서 전혀 행복하지 않다고, 불행하다고 말할 수밖에 없다.

이렇게 '불행의 행복'을 추구하는 환자는 의료인의 도움으로 증상이 조금만 완화되기를 바란다. 견딜 만한 고통을 가진 채로 계속 환자로 살아갈 수 있는 수준까지다. 그래서 증상이 더 악화하지 않는 수준으로 관리해주는 의사와 기꺼이 공생관계를 맺고 환자의 삶을 살아간다.

불행의 행복은 비단 환자의 상황뿐만이 아니며 정상인이라고 생각하는 모든 사람에게도 흔히 나타나는 현상이다. 괜찮다. 불행의 행복 역시 살아 있는 사람으로서 누리는 행복이니까. 그러나 나는 이제 여기에 관심을 두지는 않는다. 불행의 행복일랑 충분히 누린 그 누군가가 또 다른 행복, 즉 일상에서도 충분히 누릴 수 있는 행복을 추구한다면, 심신의 건강을 찾아주는 데 제대로 된 도움을 주고 싶을 뿐이다.

'칠정의 나'라는 존재감을 느끼기 위한 행복으로는 '불행의 행복'외에 '짝퉁 행복'이 있다. 이것은 **남보다 더 낫거나 특출난 것만을 내세우며 그 우월감이 주는 존재감을 통해서 얻어지는 행복이다. 명예와 부, 권력 등과 같은 수단을 통해 '나'를 드러내려는 심리가 '짝퉁 행복'을 추구하게 만든다.** 한의학의 경전인 황제내경 소문 제1장에 수록된 문장에서는 이 부분이 잘 묘사되어 있다.

이미 가득히 가지고 있음을 알지 못하여 때를 기다리지 않고 높은 기대치를 충족시키려고 힘쓰다가 진정한 삶의 즐거움에 역행한다.
(不知持滿 不時御神 務快其心 逆於生樂)

이미 가득히 가지고 있는 '생명을 가지고 사람으로 태어난 축복'은 명품이다. 그래서 나는 이를 놓치고 다른 행복을 추구하는 심리를 일컬

어 '**짝퉁 행복**'으로 정의했다. 짝퉁 행복도 괜찮은 느낌을 준다. 하지만 짝퉁 행복은 '명품 행복'의 참맛을 알기 전까지의 임시 대용품일 뿐이다.

'불행의 행복'이나 '짝퉁 행복'은 구조적으로 한계점에 놓일 수밖에 없다. 왜냐면 '나' 하나로는 '나' 외의 또 다른 나이면서도 '참나'인 '타자'로부터 오는 존재감을 느낄 수 없기 때문이다. 반드시 '나' 외의 또 다른 나에 대한 존재, 즉 '본성의 나'에 대한 존재감을 찾을 때 온전한 나에 대한 존재감을 제대로 누릴 수 있다.

이를 위해서 '나'와 또 다른 '나'에 해당하는 '타자'와의 연결 작업이 필요하다. 이 과정이 곧 심성계발이고 마음 세탁이다. 이를 통해서 일상에서의 나와 타인이 서로 사랑하면서 행복의 물꼬가 열리게 된다. 나는 이를 '일상의 행복'으로 규정했다. **일상의 행복은 '나'라는 협소한 존재가 '나 아님'으로 여겼던 '타자'까지 포용하고 확장되면서 한껏 커진 존재감이 만들어내는 유쾌하고 기쁜 감정**이다. 이것은 마치 우리가 월드컵에서 자국 선수들이 승승장구할 때 느꼈던 확장된 자아가 주는 행복처럼, '칠정의 나'와 '본성의 나'가 합치될 때 느낄 수 있는 환희이기도 하다.

그렇다면 '일상의 행복'을 누리지 못하고 '불행의 행복'만을 계속 가지려고 한다면 어떻게 될까?

처음에는 '칠정의 나'가 주는 존재감 때문에 행복할지라도, 그 무게감이 점점 늘어나면서 부담이 된다. 그리고 어느 시점부터는 필연적으로 그 존재감이 주는 무게감으로 인해서 엄청난 고통이 생겨난다. 또한 '불행의 행복' 심리를 가지고 있는 한, '내가 불행하다'라는 목적을 달성하기 위해 몸이든, 마음이든 계속 아파야 한다. 이러한 고통이 점진적으로 쌓이면 결국 '불행의 행복'을 삼켜버린다. 이때부터 고통은 견디기 힘든 괴로움으로 바뀌고 더는 '불행의 행복'을 즐길 수 없게 된다.

'짝퉁 행복' 역시 타인에게 자기의 우월성을 인정받으려고 지속적으로 노력하는 과정에서 피로감이 누적되면서 이와 같은 기전을 똑같이 밟는다.

나는 이 세 가지 행복의 유형을 다음처럼 정리했다.

- 불행의 행복: 칠정의 나에 중심 두기. 일상을 떠나서 심각함과 우울, 원망, 피해 등 여러 고통을 채집하여 불행하다고 정의한 후 그 존재감으로 행복해하는 것.
- 짝퉁 행복: 칠정의 나에 중심 두기. 자신의 잘난 점을 드러내어 우월감으로 행복해하는 것.
- 일상의 행복: 본성의 나에 중심 두기. 일상에서 감사하고 만족하며 살아가는 삶에서 느끼는 행복.

나는 한방심성계발에서 '순행하면 즐겁고, 역행하면 고통을 통해 깨친다(順行卽樂, 逆行卽(苦而)悟)'라는 명제를 제시했다. 이는 고통이 견딜 만할 때는 불행의 행복을 즐길 수 있지만, 이 시점을 넘어가면 더는 불행의 행복을 즐길 수 없음을 말해 주는 법칙이다. 결국 고통의 극점에 이르러서는 '불행의 행복'은 참된 인생의 해법이 아니라는 사실에 눈을 뜰 수밖에 없다.

나는 병이 나을 무렵 심성계발 학습 치유를 중단코자 하는 환우분들의 심리를 파악한 후에 그것을 만류하지 않았다. 왜냐면 이미 심성계발을 시작하면서 일상의 행복을 맛본 이상, 꽃샘추위가 봄의 기세를 꺾을 수 없는 이치처럼 비록 불행의 행복을 다시 추구하더라도, 결코 일상의 행복이라는 대세를 물리칠 수 없다는 확신이 들었기 때문이었다.

나는 '불행의 행복'을 아예 끊어주기보다는 '불행의 행복'을 인정하고 그것 역시 행복을 누리고 있는 정상적인 과정으로 대했다. 나는 병으로부터 벗어나라고 독려하거나 설득하는 모든 행동을 접었다. 그렇다고 '불행의 행복'을 권고할 수도 없었다. 그래서 투웨이 철학의 공식을 그대로 적용했다.

'불행의 행복도 좋지만, 일상의 행복도 괜찮다.'를 줄여서 '행복해도 괜찮다'라고 말했다. 그러자 나의 환우들은 그리 길지 않은 시점 안에 이미 발아했던 본성이 꽃을 피우면서 자연스럽게 참된 행복이자 명품 행복인 '일상의 행복'에 관심을 기울이기 시작했다.

이렇게 새롭게 영글어진 일상의 행복은 더 큰 '나'인 '본성의 나'에게 중심을 두고 있다. **'본성의 나'는 내가 확장되었기에 '본질적인 나'로서의 '우리'이다. 그러므로 비록 그 존재감의 크기가 커졌음에도 불구하고 서로가 무한하게 나눌 수 있기에, 그 무게감은 오히려 새털처럼 가벼워진다. 따라서 불행의 행복이나 짝퉁 행복의 무게가 부른 피로와 질병과 달리 일상의 행복은 심신의 건강을 보장하고 생활의 활력으로 이어지게 된다.**

물론 내 삶을 성장시키려는 과정에서 일어나는 생리적이고 정상적인 고통은 인위적으로 고통을 채집하려는 '불행의 행복'과는 구분되어야 한다. 또한 전쟁, 재난, 범죄와 같은 극단적 상황에서는 행복을 논할 수 없다. 그것은 확실한 불행이다. 그러나 그러한 불행마저도 우리 삶의 행복을 침해할 자격이 있는 건 아니다. 이런 예외적 상황이 아니라면, 삶은 곧 행복이다.

놀랍게도 일상의 행복은 말 그대로 일상에서 일어나는 지극히 평범한 행복이었다. 그렇지만 만일 내가 불행의 행복이나, 짝퉁 행복이 주는 무게감에 눌려보지 않으면, 자칫 일상의 행복이 주는 가치를 망각하기 쉽다. 따라서 **역설적으로 '불행의 행복'과 '짝퉁 행복'은 일상의 행복에 관한 소중함을 깨칠 수 있는 방편이 될 수도 있다.** 그러므로 이러한 유사품 행복 역시 우리 삶에 필요한 요소가 되어 주기도 한다.

행복에 대한 주권은 내게 있다. 운명도, 신도, 그 누구도 내 권한을 빼앗지 못한다. 그러므로 그 권한으로 '나' 하나만의 존재감을 키우는 '불행의 행복'과 '짝퉁 행복'을 좇아도 좋다. 그러나 굳이 내 마음과 몸을 병들게 만드는 '불행의 행복'과 '짝퉁 행복'을 추구할 필요는 없다. 기왕지사 다홍치마다. 그러니 이제는 내 몸과 마음이 건강해지는 '일상의 행복'에 좀 더 관심을 기울여 봄이 낫지 않을까?

무슨 소리?

불행의 행복, 짝퉁 행복이 주는 존재감도 좋아.
하지만 이 두 행복에는 한계가 오게 돼.

그래서?

반쪽 존재감만으로 살 수는 없잖아. 일상의 행복은 어때?

뭐가 좋지?

내 삶이 새털처럼 가벼워져.

생각 살기와 현실 살기

나는 커피 애호가다. 그래서 이날 역시 잘 볶아진 커피 원두를 사기 위하여 차를 몰고 가까운 거리에 있는 로스팅 전문 단골 커피숍으로 향했다. 그 커피숍은 그리 복잡하지 않은 주택가 초입에 있는데, 가게 맞은 편 길가에 잠시 주차할 수 있는 공간이 있다. 볶은 원두를 사는 시간은 길어야 3분~5분 정도라서 나는 그곳에 주차 후에 굳이 자동차 문을 걸어 잠그지 않았다. 그리고 볶은 커피를 구매한 후에 차로 다시 돌아와 시동 버튼을 눌렀는데 이상하게도 시동이 걸리지 않았다. 그리고 그와 동시에 운전석 앞 LCD 창에 리모컨으로 직접 시동 버튼을 누르라는 메시지가 떴다. 이는 예전에도 리모컨 배터리 전원이 부족할 때에 자주 나타나는 현상이었고 설명서에 쓰인 지시대로 따르면 다시 쉽게 시동이 걸리곤 했다. 그런데 이날은 아무리 리모컨으로 시동 버튼을 눌러도 전혀 시동이 걸리지 않았다.

'아 참, 며칠 전에도 이런 메시지가 떴었지. 그래, 아마도 리모컨 배터리가 완전히 방전되었나 보네.'

나는 이럴 경우를 대비하여 리모컨용 초소형 배터리를 구매하여 조수석 앞 박스함에 보관해 두었다. 그런데 그 박스를 열어 보았지만 배터리가 보이지 않았다. 그곳에는 내 여권만이 덩그러니 놓여 있을 뿐이었다.

'이상하다. 어디 두었지?'

다시 차 안을 살펴보니 평소 운전석 옆 컵홀더에 자잘한 쓰레기를 버리기 위해 꽂아둔 종이컵이 눈에 들어왔다. 그런데 그 옆에는 처음 보는 텀블러가 꽂혀 있었다.

'아하, 어제 아들 녀석이 친구 텀블러를 여기 두었구먼.'

라고 생각하면서 조수석 의자를 보니 낯선 가방이 하나 놓여 있었다.

'아니 누가 내 차에 가방을 둔 거지?'

그리고 조수석 뒤를 바라보았는데, 이번에는 베이비시트가 내 뒷좌석에 장착된 게 아닌가.

'이건 또 뭐야. 누가 내 차에 베이비시트를 부착했지?'

놀랍게도 나는 이때까지도 내가 어디에 있었는지 전혀 눈치채질 못했다. 심지어 베이비시트를 봐도 내 생각은 변하지 않았다. 카니발은 내 차였고, 내 차에서 여러 가지 사건들이 발생하였을 뿐이라고 생각했다.

나는 그저 내 머릿속 생각만을 확신했고 남의 자동차에 올라탄 현실을 전혀 알지 못했다. **나는 일명 '생각 살기', 즉 나만의 망상에 빠져 있**

었다. 내 눈앞에 펼쳐지는 모든 상황에 대해서 내 차라는 것을 전제로 나만의 소설을 쓰고 있었다. 심지어 베이비시트를 본 이후에도 내 망상은 굳건했다. 그러나 곧 나만의 '생각 살기'는 베이비시트를 계속 주시하면서 급속히 엷어졌다.

'참 이상하네. 이 차에 뭔가 문제가 있어.'

나는 다시금 찬찬히 차 안을 살피다가 뒤쪽 창문을 바라보았는데, 그 창문 너머로 또 한 대의 흰색 카니발 차량이 눈에 들어왔다.

"가만있자. 그렇다면 혹시 저 차가 바로 내 자동차?"

나는 내가 올라탄 차에서 내렸고 그 차를 바라보자마자 익숙한 겉모습에 그것이 진짜로 내 자동차임을 바로 알았다.

'어찌 이런 일이!'

나는 나만의 착각에서 깨어나면서 이 황당한 사건을 접한 나 자신에게 폭소를 터뜨릴 수밖에 없었다. 그야말로 한 편의 코믹 시트콤이었다.

물론 내 마음을 속인 증거가 있었다. 첫째는 흰색 카니발 차량, 둘째는 여권, 셋째는 컵홀더에 꽂힌 종이컵이었다. 나는 이 같은 몇몇 증거를 채집하여 '이 차가 내 차'라는 나 자신만의 생각을 굳게 확신했고 내 착각이 만들어낸 가상공간의 미로에서 속수무책으로 헤매고 있었다.

그러나 흰색 카니발은 매우 흔한 차다. 여권도 차 안에 두고 다닌 적이 있었다고 내 여권이라고 확신할 수만은 없는 일이었다. 종이컵 역시 누구라도 자동차 컵홀더에 꽂아 둘 수 있지 않은가! 결국 이러한 증거들도 내가 일으킨 생각이 옳다고 규정하기 위해 그저 자의적으로 끌어들인 사연에 불과했을 뿐이었다.

이와 같은 일들은 우리 주변에서 흔하게 발생한다. 이처럼 **누구든지 몇 가지 증거로 인해 나만의 생각이 옳다고 확신하면 곧잘 망상계로 빠져든다.** 내가 커피숍에 들르면서 겪었던 '생각 살기'라는 경험은 그저 유쾌하고 재미있는 수다를 떨 수 있는 삶의 양념 정도일 뿐이다.

그러나 부정적 생각 살기라는 망상에 깊이 빠진다면 자칫 청춘과 삶의 대부분을 힘겨운 투쟁으로 허비할 수도 있다. 이 세상이 아닌 다른 곳에 영원한 행복과 기쁨이 따로 있다고 믿고 그것을 갈망하는 구도자들이 그러하다. 그들은 지금 이 세상이 너무 불안정하며 고통과 불행으로 가득 차서, 내 마음이 머물 곳이 못 된다고 확신한다. 그래서 지금 이 세상과 현실과 내 생각마저도 모두 부정하고 지고지순한 무심(無心)의 경지로 나아가고자 애쓴다. 그 결과 그들은 엄청난 고행을 통해 내 감정과 생각이 끊어지는 세계에 도달한다.

하지만 그것은 진짜로 도달하는 것이 아니다. 끊어졌다고 여겼던 내 감정과 생각 역시 또 다른 생각이 되어 고스란히 그 자리에 그대로 남아 있기 때문이다. 이러한 상황을 먼저 겪었던 스승들은 이때 다음처럼 한마디씩 들려준다.

"거기도 아니야. 아직 아뢰야식 수준이야. 더 수행해."

수행자는 다시금 용맹정진하고 그렇게 10년이란 세월이 다시 흐른다. 그러던 어느 날 저녁, 같이 수행하는 도반이 실수로 떨어뜨린 목침(나무 베개)이 바닥에 부딪히는 소리에 단박에 깨닫는다.

이것은 내가 겪었던 시트콤과 다르지 않다. 나는 베이비시트를 보았고, 수행자는 목침 떨어뜨리는 소리를 들었을 뿐이다. 목침 떨어지는 소리에 뭔가를 깨달은 게 아니다. 그냥 목침이 떨어지는 소리를 들었고, 그 순간 자기만의 '생각 살기'에 빠져 있다가 너와 내가 함께 보고 들을 수 있는 찬란한 현실 세상인 일상으로 복귀했을 뿐이다.

지금 내가 살아가고 있는 일상에는 이미 모든 게 다 갖춰져 있을지도 모른다. 내 눈앞에 있고, 내가 만질 수 있는 이곳, 여기는 하늘이 준비한 최고의 천국이 아니라고 어떻게 장담할 수 있겠는가.

땅이 있고 하늘이 있고 그대와 내가 있는 이곳을 떠나 다른 곳에서 지고지순한 진리를 찾겠다고 한다면 내 차를 버리고 남의 차에 올라타 시동을 걸겠다는 내 코믹한 체험과 그 무엇도 다르지 않을 수 있다.

물론 '생각 살기'를 통해서 내 삶이 행복할 수 있다면, 그 역시 좋다. 그러나 '생각 살기'가 인간관계를 악화시키거나, 질병을 부르거나, 내 삶을 평생 궁핍하게 한다면 굳이 외길만을 고집할 이유가 있을까?

그러므로 우리가 삶의 혼란함을 만나 어려움에 빠져있다면, 이것이 과연 진짜 현실인지, 아니면 나만의 '생각 살기'인지에 대해서 한 번쯤은 다시 생각해 볼 필요가 있다.

그러다가 혹시 나만의 착각이 만들어낸 가상공간에서 헤매는 나를 발견할지도 모른다. 그리고 가까이 있는 진짜 찬란한 현실인 일상에 눈을 뜨고 평생의 괴로움에서 해방될지 어찌 알겠는가.

그래서 나는 이 순간 투웨이 공식을 한번 꺼내 들어보고자 한다.

'생각 살기'도 좋지만 '현실 살기'도 괜찮다.

🍃 무슨 소리?

나만의 생각에 빠져 살다 보면 일상과 분리될 수 있어.

🍃 그래서?

문제를 일으키는 게 내 생각인지 지금의 현실인지 잘 들여다보자고.

🍃 뭐가 좋지?

평생 나를 괴롭혔던 문제가 바로 사라져.

구라로 가득한 세상

아들 녀석은 내 논설을 '구라'라고 정의했다. 가장 가까운 녀석에게 세상을 향한 내 목소리가 '구라'라고 들킨 이상 무엇을 더 숨기겠는가. 이제 본격적으로 구라를 쳐보기로 한다.

때는 멀고도 아주 먼 옛날, 나는 한때 원숭이였다. 그런데 내게는 한 가지 꿈이 있었다. 바로 사람이 되는 것. 나는 나와 같은 소망을 지닌 다른 원숭이들을 규합하여 옥황상제를 찾아가서 "상제님. 다음 생에서는 우리를 꼭 사람으로 태어나게 해주세요"라고 간청했다.

그랬더니 상제님은 "그래. 좋다. 너희들의 소원을 들어주도록 하겠다. 다만 너의 머릿속에 있는 원숭이로 살아온 모든 기억을 삭제하겠다"라고 말씀하셨다.

이 말을 들은 대부분의 원숭이는 크게 놀라며 그 자리를 허겁지겁 떠났지만, 그대와 나를 비롯한 몇몇 원숭이들은 달랐다. 우리는 용기를 내서 상제님에게 원숭이 시절 기억을 삭제토록 허용했다.

그래서 그대와 나는 사람이 되었고 지금의 일상을 얻었다.

그렇게 우리는 원숭이에서 사람이 되었다. 이것은 '초대박' 아닌가? 그런데도 우리는 다시 복권을 사서 1등에 당첨되고자 노력한다. 실제 한국에서의 복권 당첨 확률은 1/8,145,060이고, 연금복권 당첨률은 1/5,000,000이다. 그러나 이는 원숭이에서 사람으로 태어날 확률 0%에 비하면 매우 큰 확률이다. 그러니까 로또를 사서 1등에 당첨되고자 하는 것은 매우 평범한 사고라고 말할 수 있다.

우리는 이미 로또와는 비교도 되지 않는 확률에 당첨되었기에 평생을 웃고 떠들며 즐기기에도 100년이란 세월은 턱없이 부족하기만 하다. 그런데도 우리는 곧잘 꿀꿀함에 빠지고 심지어 외로움을 느끼고 서러워하기도 한다.

와우 이럴수가!

우리가 사람으로 태어났다는 이 기적 같은 일 속에서도 우울해질 수 있다는 사실은 가장 경이로운 기적이 아닐 수 없다.

지금 나는 이처럼 구라를 치지만, 한때 진리를 말하겠다고 생각한 적이 있었다. 그것도 아주 진지하게. 그런데 어느 순간부터 그것이야말로 최고의 어리석음이라는 사실을 스스로 깨닫게 되었다.

만일 내가 광대무변한 우주와 변화무쌍한 우리 삶에 대해 진리를 추출했다고 치자. 그리고 그것이 털끝만큼의 의심도 없이 확실하다고 치자. 그래봤자 그것이 진리임을 타인에게 어떻게 증명할 수 있겠는가. 또한 그것이 아무리 뚜렷할지라도 나만의 주관적인 망상일 수 있다는 점에서 어떻게 자유로울 수 있겠는가.

하지만 이런 불확실성에도 불구하고 각 나라의 건국 신화나 동화처럼 특정 구라는 뭇사람들에게 미래의 불안을 떨쳐내게 하고 유쾌한 감정을 안겨주는 등의 좋은 역할을 하고 있다.

"아하, 바로 그거야!"

나는 그 순간 구라와 진리를 구분할 수 있게 되었다. 나의 구라에 특정 사람들이 동의하면서 심신이 건강해지고 일상이 행복해질 수 있다면 그것이 곧 진리였다. 물론 그 진리는 한정된 상황에서만 통용된다. 그 상황을 벗어나면 더는 적용할 수 없다.

예를 들어 종교의 세계를 살펴보자. 아무리 거대 종교라고 할지라도, 현재 80억여 명의 인류가 한 사람도 빠짐없이 인정하는 종교는 존재하지 않는다. 심지어 기십 억의 수많은 추종자를 가진 종교라고 할지라도 그 내부에서는 알력과 다툼이 일어난다. 심지어 뜻이 다르면 자기들만의 교리를 만들고 세력화를 통해 색깔이 다른 종교를 창설한 후 진리라는 이름으로 종교 간 전쟁도 불사한다. 그렇게 세력과 세력이 다투는 진리라면, 그것이 망상과 무엇이 다르겠는가.

그러나 해결책이 있다. 그것은 내가 진리라고 확신하는 것을 다시 한 번 깨는 일이다. 투웨이 철학이 그것이다. 내 생각, 내 믿음이 맞다는 한 가지 생각에 또 한 생각을 추가하며 그것이 틀릴 수도 있다는 사실을 인정하고, '타인의 생각과 믿음이 옳을 수도 있다'라고 생각한다면 더는 내가 느낀 진리에 집착하지 않게 되면서 다툴 일이 없어진다. 이를 정리하면 다음과 같다.

'나의 구라든 타인의 구라든, 증명이 불가하기에 모두 망상일 수 있다. 그러나 그 망상에 동의하는 사람들에게 한해서는 진리가 된다. 하지만 그 진리 역시 틀릴 가능성이 있다고 생각하고 타인의 구라를 인정한다면 그것이야말로 진리에 가깝다.'

이처럼 진리에 대한 나의 고민은 나름대로 해소되었다. 뭐, 이 정도로 충분했다. 더 필요치 않았다.

그때부터 나는 세상 모든 사람이 100% 동의하는 진리를 찾는 노력을 멈추게 되었다. 나는 진리보다 구라를 선택했다. 그 후 내게는 지극한 편안함이 찾아왔다. 그래서 나는 '구라'를 유사 용어들과 비교하면서 다음처럼 정의하기에 이르렀다.

- 구라: 위트와 논리로 포장하여 그 누군가의 심리를 평화롭게 해주는 이야기
- 뻥: 구라를 더 부풀리고 과장하여 더욱 그럴듯하게 들리는 이야기
- 수다: 너와 내가 유쾌하게 구라를 치면서 머릿속 잡념을 비우는 행위
- 거짓말: 그럴듯한 이야기로 꾸며 보지만, 현실적 근거나 논리가 없어 쉽게 들통날 수 있는 이야기
- 사기: 구라, 뻥, 거짓말을 이용해서 자기의 이익을 달성하고 남에게 피해를 주는 행위

위에서 정리한 것처럼 구라가 구라답기 위해서는 위트와 논리가 필요하다. 그렇지 않다면, 그건 구라가 아닌 심각한 궤변으로 추락하기 쉽다.

논리란 타인이 동의할 수 있는 근거를 필요로 한다. 그 근거는 눈에 보이는 사물일 수도 있고, 보편적 생각일 수도 있다. 근거가 없는 것은 거짓말에 해당한다. 그래서 거짓말은 그럴듯하게 보여도 시간이 지나면 결국 들통난다. 하지만 구라는 충분한 근거를 바탕으로 논리성을 갖추었기에 시간이 지나도 생명력을 잃지 않는다.

누구나 살아가는 과정에서 구라도 치고 뻥도 깐다. 선의의 거짓말도 할 수 있다. 그러나 사기는 곤란하다. 남에게 피해를 주다가 결국 자기 자신도 사회로부터 소외되기 때문이다.

구라든 뻥이든 사람들이 좋아하고 즐거워할 수 있다면 그 존재 의미는 충분하다. 그래서 우리는 친구들을 만나서 각자의 구라를 펼친다. 그것이 곧 수다다. 구라와 뻥이 개개인의 가설이라면, 수다는 둘 이상이 나누는 유쾌한 대화다. 수다 떨기는 만병의 근원인 스트레스를 풀어준다.

왜 그럴까?

먼저 스트레스의 본질을 따져 보자.

우리의 몸은 물을 마시지 않으면 갈증이 올라온다. 마음도 이와 같아서 '사랑', '관심', '기쁨', '문화' 등과 같은 마음의 양식을 섭취하지 않으면 갈증이 올라온다. 이러한 심리적 갈증이 곧 스트레스다. 돈이 부족하거나 수면 부족, 업무과다 등은 스트레스의 원인이 아니라 계기일 뿐이다. 평소에 마음의 양식 섭취가 적으면, 스트레스가 쌓이다가 위와 같은 계기가 뇌관이 되어 누적된 스트레스 화약고를 자극하여 스트레스가 폭발하고야 마는 것이다.

이때 **유쾌한 구라와 수다는 마음의 양식이요, 마음의 물로서 스트레스를 해소하는 최적의 솔루션**으로 작용한다. 그래서 세계 어딜 가더라도 너도 구라치고 나도 구라치고, 함께 모여서 마음껏 수다를 떤다.

성현님들 역시 구라를 친다. 나는 전작에서 성현의 말씀을 황금보다 소중하게 여겼고, 하늘처럼 섬겼다. 그러다 보니 다소 무거운 감도 없지 않았다. 그러나 이 책에서는 성현님들에 대해 '투웨이', 즉 또 다른 관점을 적용하여 그저 내가 잘 아는 형들처럼 대하련다. 그분들에 대한 존경심을 내려놓을 생각은 전혀 없기에, 성현님들께서도 이런 나의 당돌한 행동을 어여삐 봐주실 것이라고 나는 믿는다.

나와 우주 만물이 현상계에서는 선명하게 보이고 또렷하게 느껴지지만, 결국 본질적으로는 존재하지 않는다는 이 엄청난 사실! 이것은 가히 신의 걸작이 아닐 수 없다.

나는 전작에서 구암형이 인용한 '세간 만사가 공허하다'는 논지를 따라서 나와 우주 만물의 무존재에 무게 중심을 두었지만, 이 책에서는 나와 세상이 일상의 모습으로 존재하고 있다는 쪽에 그 무게 중심을 다시 **이동하고 싶다.** 나와 우주 만물이 본질적으로 존재하지 않더라도 현상계에서는 거의 존재하는 것처럼 보인다면, 그냥 이것이 존재한다고 규정한들 꼭 나쁠 상황만도 아니기 때문이다.

이렇게 규정한들, 저렇게 규정한들 뭐 어떠하겠는가. 그 누구의 이론이나 논설이 꼭 옳아야만 하겠으며, 또 그것이 옳다고 한들 그것을 또 어떻게 증명할 수 있겠는가. **모든 주장과 논설은 가설일 뿐, 과학도 철학도 예외일 수 없다.**

그래서 나는 내 논설에 관하여 다시 한번 더 '구라'라고 규정하고 싶다. 이것은 노자형이 '도(道)를 진리라고 규정하면 그 순간 그 규정으로 인해서 생명력과 역동성을 잃기에 이미 그 도는 진리가 아니다'라고 말한 것처럼, '투웨이' 역시 진리라고 규정하는 순간, 그 고정된 시각으로 인해서 진리에서 벗어날 수밖에 없기 때문이다.

결국 '진리는 없다'라는 것이 진리가 된다. 이것은 다시 말하면 '모든 것이 구라다'라는 말과 상통한다. 그러니 어떻게 나의 논설이 구라에서 예외가 될 수 있겠는가. TV나 인터넷, 유튜브에서도 진실이 5%에 구라가 95%가 합쳐질 때, 그 맛깔스러움으로 인해서 현실보다 오히려 더 현실로 다가오게 된다. 그렇기에 나는 이 책에서는 **'우리 감각으로 느껴지는 생생한 현실로서의 일상이 실존한다'**라는 가설을 세우고, 이 구라를 한껏 확장해서 펼칠 것이다. 놀랍게도 우리는 이미 나의 가설처럼 나와 우주 만물이 존재한다는 믿음으로 이 세상을 살아가고 있다.

비록 그 누군가의 주장이 내 마음의 평화와 일상의 행복을 위한다면, 그러한 구라를 택하면 되고, 또 다른 구라가 있어서 내 마음의 평화와 일상의 행복, 삶의 재미를 찾아준다면 그 역시 버릴 필요는 없다고 생각한다. 내 구라는 그저 '내 마음의 평화'를 중시하고 싶을 뿐이다.

대개 구라를 얼마나 잘 치는가에 따라 철학자의 유명세가 달라진다. 우리가 익히 아는 플라톤, 칸트, 헤겔, 니체와 같은 형들은 소문난 구라쟁이들이다. 그리고 공자, 맹자, 노자, 장자, 석가, 소크라테스와 같은 형들은 구라의 퀄리티를 한껏 높였다.

그리고 여기에 못지않은 구라쟁이가 있었으니, 내가 그토록 존경하고 사랑하는 세 분, 바로 나의 스승님들인 퇴계, 율곡, 구암형들이다. **형들의 구라는 위트와 논리, 생명감으로 가득 차 있고 '투웨이'의 정수를 온전히 간직하고 있다. 따라서 내 마음을 평화롭게 하고 일상의 행복을 찾아주는 데 전혀 손색이 없다.** 이제 나는 형들의 산처럼 굳세고 물처럼 유연한 구라를 누구라도 알기 쉽게 현대어로 변환하여 소개하고자 한다.

🖋 무슨 소리?

세상 모든 목소리가 다 구라일 수 있지. 진리도 예외가 아니야.

🖋 그래서?

내 구라가 모든 사람에게 진리가 될 수는 없지만,
위트와 논리를 갖추면 누군가에겐 쓸모가 있어.

🖋 뭐가 좋지?

스트레스가 해소되고 마음이 평화로워져.

천 원 선생과 오천 원 선생

한의학과 동양 인문학에서는 현실세계인 사람과 우주 만물을 음양표리(陰陽表裏)로써 관찰해 왔다. 음양은 수평적 관점이고, 표리는 수직적 관점인 바, 나는 이 둘을 통합하여 '투 웨이'로 정의했다. 음양이란 현실이라는 존재의 모습이자, 질서이고, 존재를 분석하는 방법론이며, 모든 문제를 해결하기 위한 솔루션이기도 하다. 이를 황제내경에서는 다음과 같이 말한다.

> 음양은 천지의 도(道)요, 만물의 뼈대요, 변화의 부모이며, 생명과 죽음의 근본 시작점이며, 하늘의 마음이 깃들어 있다. 병을 치료함에는 반드시 여기에 근본을 둬야 한다.
> (陰陽者 天地之道也 萬物之綱紀 變化之父母 生殺之本始 神明之府也 治病必求於本)

여기에서의 만물은 현실세계를 말한다. 우리 눈에 보이는 현실은 하늘과 땅, 물과 불, 여자와 남자, 밤과 낮처럼 두 가지 형태로 구성된다.

보이지 않는 마음 세계 역시 내 뜻대로 되는 '해동네' 세상과 그렇지 않은 '달동네'로 이뤄져 있다.

음양으로 구성된 현실 세상이 스스로 존재한다고 보면 일원론이다. 존재하는 현실과 존재하게 하는 또 다른 현실로 나눠 보는 게 이원론이다. 일원론과 이원론은 현실을 대하는 두 가지 시각이다. 다만 현실을 일원론적으로 규정하면 논리적인 분석이 불가하기에 이원론적 시각으로 접근하는 것이 보다 실용적이다.

표리(表裏)가 바로 이원론적 시각이다. 내가 보고 듣고 만질 수 있는 세상과 보이지 않더라도 마음이나 자외선, 전기처럼 의식할 수 있는 모든 존재는 표(表)로서 현상적 현실(이하 현상계로 지칭)이며, 이 현상계가 존재하게 하는 '밑바탕'은 리(裏)로서 본질적 현실(이하 본질계로 지칭)이다.

현상계의 존재 방식은 음양의 모습 그대로다. 그런데 음양은 결코 고정되어 있지 않다. 밤과 낮이 바뀌고 계절이 변화하듯이 음이 양이 되고 양이 음이 되면서 끊임없이 성장과 소멸을 반복한다. 옛사람들은 이러한 음양의 역동적인 변화 모습을 태극(太極)으로 지칭했다. 그러므로 **음양은 곧 태극**이다.

태극(太極)이란 단어는 '아주 거대한 끝 지점'이라는 뜻이 내포되어 있다. 비록 그 크기가 지극히 크지만 결국 형태나 실질을 가진 현상계로 존재한다는 의미다.

혹자들은 태극이 음양 이전의 세계라고 말하기도 한다. 그런데 이는 바른 견해가 아니다. 음양 이전이라면 본질계를 말한다. 따라서 **본질계는 음양으로 구분할 수 없고, 음양이 존재하지도 않는다.** 옛사람들은 이를 무극(無極)으로 불렀다.

무극(無極)은 '끝 지점마저 없다'라는 뜻이다. 그럴 수밖에 없다. 본질계는 현상계를 존재하게 하기 위해서 자신은 존재의 형태를 가질 수 없기 때문이다. 즉, **무극은 비존재의 속성으로 존재할 수밖에 없다.** 만일 본질계가 존재의 형태를 갖춘다면, 다시금 그 본질계를 존재케 하는 또 다른 바탕을 요구하기에 현상계와 다를 바 없다. 그러므로 본질계는 그 역할과 권위로 보면 강력한 실체이지만, 그 형태를 드러낼 수 없으며, 드러내지 않아야 한다. 우리는 이미 '신', '진리', '참나', '이데아', '무극(無極)', '하늘' 등의 이름으로 본질계를 받아들이고 있다.

성리학에서는 현상계를 기(氣)로, 본질계를 리(理)로 표현했다. 현상계는 보이거나 보이지 않는 모든 존재를 말하는데, 그중에서 으뜸이 되고 기준이 되는 존재가 바로 사람이다. 그래서 **성리학에서는 현상계(表)의 대표 격인 사람을 기(氣)로 본질계(裏)를 총칭하는 하늘을 리(理)로 인식했다.**

이를 기반으로 하늘과 사람의 존재 의미와 관계를 다각적으로 궁리하면서 발전시켰는데 이를 이기론(理氣論)이라고 부른다. 이기론은 심리학과 철학과 신학의 영역을 총망라한다. 이기론은 송나라 때 주자가 집대성하였지만, 하늘과 사람의 역할과 존재 의의를 설명함에는 다소 미진한 점이 있었다. 이러한 이기론을 섬세하고도 정교하게 펼쳐서 발전시키고 완성하는데 지대한 역할을 한 대표적 인물이 바로 조선 시대 퇴계형과 율곡형이다.

현재 자본주의를 택한 우리 사회는 화폐를 떠나서는 살 수가 없다. 그래서 우리의 마음은 늘 돈에 집중되어 있다. 그렇게 우리의 마음을 항상 붙잡아 두는 화폐 중에서 천 원 지폐에는 퇴계형이, 오천 원 지폐에는 율곡형이 계신다. 이는 우리가 이 두 선생을 사랑한다는 명확한 반증이기도 하다. 그렇다면 두 선생의 견해에 대해서 살펴볼 만하지 않을까?

두 선생은 서로 만난 적이 있었다. 율곡형은 나이 23세 되던 해에 안동 예안의 도산서원에 찾아가 당시 58세였던 퇴계형을 만나서 2~3일쯤 묵은 것으로 전해진다. 당시에 퇴계형은 35살이나 아래인 율곡형과의 문답 후에 '후생가외(後生可畏)', 즉 '아랫사람의 학구열이 두렵다'라는 말로 뜨거웠던 만남의 소회를 남겼다. 율곡형 역시 퇴계형의 견해를 수용하면서도 자기만의 독창적인 이론을 추가하여 한국 성리학을 크게 발전시켰다.

나는 두 선생이 남긴 책을 통해 퇴계형은 이원론적 일원론으로, 율곡형은 일원론적 이원론으로 견해를 피력하고 있음을 파악할 수 있었다. 이 점에 대해서 지금부터 상세히 논해 보기로 한다.

현상계의 중심이자 대표주자는 곧 사람이다. 그리고 그중 '나'라는 존재는 우주 삼라만상의 주인공이고 뚜렷한 실체다. 그런 '나'는 내 몸과 마음의 합체다. 내가 오감으로 느끼는 현실적인 실체인 몸처럼 마음 역시 실체다.

몸은 보이고 만져지기에 파악하기 쉬운데, 우리 마음은 어떤 모양새일까?

성리학에서는 우리 마음을 두 가지 모습으로 인식하고 있다. 나만의 생각과 감정이 위주인 '칠정'을 사람의 마음으로, 타인과 소통할 수 있는 합리적 사고 체계인 '본성'을 하늘의 마음으로 규정했다. 전자는 이기적이고 주관적인 마음이며, 후자는 이타적이고 객관적인 마음이다. 또한 전자는 '국한된 나'의 마음이며, 후자는 무한히 '확장하는 나'의 마음으로도 인식해 볼 수 있다.

다음의 도표는 현실 세계 중 마음 영역에 대한 퇴계형의 견해를 정리한 것이다.

마음	┌─ 현상계 表	태극(음양) – 사람			
	마음	칠 정(생각+감정) (희노우사비공경)	망상계	소인 (꼰대, 호구)	불행의 행복, 짝퉁 행복, One Card, 공허한 허상, 나, 이기적 마음, 주관적 현실
	└─ 본질계 裏	무극, 신, 하늘, 참나 – 음양 이전의 세계			
	마음	본 성(이성+믿음) (인의예지신)	일상	군자 (인격자)	일상의 행복, Two Ways, 꽉 찬 실상, 참된 현실, 참된 행복, 사랑, 너와 나(우리), 이타적 마음, 객관적 현실

▌도표 1 현실 세계에서의 마음(퇴계형 견해)

마음을 표(表)와 리(裏)로 분류해서 사람의 마음을 현상계로 하늘의 마음을 본질계로 귀속시켰다.

이 도표에서는 '본성'을 하늘의 마음과 동일시했다. 필자 역시 전작에서 칠정은 '사람의 마음'이고 본성은 '하늘의 마음'이라는 퇴계형의 주장에 동의했다.

그러나 이는 곧 '비존재의 고유성'을 지켜야 할 본질계인 '하늘'이 '비존재성'이라는 자기의 특성을 박차고 나와, 사람의 마음 한구석으로 귀속된 모양이 된다. 그렇다면 '본질계인 하늘은 존재의 형태를 가질 수 없기에 비존재로 존재한다'라는 하늘의 고유한 속성에 어긋나게 된다. 이러한 시각에서 바라보면 앞의 도표는 논리적 모순을 내포하고 있다.

율곡형은 이 모순을 직시했다. 따라서 본성은 하늘의 성품을 닮았을 뿐, '본성이 곧 하늘의 성품이다'라는 퇴계형의 견해와는 분명하게 선을 그었다.

논리적으로는 율곡형의 견해가 바르지만 그렇다고 퇴계형이 틀렸다고 단정할 수 없다. 퇴계형은 '사람의 마음속에는 하늘의 마음이 있다'라고 가정함으로써 **지고지순한 하늘의 마음을 우리 사람에게 투영시켜, 사람의 존엄성을 높이고자 힘썼기** 때문이다.

이 점을 살펴보면 퇴계형은 사람의 마음과 하늘의 마음을 분리하는 형태를 가짐으로써 이원론적 구조를 내세웠지만, 사람의 마음속에 다시금 하늘의 마음을 귀속시켜서 일원론적 견해를 피력하고 있음을 알 수 있다. 이것은 퇴계형 자신의 논리 결함이라기보다는 분리할 수 없는 실체를 이원론적으로 바라보는 시각이 가진 구조적 결함이다.

따라서 우리가 오천원 선생에게서 논리의 냉철함을, 천원 선생에게서는 의도의 선함을 보완한다면 현상계와 본질계, 사람과 하늘에 대한 폭넓은 이해를 구할 수 있다.

대개 이원론의 시각으로 바라보면 현상계는 마치 본질계의 종속적인 존재처럼 보인다. 동의보감에서 인용했던 다음 구절을 보자.

- 세상의 모든 일이 모두 공허하다. 내가 종일 중시하는 모든 일이 망상이다. 내 몸은 곧 하나의 허깨비다. 복된 것과 그렇지 않은 것, 그 자체가 본래 존재하지 않는다. 삶과 죽음이 곧 거대한 꿈이다.
  (世間萬事, 皆是空虛, 終日營爲, 皆是妄想, 知我身皆是虛幻, 禍福皆是無有, 生死皆是一夢)

현상계를 한낱 허깨비에 불과한 것으로 표현하고 있다. 그러나 이것은 본질계가 현상계를 존재토록 하기에, 그 실체적인 권위가 본질계에 있음을 강조한 말이지 현상계를 격하시키고자 함은 아니다. 또한 현상계가 비록 허약하거나 허상처럼 보일지라도, 본질계가 자신의 존재마저도 버리고 뒷받침해 줄 정도라면 그 존재의 가치는 논할 수 없을 만큼 귀하다고 말할 수 있다.

그러나 이런 부가적인 변론은 현실 세상을 이원론적으로 분석하는 관점에서 기인한 구조적 한계라고 볼 수 있다. 일원론자들의 입장에서는 이러한 견해들이 한심하고 허망한 논설 정도로 보일 수 있다. 그들은 다음처럼 말한다.

"아, 뭐가 이리 복잡해! 그냥 일원론으로 나가. 그러면 허약하니 건강하니, 실체가 있느니 없느니 할 것없이 그냥 자연 그대로잖아. 이미 보고 듣고 만지는 이 세계는 이 자체로 실체야!"

참 좋은 지적이다.

그래서 이원론을 고집할 이유가 없다. 그렇지만 **이원론으로 접근할 때 우리가 살아가는 이 세상과 나, 그리고 하늘에 대해서 정밀한 분석이 가능하고 여러 가지 대책을 구할 수 있다.** 우리의 천원 선생은 이 점을 중시한 것이고, 오천원 선생은 자칫 이원론에 빠져서 현실감을 잃고 사념에 빠지는 것을 경계한 것이다.

그렇기에 우리가 이 두 분의 견해를 적절하게 참작한다면, 하늘과 사람의 아름다운 관계를 정립할 수 있으며, 우리 삶의 근본적인 문제에 대해 현실감을 잃지 않고 여러 가지 대책을 세울 수 있다.

이제 율곡형의 목소리에 좀 더 귀 기울여 보기로 하자.

🖋 무슨 소리?

내 마음과 현실 세상을 바라보는 방법에는 일원론과 이원론이 있어.

🖋 그래서?

그냥 살기에는 일원론적 시각을,
생각 좀 하면서 살려면 이원론적 시각을 가지는 게 좋아.

🖋 뭐가 좋지?

내 마음과 현실에 대하여 입체적이고 실용적인 감각을 가지게 돼.

사람 그리고 하늘

율곡형의 시각으로 바라본 마음을 도표화하면 다음과 같다.

마음	현상계 表		태극(음양) – 사람	
	칠 정(생각+감정) (희노우사비공경)	망상계	소인 (꼰대, 호구)	불행의 행복, 짝퉁 행복, One Card, 공허한 허상, 나, 이기적 마음, 주관적 현실
	본 성(이성+믿음) (인의예지신)	일상	군자 (인격자)	일상의 행복, Two Ways, 꽉 찬 실상, 참된 현실, 참된 행복, 사랑, 너와 나(우리), 이타적 마음, 객관적 현실
	본질계 裏		무극, 신, 하늘, 참나 – 음양 이전의 세계	

▌도표 2: 현실 세계에서의 마음(율곡형 견해)

마음을 표(表)로만 한정했다. 이 도표 하단에 본질계를 언급한 것은 현상계의 밑바탕이라는 사실을 보충하기 위한 가상의 개념도이며, 본질계는 실질적으로 현상계처럼 그 모습이 드러나지 않는다. [도표 1]에서는 본질계가 드러나 있고 [도표 2]에서는 본질계가 드러나지 않는다는 점이 차이점이다.

율곡형은 마음 전체를 현상계로 보았다. 사람의 마음속에 하늘의 아름다운 속성을 닮은 부분이 있다고 인정했지만, 그것이 곧 '하늘의 마음 그 자체'라고는 규정하지 않음으로써, 하늘이 가지고 있는 절대적인 가치를 보존했다.

이러한 율곡형의 견해는 고봉 형의 견해를 받아들인 결과다. 고봉형은 당대 최고의 유학자였던 퇴계형과 논리적 설전을 벌인 석학이었다. 바야흐로 16세기 중엽 조선 시대의 어느 날, 20여 년 아래의 후학인 고봉 형이 퇴계형에게 딴지를 걸었다. 다음은 두 분의 논쟁 중, 그 핵심 내용에 대해 저자 나름대로 현대어로 각색한 것이다.

"선생님! 세상의 모든 선한 일들에 하늘이 먼저 나선다고 하시는데 논리적으로 오류입니다. 하늘은 다만 그 중심을 굳게 지키고 있으며, 이치이자 원리인데 그 이치가 스스로 나설 수는 없는 거죠."

"흠, 자네 말에 일리가 있다고 본다네. 그러면 자네의 의견을 반영하여 하늘이 스스로 나서기 전에 일부 사람의 선한 마음이 하늘에게 감동을 줘서 하늘이 나서는 경우가 있다고 수정해 보겠네. 이렇게 보완하면 어떻겠는가?"

"선생님의 말씀처럼 사람의 선한 마음이 하늘이 나서도록 동기부여를 했다고 칩시다. 그렇다면 하늘이 나서는 모든 일에 100% 사람의 선한 의도가 반드시 개입되었다고 봐야지 않을까요? 일부는 하늘 스스로 나서고 일부는 사람의 선한 의도가 나서게끔 한다는 것은 하늘이 차별심을 가지고 있다는 뜻이기에 그건 있을 수 없는 일입니다."

"사람이 하늘에게 선한 마음으로 구할 때만 하늘이 비로소 나선다면, 하늘이 너무 무심하지 않은가? 나는 사람의 선한 의도와 무관하게 하늘이 스스로 나선다고도 본다네."

"저도 사람의 선한 의도로 인해서 하늘이 나선다는 점에 대해서는 선생님의 논리적 미흡함이 있음에도 숙고해 보겠지만, 사람의 선한 의도가 없는데도 하늘이 먼저 홀로 나서다는 점은 하늘 스스로 자기의 중심을 지키지 않고 이탈한 것이기에 도저히 수긍할 수 없습니다. 그건 이치에 전혀 맞지 않는 이야기입니다."

두 분은 위에서처럼 상대의 의견을 일부 수용하면서도 팽팽한 줄다리기를 이어가고 있다.

논리적으로 보면, **하늘은 '비존재의 존재'로서 중심을 지키면서 사람의 일에 간섭하지 않아야 한다**는 고봉 형의 의견이 타당하다. 후에 율곡 형은 고봉 형의 의견을 받아들였고, 퇴계형의 의견을 이어받은 우계 선생과도 이와 비슷한 논쟁을 벌였다. 하지만 이분들 모두가 결국 하늘과 사람은 서로 떼어낼 수 없는 존재라는 사실을 정확히 이해하고 있었다.

나는 나름대로 퇴계형의 견해를 추적한 결과 고봉형과의 토론에서는 하늘이 먼저 나서는 데는 사람의 선한 의도가 일부 기여할 수 있다고 말했지만, 그 후에는 하늘이 나서는 모든 일에 사람의 선한 마음이 모두 개입되어 있다면서 고봉형의 의견을 수용하며 '일부'라는 예외 조항을 두지 않았음을 알 수 있었다.

결국 퇴계형와 우계형으로 이어지는 이기론과 고봉형에서 율곡형으로 이어지는 이기론의 차이는 '하늘의 선한 성품이 직접적으로 사람 속에 있는가, 하늘의 성품과 닮은 선한 성품이 간접적으로 사람 속에 있는가'에 대한 미세한 견해가 만들어낸 결과물이다. 즉, 전자의 경우는 하늘이 사람의 일에 나서고 적극적으로 개입하는 모습으로, 후자의 경우는 하늘은 직접 나서지 않고 뒤에서 묵묵히 응원하는 모습으로 묘사되고 있다.

그러면 퇴계형과 율곡형의 이기론이 무엇이 같고 어떤 점이 다른지 분석해 보기로 하자. 앞서 말했듯이 성리학 이기론(理氣論)에서의 리(理)

는 본질계이고 '하늘'이다. 기(氣)는 현상계이고 '사람'이다. 퇴계형은 우리 삶에 일어나는 선한 일에 대해서 다음과 같이 해석했다.

- 리발이기수지(理發而氣隨之)

  하늘(理)이 먼저 나서는 건 사람[氣]의 선한 의도가 이끌어낸 것이다.
- 기발이리승지(氣發而理乘之)

  사람(氣)이 먼저 나서는 건 하늘(理)이 이미 그리하도록 관여한 것이다.

이에 비해 율곡형은 다음과 같은 견해를 피력했다.

- 기발리승일도설(氣發理乘一途說)

  사람(氣)이 나섬에는 하늘(理)이 이미 그리하도록 설계한 것이다. 이것 하나밖에 없다. 리발(理發)은 하늘이 스스로 지켜야 할 중심을 잃고 스스로 나섰다는 점에서 논리적으로 맞지 않는다.

- 리통기국(理通氣局)

  하늘은 두루 통하고 무한하지만, 사람은 편협하고 한계가 있다.

여기서 '발(發)'과 '기발, 리발'은 어떤 뜻인가. 나는 선생들의 책을 읽고 다음처럼 정리할 수 있었다.

- 발(發): 선한 일이 눈에 보이게끔 먼저 자발적으로 나서는 상태
- 기발(氣發): (하늘의 응원에 힘입어) 사람이 자발적으로 나서는 상황
- 리발(理發): (사람의 선한 의도가 작용하여) 하늘이 자발적으로 나서게 되는 상황

선한 일은 너에게도 좋고 나에게도 좋은 길이다. 발(發)에는 자발적이란 뜻이 있지만 하늘이든, 사람이든 홀로 나설 수 없고 서로 영향을 주고 받으며 나서는 상황임을 알 수 있다.

위처럼 율곡형은 퇴계형 주장 중, '기발이리승지(氣發而理乘之)'를 받아들이면서도 여기에 '일도설(一途說)', 즉 '그것 하나밖에 없다'라는 견해를 추가했다. 그리고 '리통기국'을 통해 하늘의 권위를 지켜냈다.

나는 위 형들의 논설을 판소리 공연에서 고수가 북을 치며 추임새를 넣고, 명창이 노래를 부르는 상황에 비유하여 이해해 보았다. 고수는 본질계, 하늘, 리(理)로서, 명창은 현상계, 사람이고, 기(氣)로서 대입했다.

- 리발이기수지(理發而氣隨之)

  고수가 북을 치고 추임새를 넣는 것은(리발-理發) 명창이 무대에 서서 노래할 채비를 갖추었기(기수-氣隨) 때문이다. 명창의 열정에 고수가 먼저 자발적으로 나서는 상황이다. 그래서 노래하기 전에, 북을 치고 추임새를 넣는다. 여기서는 명창보다 고수가 부각된다. 그만큼 고수의 역할이 중시된다. 세간에서도 1고수 2명창이라고 해서 고수의 역할을 중시하는 경향이 있다.

- 기발이리승지(氣發而理乘之)

  명창이 유창하게 노래할 수 있는(기발-氣發) 이유는 고수가 추임새와 박자를 넣어주면서 그 배경을 든든히 받쳐주고 있기(리승-理乘) 때문이다. 만일 고수가 없다면 공연이 불가하다. 그러나 고수는 직접 나서지 않고 뒷배경을 지키며 노래의 기반을 잡아주기에 명창이 자발적으로 나서는 상황으로 보인다. 이것은 1명창, 2고수의 견해다. 명창이 고수보다 드러나고 있다.

위와 같이 퇴계형은 고수가 판소리의 중심을 지키고 있음을 인식했음에도 불구하고 명창과 고수, 그 둘 모두가 누구라도 먼저 나설 수 있다고 주장했다.

그러나 율곡형은 다음처럼 말하고 있다.

- 기발리승일도설(氣發理乘一途說)

명창이 멋들어지게 노래하고(기발-氣發) 고수는 그 분위기를 잡아준다(리승-理乘). 이것이 공연의 본질이다. 이것 하나밖에 없다(일도-一途). 고수는 뒤에서 명창이 노래하도록 도와주는 존재이지, 나서지 않고 나설 수도 없다. 고수가 나서면 공연의 참뜻과는 어긋난다. 공연에서는 명창이 앞서고 고수가 이를 지켜줘야 공연답다.

- 리통기국(理通氣局)

고수는 그 어떤 명창이 노래를 부른다고 해도 두루두루 장단과 추임새를 넣어주면서 리듬을 주도하며 노래를 부르게 할 수 있다(리통-理通). 그러나 명창은 노래로써 고수를 리드하거나, 고수의 리듬을 바꿀 수 없다. 주어진 상황에 따라 맞춰갈 수밖에 없다(기국-氣局).

이처럼 퇴계형도 율곡형도 모두가 고수와 명창을 공연에 있어 분리할 수 없는 한팀으로 인식하고 있다. 다만 율곡형은 고수와 명창의 위치를 분명하게 설정하고 있다. 특히 고수의 고유성과 절대성을 강조하여 하늘이 지닌 존재 가치를 존중하고 있다.

다만 저자가 명창과 고수라는 예시를 들어 비유함은 기발과 리발의 이해력을 높이기 위한 설정이다. 명창과 고수 모두가 현상계로서 사람에 속하며, 비존재의 모습을 가진 본질계로서의 하늘이 그 바탕을 이루고 있다. 그러므로 나는 '명창'과 '고수'라는 그 단어가 주는 모순성을 넘어

필자의 의도를 간파해 주기를 바랄 뿐이다.

대개 우리 삶에서 선함이 드러날 때는 사람의 능력으로 비춰질 때와 하늘의 도움이 있었을 것이라는 두 가지 시각이 존재한다. 전자는 기발(氣發), 후자는 리발(理發)이다. 그러나 이렇게 이분법으로 기술하면 하늘과 사람의 연결성이 떨어지게 된다. 따라서 한국 성리학은 위처럼 기발(氣發), 리승(理乘), 리발(理發), 기수(氣隨), 리통(理通), 기국(氣局) 등의 역동적 해석을 통해 하늘과 사람을 섬세하게 연결하여 학문적 정교함을 일궈냈다.

그럼 두 분의 본래 취지를 살려 하늘과 사람의 상관관계를 좀 더 상세하게 살펴보기로 하자.

퇴계형의 시각인 '기발이리승지(氣發而理乘之)'는 율곡형도 인정했듯이 그 당시 이미 학계에서 보편적으로 인정을 받았기에 더 논할 이유가 없다. 다만 퇴계형의 또 하나의 관점인 '리발이기수지(理發而氣隨之)' 부분은 독특한 시각이다. 퇴계형은 이를 통해 하늘이 지닌 '비존재의 존재'라는 절대 권위를 훼손시켜서라도 애써 사람의 가치를 드높이고자 노력했다. 이러한 퇴계형의 모습에서 형이 얼마나 휴머니즘에 목말라했는지를 알 수 있다. 형의 그러한 마음은 아쉽게도 하늘의 고유성을 무참히 구기는 논리적 모순을 감행하고야 말았다. 그러나 한국의 후학들은 형의 이러한 아름다운 의도를 정확히 파악하여 얼마든지 형의 논리적 모순을 포용하고 형의 아름다운 취지를 과감히 취했다.

이에 비해 율곡형은 '기발리승일도설(氣發理乘一途說)과 리통기국(理通氣局)'을 제시하며 하늘의 '비존재의 존재'라는 절대 권위를 철통같이 지켰다. 형은 낮아지고 또 낮아지다가 결국 자신을 없애고 무아가 돼서 '무존재의 존재'가 된 하늘을 보았다. 만일 하늘이 존재라는 형식으로 그 실체가 느껴진다면, 사람이 하늘의 무한 사랑에 대해 최소한의 도리를 다하겠다는 그런 선한 부담감마저도 느낄 수 없도록 하겠다는 하늘의 마음을 읽었다. 이 역시 '하늘은 사람에게 간섭하지 않음으로써 절대적으로 사람을 사랑하고 있다'는 뜻을 전하기 위한 형의 완곡한 표현이었다.

그런데 조금 더 자세히 따져 보자.

뭐가 다른가?

기발이든 리발이든 하늘과 사람의 긴밀성을 논하기는 마찬가지다. 결국 나는 하늘이 사람을 사랑하는 방식을 설명하는 두 형의 표현이 다를 뿐, 그 본질은 같다는 사실을 알 수 있었다.

즉, 그 어떤 누군가가 그 자신의 능력을 발휘하는 것으로 보인다면(氣發), 그것은 반드시 그 배경에 하늘의 도움이 있다는 사실을(理乘之) 주시하라고 율곡형이 힘줘 말했다. 또 누군가에게 하늘의 행운이 계속 펼쳐지는 것으로 보인다면(理發), 그에게는 분명 그가 해야 할 일에 대한 최소한의 정성을 다했다(氣隨之)는 사실을 주목하라고 퇴계형이 애써 말했다. 이처럼 두 형의 견해가 달리 보이지만, 하늘과 사람은 서로 떨어져도 떨어지지 않고 떼어도 뗄 수 없는 관계라는 사이라는 점에서는 두 형은 일치했다.

다만 퇴계형의 논점은 하늘에서 사람으로, 율곡형의 논점은 사람에서 하늘로 향하고 있었을 뿐이었다.

그렇게 형들은 출발선상에서는 서로의 주장이 다른 듯했지만, 결론에 이르러서는 퇴계형은 율곡형의 주장으로, 율곡형은 퇴계형의 주장으로 마감하는 유쾌한 해프닝을 보여주고 있었다.

흥미롭게도 후대의 학자들은 퇴계형을 주리론자로 율곡형을 주기론자로 분류했다. 여기에는 나름대로 이유가 있었다. 퇴계형은 사람이 지닌 가치를 고양하기 위해 하늘의 권위를 깨서라도 하늘을 사람 사는 세상으로 끌어들였다. 그러니 항상 하늘의 이야기를 하지 않을 수 없었고, 이를 바라본 후대의 학자들은 선생을 주리론자라고 부를 수밖에 없었다. 그러나 그 내면에는 인간애가 깊었기에 실제는 주기론자로 보는 게 적합하다.

이에 비해 율곡형은 늘 사람의 주권과 됨됨이를 강조했다. 하늘에 대해서는 입도 뻥긋하지 말라고 엄포를 놓으셨다. 그러니 이를 본 학자들은 주기론자라고 부를 수밖에 없었다. 그러나 그 내면에서는 '비존재의 존재'라는 하늘의 권위를 철저하게 지키려는 의도가 있었기에 실제로는 주리론자라고 보는 게 적합하다.

따라서 퇴계형은 하늘과 사람을 나눠서 보지만 다시 통합하는 면에서 이원론적 일원론이며, 율곡형은 하늘과 사람을 통합하지만 다시 나눠보는 일원론적 이원론이라는 사실은 더 의심할 여지가 없다.

기존의 성리학에서는 기와 리, 즉 사람과 하늘의 관계를 논할 때 '불상잡(不相雜), 서로 섞이지 않는다'와 '불상리(不相離), 서로 분리되지 않는다'라는 대원칙이 있었다. 이것은 사람과 하늘이 서로 섞이거나 분리될 수 없는 일정한 간격이 유지되고 있다는 의미로 다소 경직적인 틀이기도 하다.

그러나 **퇴계형은 '리발이기수지'**를 통해서 하늘과 사람이 과감하게 섞여서 일체가 될 수 있음을 주장하였고 율곡형은 '리통기국'을 통해 하늘의 권위와 사람의 존재를 확실히 분리함으로써 기존 성리학이 지닌 사람과 하늘의 제한된 범주를 시원하게 타파하였다. 이 점은 한국성리학이 지닌 독창성과 역동성을 대변하는 쾌거가 아닐 수 없다.

🌱 무슨 소리?

퇴계형과 율곡형의 이기론으로 사람과 하늘의 상관관계를 살펴봤어.

🌱 그래서?

두 형의 주장은 서로 다른 듯하지만, 결국 하늘과 사람의 긴밀한 관계를 논하고 있어.

🌱 뭐가 좋지?

조력자와 응원꾼으로서의 하늘이 언제나 우리를 받쳐주고 있으니 참 든든해.

하늘은 날 사랑해

앞서 논했듯이 나는 퇴계, 율곡형을 사숙하면서 그 논지의 색깔이 다를 뿐, 핵심 내용은 정확히 일치한다는 사실을 알게 되었다. 이를 한 줄로 정리하면 다음과 같다.

하늘은 날 무한히 사랑한다.

이 점을 알려주기 위해 퇴계형은 다음처럼 말한다.

"하늘은 우리에게 참 관심이 많아. 지금 당장에 우리가 살아갈 수 있게 만들어 주는 생명 순환 시스템도 하늘의 사랑이지. 늘 우리보다 한 발자국 먼저 나서서 적극적으로 이끌어주고 있어. 한번 생각해 봐. 내 생명의 근원인 심장의 박동과 호흡은 내가 아무런 신경을 쓰지 않아도 저절로 일어나는 일이잖아. 밥을 먹고 소화하고 소변과 대변을 배출할 수 있는 일역시 내가 힘쓰지 않아도 되는 이것이 곧 하늘의 무한한 응원과 사랑이야. 이러한 하늘의 적극성 없이 우리가 어떻게 살아갈 수 있겠어."

이는 퇴계형의 '리발이기수지(理發而氣隨之)'에 대한 저자의 현대언어적 해석이다. 퇴계형은 '생명뿐만이 아니라 세상의 모든 일에 하늘이 시시각각 관여하고 있음을 넘어서 어쩌면 세상 그 자체다'라고까지 말하고 있다.

이어서 율곡형이 말한다.

"그대가 선한 일을 하겠다고 결심하고 행동해봐. 그럼 알게 될 거야. 본인이 많이 애쓰지 않아도 일이 순조롭게 이뤄지는 것을. 그렇게 일이 잘 이뤄지는 건 하늘이 뒤에 받치고 있다는 뜻이지. 그래서 우리는 마치 사람이 나서서 일이 잘되는 것처럼 느끼는 거야. 하늘은 내 삶에 간섭하거나 참견해서 이런저런 잔소리를 하지 않기에 우리는 하늘을 느낄 수 없어. 그건 이미 하늘이 우리에게 스스로 모든 것을 해내도록 만반의 준비를 마쳤다는 이야기지. 그렇게 철저하게 준비를 해둬서 오히려 우리가 하늘의 움직임을 감지할 수 없는 게 당연한 거야. 이것이야말로 하늘의 무한 사랑이 아니겠어?"

위는 율곡형의 '기발리승일도설(氣發理乘一途說)'에 대한 저자의 현대언어적 해석이다. 율곡형은 '하늘은 무색무취하며 비존재로 존재하기에 감각으로는 느낄 수 없다'고 말한다. 그래서 역설적으로 '그렇게 느껴지지 않음으로써 느껴지는 존재가 하늘'이라고 말하고 있다.

우리가 살아가는 이 자체가 곧 하늘의 무한 사랑이다. 이 땅, 공기, 사람들, 그리고 만물 전체가 나를 위해 펼쳐져 있다. 하늘이 관여하지 않으면 생명이 멈춘다. 세상에는 나를 위하지 않은 그 무엇이 없는 건 아니지만, 조금만 주의를 기울인다면 모든 만물이 내 생명과 내 삶을 지켜주는 존재들로 가득 차 있음을 알 수 있다.

다만 **하늘의 사랑을 전할 때 퇴계형은 하늘이 모든 일에 관여하면서 드러나는 부분을 강조하였고, 율곡형은 항상 묵묵히 응원하면서도 드러나지 않는 모습을 주시하고 있을 뿐이다.** 그렇기에 그 누구라도 하늘의 사랑을 결코 부인할 수 없다. 조금만 집중하면 바로 하늘의 사랑을 깨우칠 수 있다.

그런데도 이 같은 **하늘의 사랑을 느끼지 못한다면, 그것은 바로 내 감성 센서에 치명적인 손상이 있기 때문이다.**

이 부분을 정확히 직시한 분이 바로 심의(心醫) 원조이신 구암 허준 선생이다. 구암형은 착각과 무지가 하늘의 사랑을 모르는 근본 원인이며, 이것이 우리의 감성 센서를 마비시켰다고 보았다. 그래서 '이러한 마음의 때를 씻어내야 한다'라고 말하며 그렇게 마음때를 씻어내면 '허심합도(虛心合道)', 즉 '마음을 비우면 하늘의 사랑이 느껴진다'라는 길을 제시했다. 나는 선생의 혜안에 힘입어 전작에서 '마음 세탁'이란 이름으로 이 부분을 상세히 밝혔다.

허준 선생이 제시한 마음 세탁은 마음 수양의 한 방편이다. 그런데 퇴계, 율곡형들도 수양에 대해서는 한목소리를 냈다. 그래서 내 마음을 갈고 닦지 않으면 하늘의 사랑을 느낄 수 없다고 말했다. 누군가 형들에게 '수양이 도대체 뭔데?'라고 물으면 형들은 한결같이 다음처럼 대답한다.

"궁리 좀 해!!!"

궁리(窮理)란 '현상계만 바라보고 집착하는 데서 벗어나 삶의 본질을 생각해 보자'라는 의미다. 또한 세상의 이치가 뭔지, 삶의 흐름을 자세히 관찰하면서 무엇이 내 마음의 평화와 생활의 즐거움에 적절한지를 따져 물어보라는 뜻이다. 그래서 생각 없이 사는 것도 좋지만, 항상 생각 없이 사는 것은 사람이 나아가야 할 길이 아니라고 말한다.

만일 수양하지 않으면 어떻게 되는지 구암형이 말한다.

"사람이 수양하지 않으면 마음때가 덕지덕지 끼어서 하늘의 사랑을 느낄 수 없어. 게다가 기혈순환이 되지 않아 만성적인 통증이 생겨나지. 그래도 수양하지 않으면 마음이 우울해지고 몸에는 여러 병이 생겨나면서 극한의 고통이 와. 그럼 알게 돼. 수양하지 않으면 사람으로 태어난 축복을 제대로 느끼면서 살 수 없다는 사실을."

수양하지 않아서 하늘의 사랑을 깨닫지 못하면, 내 삶의 기반이 되는 믿음이 취약해지고 그만큼 삶의 무게감이 증폭된다. 그러니 어떻게 우리가 내 삶을 마음껏 영위할 수 있겠는가.

그래서 나 역시 형들의 수양 권고를 따라서 하늘이 날 어떻게 사랑하는지에 대해 궁리하기 시작했다. 그런데 다음과 같은 생각이 떠오르면서 초장부터 막혀버렸다.

"하늘이 우리 사람을 사랑한다면 왜 이 세상에는 각종 질병과 범죄, 사건, 사고, 재난, 전쟁 등이 판을 치는 거지?"

백양(伯陽, 노자의 자)형은 도덕경(道德經)을 통해 '하늘은 사랑이 없다(天地不仁)'라고 말하며 한술 더 뜨기까지 했다. 나는 이 질문에 막혀서 하늘의 존재와 사랑을 인정할 수 없었고 그나마 잠시 생겨났던 '하늘의 사랑'은 무참히 깨지고 부서졌다.

그런데 얼마 지나지 않아 나는 다시 알게 되었다. 그것이 바로 나만의 생각이자, 나만의 고집이었음을.

나는 '하늘이 날 사랑하지 않는다'라는 나의 가설을 세우고 몇 가지 예외적인 조항을 내세워 나만의 일그러진 가설을 사수하고 있었다. 나는 그저 나만의 알량한 잣대인 몇 가지 극단적인 조항을 내세워 하늘의 사랑을 부정하고 있었을 뿐이었다. 그래서 나에게 좋은 것은 아무것도 없었다. 그렇게 귀를 막고 고집을 피워봤자 내게 돌아오는 건 외로움과 삭막함뿐이었다. 나는 고심 끝에 깨닫게 되었다.

그래서 외쳤다.

비록 그렇게 험하고 혐오스럽고 비참한 일들이 펼쳐질지라도 그와 같은 일들이 '하늘은 날 사랑한다'라는 사실을 부정할 자격은 없다.

나는 좀 더 깊이 궁리하면서 하늘은 누구에게나 차별 없이, 한순간도 쉼 없이 폭포수 같은 사랑을 퍼붓고 있다는 사실을 알게 되었다. 우리가 당연하게 여기는 모든 생명 현상이 그랬다. **죽음마저도 생명을 생명답게 만들기 위한 하늘의 역동적인 설계도**임을 알아차리게 되자, 나는 이를 하늘의 무한 사랑이라고 부를 수밖에 없었다. 그렇게 나만의 평가 잣대를 내려놓자, 내게는 더욱 탄탄한 믿음이 생겨났다. 그래서 나는 **하늘의 사랑에 대한 나의 믿음을 '깨져도 안 깨지는 믿음'**이라고 명명했다. 그러자 다시 하늘의 사랑이 더 크게 다가왔고, 나의 자신감과 자존감이 급격히 상승했다.

세 형들의 견해와 형들이 권고한 궁리가 통합되면서 하늘이 날 사랑한다는 사실은 더욱 명료하게 내게 다가왔다. 그 후 하늘에 대한 나의 깨져도 안 깨지는 믿음은 그때부터 지금까지 내 삶의 가장 든든한 반석(盤石)이 되어 주고 있다.

🍃 무슨 소리?

하늘은 날 무한히 사랑한대.
여기에 대해서 세 형의 다양한 의견을 들어봤어.

🍃 그래서?

이렇게 생각하고 저렇게 생각해 봐도
하늘이 날 사랑한다는 사실을 알아 차릴 수밖에 없어.

🍃 뭐가 좋지?

자신감이 충만해지고 자존감이 높아져.

어쨌든 신은 필요해

현대의 신학에서도 율곡형과 퇴계형처럼 하늘과 사람의 사랑에 비견되는 신과 인간의 관계를 논하고 있다. 일부 신학자들은 인간의 타락을 잘못된 상황으로 인식한다. 그래서 그 잘못의 원인을 따져 들어갈 때, 완벽하고 온전한 신은 잘못을 범할 수 없다고 말한다. 따라서 타락은 신이 우리에게 내어준 '자유 의지'를 잘못 쓴 결과라고 말하며 그 원인을 인간에게 돌리는 경향이 있다.

"얘야. 신아. 너는 착하잖아. 네가 어찌 잘못을 범했겠니? 네가 내게 준 자유의지를 내가 잘못 쓴 것이니, 너는 잘못이 없어. 다 내 잘못이야."

이것은 인간이 신의 머리를 쓰다듬어 주면서 신을 위로하는 상황과 크게 다르지 않다. 마치 어른이 아이를 타이르는 듯하다. 따라서 **'신이 우리에게 완전한 자유 의지를 주었다'라는 견해는 인간이 신을 배려하면서 신의 권위보다 위에 서게 되는 인본주의적 해석이다.**

뭐, 괜찮다.

'인본주의를 위해서 신을 희생하면 안 된다'라는 규율은 세상 어디에도 없기 때문이다. 문제는 이로 인해서 모든 책임을 인간이 가져오게 된다는 것이다. 인간이 신의 권능을 발휘해야 한다니. 그것은 몹시 부담스럽고 불가능한 영역이 아닐 수 없다.

나는 '에덴 동산의 타락 사건'을 종교적 사건이 아닌 일종의 화두로 바라본다. 그러면 신앙과 상관없이 인문학적 견해로도 얼마든지 접근할 수 있다. 비록 창세기에서 '에덴동산 중앙의 선악과를 따먹지 말라'라는 계율이 있었음에도, 그 계율을 지킬 수 없도록 먹음직스럽고 보암직스러운 환경이 조성되어 있었다면, 이는 계율과 상관없이 그 환경을 조성한 신의 책임으로 돌릴 수 있다. 그렇다면 에덴동산에서의 타락은 인간의 잘못된 행동이 아니라, 어쩌면 신의 아름다운 플랜일 수 있다. 만일 그 책임이 신에게 있다면, 타락할 수밖에 없게 만든 신의 속뜻은 무엇이었을까?

혹시 타락 후 달동네에 살면서, 부족해진 우리 인간들끼리 서로 사랑하면서 살라고 그렇게 설계했던 건 아닐까?

만일 하늘이 부족한 인간에게 모든 자율권을 100% 주었다면, 그건 아마도 '기발리승일도설(氣發理乘一途說)'일 것이다. 분명히 하늘이 모든 것을 100% 준비하였으리라고 봄이 타당하다. 따라서 현대의 일부 신학에서 신이 인간에게 100% 자율권을 주었다고 가정하면, 그 이전에 신은 '타락해도 결코 타락할 수 없는 온전한 삶'을 보장했어야 한다.

율곡형의 '리통기국(理通氣局)'에 있어서 '기국(氣局)'은 사람의 자유가 국한된 모습이다. 그래서 '기발(氣發)', 즉 사람이 나설 때 하늘이 사람에게 자율권을 주었지만, 혹시라도 모를 위험이나, 불선(不善)한 영역에 들어가지 않도록 하늘이 관심을 가지고 직접 두루두루 통하면서(理通) 통제한다는 의미가 내포되어 있다. 이것은 퇴계형의 본뜻과도 다르지 않다.

그렇다면 그렇게 철저히 논리적 완결성을 갖추고자 했던 율곡형에게서도 하늘이 사람에게 관심을 두었다는 논지를 펼침으로 인해서 하늘 본연의 위치, 즉 '하늘은 사람에게 전혀 간섭하지 않는다'라는 논리를 끝까지 사수하지 않았음을 알 수 있다.

율곡형 역시 그럴 수밖에 없었다. 하늘은 논리적인 완벽성으로 설명할 수 없는 그 이상의 영역이기 때문이다. 이처럼 두 형은 하늘이 무존재로서 스스로 낮추면서 사람에 대하여 전혀 무심하지 않다는 사실에 궁극적으로 한목소리를 냈다.

이러한 시각에서 바라본다면 이 세상을 타락한 세계라고 규정하거나, 원죄라고 개념을 지은 모든 것들 역시 신의 사랑과 동떨어진 무관심의 영역이 아닌 그냥 하나의 달동네 삶이라고 해석할 수 있다. 그렇지만 '전쟁과 재난, 범죄'와 같은 사건들마저도 '달동네'의 범주에 넣어, '하늘의 뜻' 혹은 '신의 섭리'로 받아들이기에는 도덕적 양심의 항의를 막을 길이 없다.

'에덴동산의 타락'이 지금 우리 삶에 일어나는 도저히 받아들일 수 없는 참혹한 전쟁, 무지막지한 재난, 범죄와 같은 '진짜 불행'이라면 이렇게 악을 방치하는 신을 어찌한단 말인가. 그렇다면 이제 우리는 에덴동산의 타락과 악적 요소가 존재하는 현실, 이 두 상황을 두고 신과 '외나무 다리'에서 만난 격이다.

더는 선택의 여지가 없다.

이제 각자가 담판을 지어야 한다.

나는 앞서 고백했듯이 이 상황을 '깨져도 안 깨지는 믿음'으로 돌파했다. 비록 하늘의 섭리에 흠결이 있었다고 하더라도, 하늘은 내게 절대적으로 필요하기 때문이다. 내가 세상에 존재하는 악적 요소가 신의 흠결이라고 할지라도 그것이 신이 인간을 무한히 사랑한다는 사실을 침해할 자격은 없다는 나만의 화두로 방어하자, 내 삶에는 신성이라는 강물이 흐르기 시작했다.

이제 나는 '신의 흠결'이 있더라도, 삶의 중심에 하늘을 제치고 나를 배치할 생각은 추호도 없다. 어쨌든 내게는 신이 필요하기 때문이다. 나의 이러한 모습을 보고 누군가 나를 '신본주의자'라고 불러도 좋다.

대개 신본주의적 해석은 신의 작품 중에 분명한 흠결이 있음에도 그것마저도 '우리가 알지 못하는 신의 뜻'으로 인정하고 신의 완결성을 지킨다. 그것은 내가 신을 제대로 이해하지 못한 것이며, 신의 흠결은 사람이 하늘의 뜻에 '도덕적 잣대'를 들이밀면서 자의적으로 해석하려다 생겨난 오류라고 말한다. 그래서 '인간의 눈에는 타락했을지라도 신의 세계에서는 온전하다'라고 해석하기에 이른다.

그런데 자세히 생각해 보자.

신을 온전하다고 추켜세우는 그 마음은 인간의 마음이 아닌가. 그렇다면 이 역시 '신의 머리 쓰다듬기'와 무엇이 다른가.

말로는 신을 앞세우지만, 내면은 인간의 위대한 아량으로 신을 품고 있는 상황이 아닐 수 없다. 이처럼 '신본주의'를 표방해도 실제로는 '인본주의'가 기반이 되고 만다.

아, 다시 원점이다.

나 역시 인본주의를 배격하면서 신본주의를 내세워 보았지만, 결과적으로 그분들과 똑같은 행동을 하고 있었다. 내가 삶의 중심에 하늘을 배속한 것은, 하늘의 흠결이 있음에도 내가 신이 필요했기 때문이다. 누군가가 나를 신본주의자로 여겨도 괜찮다고 말했지만, 나 역시 내면에는 신을 끌여들여서 내 삶을 빛나게 하기 위한 '인본주의적' 견해가 자리를 잡고 있었다. 그러한 **인본주의적 견해를 중시해도 이를 증명하기 위해서**

는 신이 필요했다.

심지어 신에게 흠결이 있고, 그것이 사람이 가진 흠결과 다를 게 없다면서 그러한 신은 오히려 인간미가 있다고 생각하며 신을 더욱 친숙하게 여기기도 했다. 그렇다면 나 역시 내가 못마땅하게 여겼던 일부 신학자들의 '신의 머리 쓰다듬기' 사고와 하나도 다르지 않다고 고백하지 않을 수 없다.

아무튼 현실에 존재하는 참혹한 불행과 에덴동산의 타락을 같은 현상으로 보고 이를 해석할 때, 그것이 신의 흠결이든, 신의 작품이든 이를 해석하기 위한 방편으로 신을 언급하지 않을 수 없는 것은 마찬가지였다. 이처럼 우리는 신을 매우 절실하게 필요로 한다.

어떻게 보면, 차라리 신을 배제하고 홀로 가겠다는 너무나 인본주의적인 니체형의 씩씩한 의지가 멋있어 보일 수 있다. 그러나 니체형의 '신을 떼어놓았다는 생각' 역시 자기만의 착각이었다. 초인의지를 내는 그 기반은 니체형이 가진 게 아니라, 현상계를 관장하는 신이 준 기본 원료이기 때문이다. 그렇게 철저히 신을 배격했던 니체형도 신에게 의존했고 그렇게 신이 필요했다.

이렇게 **신이란 우리가 신이 존재하느냐, 존재하지 않느냐의 논란과 상관없이 꼭 존재해야만 하는 존재다.** 그러므로 설령 신이 존재하지 않는다고 하더라도 어쨌든 신은 필요하다. 더욱이 신이 유형으로 존재한다면, 그것은 우리 사람에게 부담을 주는 모습이기에 사랑이 전부인 신이 선택할 수 있는 길이 아니다. 그래서 역시 **신은 '무존재의 존재'이어야 한다. 따라서 신이 정말 존재하지 않는다면, 역설적으로 신이 정말로 존재한다는 사실이 더더욱 분명해진다.**

세상에서는 역사 이래로 항상 선과 악의 논란이 있었다. 한국 성리학에서도, 현대 신학에서도 '신은 곧 절대선'이라는 기준을 설정하기 위해서라도 어쨌든, 신은 필요한 그 무엇이었다.

이처럼 신의 필요 가치는 이미 신의 존재 여부를 따지는 가치를 훌쩍 뛰어넘은지 오래되었다. 그래서 우리는 신의 존재 여부와 상관없이 오랜 과거부터 신과 함께 살아왔고 현재도 더불어 살아가고 있으며, 미래에도 영원히 서로 사랑하며 살아갈 수밖에 없다.

🖋 무슨 소리?

신은 세상의 가치를 해석하기 위해서라도 참 필요한 그 무엇이야.

🖋 그래서?

그러니까 신과 잘 사귀어 보자고. 안 그럴 수도 없잖아.

🖋 뭐가 좋지?

내 삶의 달동네에서도 사랑을 깨우칠 수 있어.

헤픈 사랑, 싸구려 일상

퇴계형은 '하늘은 이 순간에도 항상 사람의 일에 관심을 가진다'라고 말했지만, 하늘의 능력이 발휘될 때[리발(理發)]는 사람의 선한 의지와 정성을 물리치지 않았다[기수지(氣隨之)]. 율곡형은 '하늘은 사람이 나설 수 있도록 미리 준비해 두고서 그 어떤 간섭도 끊었다'라고 말했지만, 사람의 능력이 발휘될 때 [기발(氣發)]는 하늘의 역할과 응원을 배제하지 않았다[리승지(理乘之)].

퇴계형은 앞에서 다 끌어 주면서 자기가 하는 게 아니라고 시침 떼는 하늘로, 율곡형은 뒤에서 다 밀어주면서 아닌 척하며 능청 떠는 하늘로 표현했다.

이 말은 수레를 앞에서 끌어 주는 것과 뒤에서 밀어주는 것처럼 그 겉모습이 달라 보여도, 수레가 움직일 수 있게 도우려는 하늘의 속뜻을 헤아리는 점에서는 정확히 일치했다. 결국 두 형은 하늘의 무한 사랑에 대해서 다른 견해를 보이는 것 같지만, 결국 한마음이 돼서 이구동성으로 다음처럼 말한다.

"세상 돌아가는 모습을 자세히 관찰해 보라. 어찌 하늘이 우리를 사랑하지 않는다고 말할 수 있겠는가."

이것은 '격물치지(格物致知)'다. 성리학에서는 착각과 무지에서 벗어나 밝은 깨달음을 얻고 군자(君子)로 나아가는 과정에 대해서 여덟 단계인 8조목(八條目)으로 요약했다. 이때 세상 돌아가는 모습을 통해서 하늘의 무한 사랑을 듣는 것이 1단계인 '격물(格物)'이다. 그리고 그 사랑이 선명하게 들리는 시점이 바로 2단계인 '치지(致知)'다. 우주와 내 삶 전체가 하나도 빠짐없이 하늘의 무한 사랑을 증명하기에 이를 알아차리게 된다는 뜻이다. 두 형은 또 말한다.

"하늘이 날 사랑한다는 소식이 들리면 온 마음으로 정성을 다해 수양하고 결국 바르고 유연한 생각을 얻는다."

이것은 8조목 중 3, 4단계에 해당하는 '성의정심(誠意正心)'이다. 하늘의 무한 사랑을 받고 있음에 정성스럽고도 감사한 마음을 가진다는 뜻[성의(誠意)]으로 내 마음에 '깨져도 안 깨지는 믿음'이라는 열매가 영글어지는 단계다. **이러한 믿음은 내 삶에 해동네가 오든지, 달동네가 오든지 그 모든 걸 하늘의 뜻으로 받아들이는 '투웨이'가 되는 바, 이것이 바로 어느 한 쪽으로 쏠리지 않는 바른 마음이기에 정심(正心)이라고 부를 수 있다.**
이제 두 형은 더 큰소리로 함께 외친다.

"하늘의 무한 사랑에 감응하여 사람에게 심어진 '정심(투웨이)'을 먼저 자기 자신에게 적용해 보라. 그러면 하늘이 사람을 사랑한 것처럼 자신을 스스로 사랑하게 된다. 그 사랑은 가족과 주변의 공동체로 확장되고 더 나아가 우주 만물로 이어진다."

이것은 8조목 중 5단계에서 8단계로 이어지는 '수신제가치국평천하(修身齊家治國平天下)'다. 투웨이가 발아하고 성장하면서 자연스럽게 진행되는 과정이다.

이 전체 과정을 다시 정리하면 다음과 같다.

하늘의 무한 사랑을 듣고 또 듣는 시점이 '격물(格物)'이며, 그렇게 거듭 듣고 또 듣다가 드디어 하늘의 무한 사랑이 들리는 시점이 '치지(致知)'다. 이는 마치 외국어를 공부할 때, 외국어가 들어도 또 들어도 안 들리다가 어느 시점에 이르러서 들리게 되는 것과도 같다. 그 후 그 감동으로 정성스럽게 매진하는 단계가 '성의(誠意)'이며 그 결과 '깨져도 안 깨지는 믿음'이 형성되면서 드디어 '정심(正心)', 즉 투웨이를 얻게 된다. 그렇게 얻은 투웨이를 내게 적용하면 '수신(修身)'이고, 가정에 적용하면 '제가(齊家)'요, 나라에 적용하면 '치국(治國)'이며, 만천하에 적용하면 '평천하(平天下)'다. 격물에서 정심까지의 과정이 곧 '본성회복(本性回復)'이며, 수신에서 평천하의 과정이 '수기치인(修己治人)'이다.

이를 불가(佛家)의 수행과 비교한다면 '본성회복'은 '상구보리(上求菩提)', 즉 마음으로는 지혜를 닦아 깨달음을 구하는 과정에 해당하며, '수기치인'은 '하화중생(下化衆生)', 즉 몸으로는 선을 실천하고 대중들을 교화하는 과정에 해당한다.

구암형은 이러한 퇴계, 율곡 두 형의 의견에 동의하면서 의료인답게 우리 몸에 빗대어 하늘의 무한 사랑을 더욱 간결하게 전하고 있다. 형의 요지는 허심합도(虛心合道)다. 즉, '기대치를 대폭 내리면 하늘의 사랑을 즉시 알아차린다'라고 말하고 있다. 이를 풀어보면 다음과 같다.

"하늘이 우리에게 준 축복, 그 이상을 더 바라게 되면 하늘의 사랑을 감지할 수 없어. 사람으로 태어나서 말하고 숨 쉬고 걸으면서 생명 활동을 한다는 이 엄청난 사실만으로도 충분히 감사한 일이 아닐까? 그런데도 그 이상을 바라는 건 기대치가 매우 높은 것이라네."

사실 구암형은 내 생명과 사람으로 태어남으로써 누리는 축복마저도 그것이 칠정의 '나'에 집착하면 세상에서 가장 무거운 짐이 될 수 있다는 점을 숙지하고 있었다. 그러므로 동의보감의 '허심합도(虛心合道)'라는 문단에서 결국 '나'를 탈피하는 과정에서 내가 곧 '허깨비'와 같은 존재로도 인식할 수 있어야 비로소 합도(合道), 즉 도(道)의 경지에 이른다고 설파했다.

이렇게 선명하게 느껴지는 실체가 있는 내가 아무 것도 아닌 '허깨비'라고?

아, 정말 황당하기 그지없다. 그러나 다시 한번 생각해 보자. 내가 **이미 아무것도 아닌 '허깨비'라면 내 삶에 어떤 부담감도 가지지 말라는 하늘의 위대한 사랑일 수 있다.**

이 역시 우리가 하늘의 무한 사랑을 접할 때 이뤄지는 일어나는 과정이기에 퇴계형과 율곡형의 견해와 같은 맥락을 가지고 있음을 알 수 있다.

이처럼 세 형은 하늘의 무한한 사랑을 분명하게 전하고 있다. 이를 알아차리면 우리의 일상생활에 아름답고도 큰 변화가 일어난다. 내 삶에 해동네가 펼쳐지든, 달동네가 펼쳐지든 그 모두가 하늘의 사랑이라고 믿는 마음이 생겨나서 더는 해동네만 좇고 달동네를 거부하는 일이 없어진다.

이는 황제내경에서 '하늘의 사랑을 아는 사람은 달동네와 해동네를 모두 받아들인다(其知道者 法於陰陽)'라고 말한 바와 같다. 바로 투웨이 그대로다.

그렇다면 투웨이로 바라보기 전과 그 후의 일상은 어떤 차이가 있을까? 그것은 내 마음 중심에 사랑이 흐르는가, 흐르지 않는가의 차이라고 말할 수 있다. 그래서 나는 투웨이로 인식한 일상을 다음과 같이 정의했다.

너와 내가 서로 교류하고 사랑하며 누리는 세상

이렇게 아름다운 일상은 어딘가에 객관적으로 존재하는 실체라기보다는 내 마음속 유연한 사고체계인 투웨이가 확립될 때 창조되는 역동적이면서도 주관적인 세상이라고 말할 수 있다. 하지만 이러한 일상이 본래 없었다면 아무리 주관적 세계라 할지라도 어떻게 이를 찾을 수 있겠는가. 그러므로 본래 있었다고도 말할 수 있는 동시에 창조했다고도 말할 수 있다.

약 100여 년 전부터 서양의 양자역학은 미시 세계에서의 객관적인 실체란 따로 존재하지 않는다는 사실을 밝혀냈다. 내가 바라보는 모든 객체는 내 마음에 따라 역동적으로 변화하는 그 무엇일 뿐이라는 양자역학적 세계관은 현재 거시 세계까지 적용되면서 점점 현시대의 주류가 되어가고 있다. 따라서 요즈음의 '내 생각이 현실을 창조한다'라는 경이로운 이야기도 양자역학적 세계관에서는 당연하고 평범한 이야기로 받아들여지고 있다.

이러한 세계관은 이미 동양에서는 수천 년간 내려오는 보편적인 진리였다. 석가형의 '색즉시공(色卽是空), 공즉시색(空卽是色)'이 그러하다. 즉, '색색하고 선명하게 보이는 이 현실은 실체가 아니며, 실체가 아니라는 이것이야말로 곧 실체다'라고 말하고 있다. 이는 비록 **내가 실체로 느껴진다고 할지라도 그것이 주관적이기에 공허할 수 있고 그렇게 공허할 수**

있음을 인정하는 유연한 시각이야말로 그것이 곧 실체라는 뜻이다.

이를 일상에 적용해 보자.

일상은 저마다의 생각에 따라서 다르게 창조되기에 매우 주관적이며 따라서 누구나 공감할 수 있는 객관적인 상황은 아니다. 그러나 사랑이 바탕이 된 일상은 그것이 주관적일지라도 너와 내가 서로 나누며 이야기할 수 있다는 점에서 석가형의 견해로 보더라도 전혀 공허하지 않은 객관적 실체로 규정할 수 있다. 이처럼 사랑이 흐르는 일상은 주관과 객관이 동시에 양립하는 모순을 극복할 수 있다. 이것이 곧 퇴계, 율곡, 구암형이 그토록 한목소리로 전하고자 했던 그 세상이었다.

놀랍게도 하늘은 이 엄청난 일상을 예부터 지금까지 우리 모두에게 아낌없이 헤프게 줘버리고 있다. 그래서 우리의 일상은 싸구려가 되어버렸다. 그래서 우리는 우리의 일상을 별거 아닌 것으로 여긴다.

그런데 다시 생각해 보자. 하늘이 누구에게나 다 주었다는 그 이유만으로 헤픈 사랑일 수 있을까?

하늘로 받은 헤픈 공기와 물은 생명 활동을 위한 기초 자산이다. 이것이 없다면 우리가 1분도 살기 어렵다. 일상의 기반이 되는 지구라는 땅덩어리는 엔진도 없이 자발적으로 자전과 공전을 연출하면서 밤과 낮, 계절의 순환을 만들어낸다. 이 모든 게 대충 흘러가는 것처럼 보여도 그 세밀함은 가히 경이로움을 넘어선다. 이러한 기반이 있기에 수많은 생명체와 우리 인류가 마음껏 숨을 쉬며 먹고 마시고 자고 놀며 사랑할 수 있다.

그러므로 **조금만 헤아리면 헤프게 여겨졌던 하늘의 사랑이 위대한 사랑이며, 싸구려로 여겨졌던 우리의 일상은 명품 일상임을 바로 알아차릴 수 있다.**

그러니 하늘로부터 헤프게 받은 것 같고 싸구려처럼 느껴지는 일상이라고 할지라도, 우리가 이를 버리고 어디에서 이토록 찬란한 명품 일상을 찾을 수 있겠는가.

아, 우리는 하늘의 무한 사랑에 힘입어 헤프게 펼쳐진 **싸구려 일상**을 흥청망청 넘치도록 즐기고 있었다.

지금 오늘처럼.

🖋 무슨 소리?

하늘은 일상이라는 선물을 누구에게나 헤프게 다 퍼주지.

🖋 그래서?

그것이야말로 하늘이 우리를 무한히 사랑한다는 증거가 아니겠어?

🖋 뭐가 좋지?

명품 일상을 싸구려로 여기고 마구 즐길 수 있어.

신의 걸작, 명품 일상!

하늘이 날 사랑한다는 이 평범하고도 놀라운 사실을 깨닫는 순간, 내 마음의 호수에 선한 파동이 일어난다. 그 파동은 점점 확대되면서 우리 삶에 아름다운 변화가 일어난다. 이러한 변화에 대해서 선가(禪家)의 십

| 1. 소를 찾아 나서다. (심우, 尋牛) | 2. 소 발자취를 보다. (견적, 見跡) | 3. 소를 보다. (견우, 見牛) | 4. 소를 얻다. (득우, 得牛) | 5. 소를 길들이다. (목우, 牧牛) |

| 6. 소를 타고 귀가하다. (기우귀가, 騎牛歸家) | 7. 소를 잊고 홀로 남다. (망우재인, 亡牛在人) | 8. 소와 사람을 모두 잊다. (인우구망, 人牛俱亡) | 9. 근본으로 환원하다. (반본환원, 返本還源) | 10. 일상을 찾다. (입전수수, 入廛垂手) |

위 그림 출처: 위키 백과

▌도표 3 십우도

우도(十牛圖)는 기존 도교(道敎)에 있었던 팔우도(八牛圖)에 두 단계를 추가하여 다음처럼 상세하게 소개하고 있다.

위 십우도에 등장하는 '소'는 진리, 혹은 참된 나에 대한 은유적 표현이다. 성리학적으로는 '본성의 나'에 해당한다. '소'란 율곡형이 말한 하늘의 성품을 닮은 나요, 퇴계형이 말한 하늘의 성품 그대로를 간직한 나다. 옛사람들은 이런 나를 '진짜 나'로 여겼고 요즘 유행하는 말로 '참나'에 해당한다.

십우도에서 소를 찾아 나서는 동자승은 무지와 착각, 욕심 덩어리인 '칠정의 나'에 중심을 둔 인물로서 우리 모두의 정체성으로서의 '나'다. 이에 비해 '참나'는 어떤 일이 생겨도 타인의 잘못을 캐서 그를 비난하거나 불평과 불만을 늘어놓지 않으며, 그 책임을 나 자신에게서 찾는 아름다운 인격체, 그 이상의 존재다.

'또 다른 나'이자 '참된 나'인 본성의 나를 찾아가는 과정에 대해서는 1단계 심우(尋牛)에서 6단계(기우귀가, 騎牛歸家)까지 잘 묘사되어 있다. 그러다가 7단계에서는 그렇게 애써 찾은 '참나'를 다시 잊어버린다. 이 단계에서는 내가 찾은 '본성의 나'라고 할지라도, 그것이 관념으로 굳어버리고 집착한다면 '본성의 나'가 아니기에 다시 이를 놓아버림으로써 다시금 더 자유로운 세상으로 나아가기 위함이다.

이 지점이 바로 퇴계, 율곡, 구암형이 그토록 고민했던 수양의 핵심 쟁점이었다. 형들 역시 '칠정의 나'에게서 '본성의 나'로 마음의 중심이 이동했지만, '칠정의 나'가 '본성의 나'마저도 왜곡하여 '칠정의 나' 영역으로 삼키려는 상황에 직면했다.

'아, 이를 어찌한단 말인가.'

사실 **누구에게나 본성을 갖춘 해동네로서의 '대단한 나'와 칠정에 빠진 달동네로서의 '아무것도 아닌 나'라는 두 모습이 있다.** 전자의 모습은 우리가 쉽게 인정한다. 그러나 후자의 모습을 나로 받아들이기에는 우주적 배짱이 필요하다. 만일 하늘의 무한 사랑이라는 백그라운드가 없다면, 어떻게 내가 '아무것도 아닌 나'의 모습을 밖으로 꺼내놓을 수 있겠는가.

　그래서 이 시점에서 다시 기본으로 돌아가 하늘의 무한 사랑에 대한 묵상이 필요하다. 하늘은 소리 없이, 아무런 말 없이, 묵묵히 내 생명을 지켜주고 있으면서도 아무런 티를 내지 않는다. 그래서 우리는 차라리 하늘이 무슨 소용이냐고 하늘에 대고 큰소리를 칠 정도다. 그렇게 하늘은 당신의 권위마저도 다 내놓고 그 자리에 사람이 들어설 수 있도록 허용했다. 이처럼 인식한다면 하늘의 무한 사랑에 대해 더는 따로 증명할 이유가 없다.

　하늘의 무한 사랑을 인식한 나는 이제 다른 조건이 더 필요치 않다. 심지어 나의 신념이 진리라고 할지라도 그것마저도 과감히 던져버리는 8단계(인우구망, 人牛俱亡)로 진입할 수 있다. 그러면 9단계 반본환원(返本還源), 즉 내 존재의 근원에 도달하고 다시 자연스럽게 10단계 '입전수수(入廛垂手)'라는 찬란한 현실 세계와 만난다. '입전수수'는 수행자가 다시 시장의 상점으로 들어와 손을 내민다는 뜻으로서 다름 아닌 '일상'을 묘사하고 있다. 그렇게 **일상은 수양으로 도달하는 최고의 경지**라는 사실을 밝혀주고 있다. 그러므로 우리가 이미 살아가고 있는 일상은 신이 만든 최고의 걸작이요, 명품이라고 말하지 않을 수 없다.

　그런데 이러한 단계를 오해하면 10단계는 아무나 갈 수 없는 경지처럼 비춰질 수 있다. 전혀 그렇지 않다. 우리는 누구라도 하루에도 수십 번씩, 아니 수백 번씩이라도 1단계에서 10단계로 오가기를 반복한다. 이것은 내 마음이 하늘의 무한 사랑에 접속했다가 다시 끊었다가 하기를 반복하기 때문이다. 다만 자기 성찰이라는 수양이 깊어질수록 10단계에 머무는 시간이 자주 찾아올 뿐이다.

물론 인생의 전 과정을 위 10단계로 대입하여 살펴볼 수도 있다. 그렇다고 치더라도 그 누구도 10단계에서 수양 없이 머물 수는 없다. 비록 10단계 도달했을지라도 수양을 멈추면, 수일 혹은 수주 안에 다시금 1단계로 내려온다. 이것은 마치 최적의 다이어트 프로그램으로 몸의 비만도가 개선되었을지라도 식생활, 운동, 마음공부 등의 좋은 생활 습관이 무너지면 얼마 지나지 않아 다시금 비만해지는 이치와 같다.

수양은 나의 본연의 자리라고 말할 수 있는 하늘의 무한 사랑에 접속하겠다는 마음 자세 하나로 충분하다. 그러나 사실 이 말도 적합지 않다. 왜냐면 우리는 예외 없이 이미 하늘의 무한 사랑에 접속되어 있기 때문이다. 그래서 굳이 애써 수양을 말한다면, 퇴계, 율곡형이 제시한 '기수(氣隨)' 혹은 '기발(氣發)'이 필요할 뿐이다. 그러면 하늘은 '리발(理發)', 혹은 '리승(理乘)'으로 화답하면서 내게 계속 수양할 수 있는 추진력을 얻어 찬란한 일상으로 도달하게 된다.

이러한 변화에 대해서 선가(禪家)에서는 점수(漸修), 돈오(頓悟), 돈수(頓修) 등으로 압축시켜 또 다르게 설명하고 있다. 그런데 이때의 점수(漸修)란 점진적인 수행이라는 의미이다. 그렇다면 점수 이전에 그러한 수행을 촉발하는 그 어떤 미약한 깨침이 있어야 마땅하다. 그래서 필자는 점수 이전 단계를 신설하여 '미오(微悟)'로 명명했다.

돈수(頓修) 또한 그 단어의 뜻을 살펴보면 다소 어폐가 있다. 돈수의 뒷글자 중에서의 '수(修)'자는 수행의 의미를 내포하고 있어서 적절한 표현으로 볼 수 없다. 수행은 점수로 충분하며 돈오 이후에는 그에 따른 아름다운 변화로서의 행동이 뒤따르기에 '돈수'보다는 '돈행(頓行)'이란 표현이 합리적이다.

　그렇다면 의식이 깨어나는 깨달음의 단계는 미오, 점수, 돈오, 돈행이라는 네 단계로 분류해 볼 수 있다. 이를 성리학의 8조목과 기존의 십우도와 비교해 보면 다음처럼 정리해 볼 수 있다.

단계	심리 상황	유학의 8조목	선(禪)의 십우도
미오(微悟)	하늘의 무한 사랑이 미약하게 감지되면서 처음으로 '본성의 나(참나)'를 만나는 시점	격물(格物), 치지(致知)	심우, 견적, 견우, 득우
점수(漸修)	하늘의 무한 사랑을 깊이 궁구하며 수행하는 상태, '참나'와 함께 살아가는 상태	성의(誠意)	목우, 기우귀가, 망우재인
돈오(頓悟)	하늘의 무한 사랑에 힘입어 투웨이를 얻으면서 '참나'라는 관념마저도 초탈하는 시점	정심(正心)	인우구망, 반본환원
돈행(頓行)	심신의 건강과 일상의 행복을 누리는 상태	수신제가치국평천하(修身齊家治國平天下)	입전수수

▌도표 4 자기수양을 통해 의식이 깨어나는 4단계

　그런데 돈오는 미오와 달리 확연한 깨침을 말하기 때문에 바로 행동이 뒤따른다. 이것은 마치 물이 100도에 이르면 자연스럽게 물이 끓는 것과 같다. 따라서 돈오와 돈행을 통합할 수 있다.

　그렇다면 우리의 의식이 깨어나면서 일상에 이르는 일련의 과정에 대해 다음처럼 문도(聞道), 지도(知道), 합도(合道) 이 세 가지로 요약해 볼 수 있다.

단계	요지	심리 상황	근거 문헌
문도 (聞道)	본성의 나를 인식하기	하늘의 무한 사랑을 처음으로 인식하는 시점. 칠정의 내가 만들어낸 문제를 해결하기 위해 실마리를 찾는 단계	논이, '아침에 도가 들리면 저녁에 죽어도 좋다(朝聞道夕死可矣)'
지도 (知道)	본성의 나와 살아가며 수행하기	투웨이에 이르는 시점까지 하늘의 무한 사랑을 명료하게 알아가면서 '칠정의 나'라는 무거운 짐이 부른 여러 문제를 해결해 나가는 과정.	황제내경, '도를 아는 사람은 음양에 기준을 둔다(其知道者, 法於陰陽)'
합도 (合道)	칠정의 나를 초월하기	'나'라는 관념의 속박에서 벗어나면서 문제가 사라지고 심신의 건강과 일상의 행복을 누리는 상태	동의보감, '빈 마음은 도와 합한다(虛心合道)'

▎도표 5 자기수양을 통해 의식이 깨어나는 3단계

　내가 **비록 합도에 이르렀더라도 수양하지 않으면, 즉 하늘의 무한 사랑과 접속이 약해지면 즉시 도와 멀어진다.** 도에 있어서 완성된 상태로 존재하는 것은 불가하기 때문이다. 이 역시 밥 먹고 세수하는 것처럼, 살아가는 동안 꾸준히 실천해야 할 부분이다. 그러면 나는 그 잘난 나, 칠정의 나를 우주 공간과 이 세상에 '아무것도 아닌 나'로 던져버리고 나무처럼, 흙처럼, 돌처럼 살아갈 수 있다. 그러면 우리는 언제라도 수신제가평천하요, 입전수수요, 돈행이요, 합도라는 지점에 자유롭게 머물 수 있다.

　이 지점은 내가 생명으로 태어난 축복도 얻는 동시에, 그 생명이 주는 생각 중의 하나인 원카드를 좇다가 그 속에 갇혀버리는 의식의 재앙에서 벗어나, 비의식(非意識)이 주는 광막한 자유로움을 만끽하는 자리다. 졸리면 자고 배고프면 먹으며 이 찬란한 일상을 마음껏 누릴 수 있다.

수양의 길은 전혀 힘들지도, 어렵지도 않다. 하늘의 무한 사랑을 받고 있다는 이 사실을 안 우리는 이제 수양을 멀리할 수 없고, 그럴 필요도 없기 때문이다. 삶은 **이미 살아가는 이 자체로 수양**이다. 하늘은 이미 우리가 절로 수양할 수 있도록 삶을 짜놓았기 때문이다. 그러므로 우리는 자신도 모르게 끊임없이 저절로 수양하면서 수시로 합도의 경지에 도달하면서 이 멋진 명품 일상을 즐기고 있다.

그러므로 우리들의 일상 이야기는 계속된다.

🖋 무슨 소리?

하늘의 무한 사랑을 인식하고 계속 나아가면
본래부터 있었던 찬란한 명품 일상을 만나게 돼.

🖋 그래서?

적극적으로 수양해서 나를 내던지는 경지까지 나아가 보자고.

🖋 뭐가 좋지?

명품 일상이 주는 행복과 자유를 누릴 수 있어.

나의 '하늘'은 곧 그대의 '신'

본질계에 접속하고픈 본능적 애착은 무신론자이든, 유신론자이든 예외가 없다. 그것이 신념이든, 사상이든, 돈이든, 사회나 국가이든 내 마음을 뭔가에 기대고 있다면 본질계를 향한 회귀 본능과 관련이 깊다. **현상계의 나와 본질계로서의 신과의 접속은 필연적이며, 그래야 최소한의 심리적 안정을 취할 수 있기 때문이다.**

나 역시 본질계로서의 '하늘'을 믿는다. '하늘'은 누구인가?

그대와 내가 공유하는 자연의 하늘처럼 누구에게나 혜택을 주는 분이다. 그대가 마신 공기를 내가 마신다. 그대와 내 몸을 이루는 모든 구성 성분도 자연이라는 공유 자산으로부터 얻어진다. 나의 '하늘' 역시 그러하기 때문에 나와 타자를 분리하거나 차별할 수 없다.

만일 특정 종교단체가 신이 그들만을 위한다고 주장한다면, 말 그대로 그러한 신은 그냥 그들만의 신일 뿐이다. 그러나 나의 '하늘'은 불교에도 있고, 개신교와 천주교에도 있고, 이슬람교, 유대교, 힌두교, 조로아스터교, 무신론자에게도 있다.

"이보시오. 그건 범신론(汎神論)이라오!"

그렇다. 나의 '하늘'은 어느 곳에서나 있는 '범신'이다. 어떤 이들은 그들이 믿는 하나님은 유일신이라고 말한다. 그런데 유일하다는 뜻은 무엇인가?

'신이 하나밖에 없다'라는 뜻 아닌가?

우리는 하나의 태양과 하나의 하늘을 공유한다. 이 세상에 오직 하나밖에 없지만, 모두가 그 혜택을 골고루 입고 있다. 나의 '하늘'도 그러하다. 유일하다는 뜻은 너와 나 그리고 세상 이 모두를 품을 수 있는 유일한 존재란 뜻이다. 그렇다면 다른 이야기일 수 없다. 나의 '하늘'은 곧 그대의 '하나님', 혹은 '하느님'이다.

만일 '내가 믿는 하나님만이 진짜다'라고 주장하면서 나의 '하늘'도 수용하지 못한다면, 그것은 편협한 신으로 전락한다. 그렇다면 아무리 절대자로서의 전능한 신이라고 칭할지라도 결국 잡신임을 증명하는 모양새가 된다. 이것은 그대의 의도와 다르지 않은가?

그러므로 그대의 신도 나의 '하늘'처럼 '유일신'인 동시에 '범신'이어야 한다.

"당신은 하나님을 몰라. 성서에 기록된 그분이 유일한 신이야."

하지만 하나님이 성서에만 있다면, 성서를 보지 못한 사람들은 그 신과 만날 수 없다. 그러한 신은 성서 속에 갇힌 매우 협소한 존재이기에 누구에게나 혜택을 주는 공기, 땅, 태양보다도 못하다고 주장하는 것에 불과하다.

하나님이 정말 위대하고 보편타당하다면 성서에도 있고, 불경에도, 사서삼경에도, 퇴계집과 율곡전서, 동의보감에도 있어야 한다. 유행가 가

사에도 있어야 하고, 시와 소설, 수필, 문학에도 있어야 한다. 각 나라의 신화 속에서도 있고, 아이들의 동화 속에서도 있어야 한다. 또한 책 밖의 자연 속에서도 찾을 수 있어야 한다.

나의 '하늘'은 글을 몰랐던 원시인에게서도 고도의 문명을 이룬 현대인에게서도 모두 살아 숨 쉰다. 또 협소한 신을 믿는 님들에게도 예외 없이 함께 있다. 이미 우주 전체와 혼연일체가 되어 있기에 티끌만큼이라도 분리해낼 수 없다.

나의 하늘은 그대와 나를 차별하지 않는다. 그대와 나는 아침에 일어나 밥을 먹고, 직장에 간다. 퇴근 후에는 가족과 정담을 나누고 잠들고 다시 일어난다. 내 마음껏 자유롭게 활동하더라도 그대와 내가 먹는 음식이 저절로 소화되고 배출된다. 이 과정에서 그대와 나는 아무런 노력도 하지 않았지만, 그대와 나의 심장은 열심히 뛰었고 숨도 저절로 쉬어졌고 소화도 절로 이뤄졌다. 그뿐만이 아니다. 앞서 말한 이 모든 일들은 각종 발암물질과 오염된 공기, 바이러스, 세균과 같은 무지막지한 공격을 모두 이겨내면서 일어나는 일이다. 이것은 그대와 내가 아닌 그 무엇인가가 내 몸속에서 부지런히 역할을 하고 있었다는 강력한 증거다. 그 무엇이 바로 나의 하늘이며 그대의 하나님이 아니겠는가. 그러므로 나의 하늘은 곧 그대의 유일신이다.

그 존재가 바로 본질계이며 이를 인격화해서 표현한 것이 바로 나의 '하늘'일 뿐이다. 그런 나의 '하늘'은 나와 그대의 몸에서도 동물과 식물을 포함한 만물에서 똑같은 메커니즘으로 작동하며 놀라운 역할을 해내고 있다.

"그건 그냥 자연의 이치이지, 그게 무슨 신이요?"

그렇다. 자연의 이치라고 봐도 무방하다. 그런데 거기에 '님'을 붙여

인격화하면 안 되는 법이라도 있는가?

세상을 인문학적으로 바라보면 자연의 이치는 곧 신이 되고 '하늘'이 된다. '자연의 이치님'이 아니면, 우리는 단 1초도 살아갈 수 없다. 어찌 감사하지 않겠으며, 어찌 경외치 않을 수 있겠는가?

"다 좋소. 그런데 내가 가장 힘들고 절실할 때 응답해 주신 살아있는 하나님을 과연 당신이 알아차릴 수 있을까요?"

그대의 하나님처럼 나의 '하늘'도 대충 만들어지지 않았다. 나 역시 그렇게 절실하게 '하늘'을 찾았고 창조했다. 그러나 **나의 '하늘'은 내가 당신을 창조했다고 교만하게 말할지라도, 그 교만함마저도 포용한다. 당연히 나를 벌할 생각조차 없다. 무한히 인내하며, 당신이 도리어 피조물의 위치에 서서 져줄 정도로 배짱이 두둑하시다.**

우리는 우리가 만든 건물이 안에 살면서 비바람을 피하듯이, 우리가 만든 신의 품에서도 부정적 감정의 폭풍을 막을 수 있다. 그래서 우리가 만든 신은 우리 마음의 평화를 지키기 위해서 고유하고도 중요한 역할을 다 해낸다.

하지만 신이 다시 우리의 삶을 옥죄고 지배하려고 한다면, 그 신은 죽어야 마땅하다는 사실을 서양의 니체 형은 알고 있었다. 형은 우리 사람들이 만든 허상의 신을 죽이는 용기를 발휘했다. 그러나 안타깝게도 그 자리를 초인적인 의지로 대체하다가 정신이 깨지고 말년에 마음병을 앓다가 생을 마감했다.

나 또한 내가 창조한 '하늘'의 한계를 인정하지 않을 수 없다. 사실 내가 하늘을 창조했다는 이야기는 나의 시건방진 위트다. 그런 하늘은 본래 비존재로 존재하는 본질계와 다르다. 그래서 나는 언제부터인가 내가 창조한 신을 버리고 온전한 하늘의 품에 안겼다. 바로 그대와 내가 함께 느낄 수 있으며, 그대와 나를 무한히 사랑하는 하늘이다.

현재 한국의 주류 신앙 공동체는 대체로 근본에 충실하다. 예수형의 '서로 사랑하라!'라는 말씀을 전하고 그대로 실천한다. 나는 2009년부터 2013년까지 5년 동안 한국 구세군과 손잡고 매주 금요일마다, 알코올 및 마약 중독자 치유에 재능기부로 참여하여 '한방심성계발' 그룹 강좌와 개인 상담을 진행했었다. 나는 그곳에서 항상 낮은 곳에 임하며 열정적으로 봉사했던 분들과의 만남을 통해서 나는 신앙인의 참모습을 볼 수 있었다.

내가 교만한 마음으로 신을 창조하든, 본래 존재하는 본질계에 접속을 하든, 본질계는 비존재의 모습으로 초연하게 존재한다. 우리는 여기에 접속해야 안정되고 사랑할 수 있다. 누구는 접속되어 있고, 누구는 안 되어 있는 게 아니다. 접속이 되지 않으면 일순간도 살 수 없기 때문이다. 본질계라는 하늘과 이미 접속되어 있다는 사실을 알고 하늘이 그대와 나를 무한히 사랑한다는 사실이 믿어지는 바로 그 순간 접속이 활성화되며, 이를 잊으면 비활성화될 뿐이다. 이는 마치 전깃줄이 연결되어 있지만, 전기가 흐르느냐 흐르느냐의 문제와 같다. 하늘의 무한 사랑과 우리의 깨져도 안 깨지는 믿음의 화답은 마치 발전의 원리와 같다.
이를 위해 우리는 끊임없이 기도, 묵상, 명상, 자기수양을 한다. 내가 전작에서 소개했던 '마음때 세탁'도 그러하다. 여기에 하늘의 사랑이 발현되는 소쩍새를 만나서 교류한다면 '하늘'과의 소통이 더욱 효율적으로 활성화될 수 있다.

나의 '하늘'은 죄의식이라는 병을 주고, 구원과 천국이라는 약을 주면서, 일상의 행복을 짓뭉개는 일에는 관심을 두지 않는다. 하늘은 그렇게 지질한 마음이 없다. 또한 상을 주거나 벌을 주면서 자기의 못된 권위와 알량한 존재감을 드러내지도 않는다. 그렇게 옹졸한 신이라면 웬만한 수양인보다 못한 존재다.

나의 '하늘'은 스스로 존재라는 틀을 버리고, 완벽한 비존재가 되었다. 무색무취하여 어디서도 그 자취를 찾을 수 없지만, 단 1초도 그 사랑의 위력을 실감하지 않을 수 없다. 그분은 자신을 전혀 드러내지 않고 공기와 햇빛과 물과 소쩍새를 통해 우리를 무한히 응원하고 사랑하고 있다.

나의 하늘은 내가 위풍당당하게 모든 삶의 주권을 가지면서 민주적으로 사랑하기를 원한다. 그러니 어찌 이처럼 따뜻하고 사랑 많은 나의 '하늘'을 사랑하지 않을 수 있겠는가. 또한 이러한 '하늘'이 어찌 나만을 위해 존재하겠는가.

그대와 나, 우리 모두의 '하늘'일 수밖에.

🖋 무슨 소리?

나의 '하늘'은 민주적이고 겸허한 분이야.
그대의 하늘과 같아.

🖋 그래서?

그대의 신도 이러하지 않을까?

🖋 뭐가 좋지?

우리 모두가 신 앞에 하나되면서 서로가 더욱 사랑하게 되잖아.

너도 옳고, 나도 옳다

예수형은 신앙인에게 신성을 갖춘 분이자 메시아이고 신 그 자체로 추앙받고 있다. 나는 그분들의 견해를 존중한다. 그와 동시에 예수라는 실존 인물에 대해 종교적 색채를 빼고, 인문학적 요소로 해석하는 측면도 존중받아야 마땅하다고 생각한다. 따라서 형의 존재를 신으로 거룩하게 받드는 분들이라면 형에 대한 나의 논설을 저자만의 구라로 이해해 주기를 바란다.

예수형은 삶에 진지했으며 아주 정직하고 다정하며 사랑 가득한 청년이었다. 그러나 그의 진실성은 당시 신을 이용하여 민중을 가스라이팅하고 있었던 지배계층에게는 눈엣가시였다. 그들은 불안을 느꼈다. 형이 이 사회를 어지럽히고 분란을 조성한다면서 엉터리 죄목을 적용하였고, 형은 십자가에서 처형되었다. 참으로 원통하고 눈물 나는 역대급 사건이었다.

나는 형의 죽음이 결코 마땅하다고 생각하지 않는다. 그런데 그 후 신학자들에 의해서 형의 죽음이 마땅하다고 해석하는 사람들이 생겨났다. 물론 당시처럼 '사회를 어지럽혔다'라는 죄목을 붙이지는 않는다. 그분들의 주장은 다음과 같다.

"예수의 죽음은 나의 죄를 대속하기 위해서 예정되었고 따라서 예수의 죽음은 마땅하다."

하지만 경전은 특정 구절을 추출하고, 또 그것을 해석하기 나름이다. 형이 말한바, **'항상 기뻐하라', '범사에 감사하라', '네 이웃을 내 몸과 같이 사랑하라'라는 이야기는 일상의 행복을 일궈내는 참으로 아름다운 메시지이다.** 그런데 이 말은 뒤로 한 채, 오직 나의 죄와 구원에 초점을 맞춰서 성서의 구절을 추출해 낸다면, 이렇게 빛나는 성서 속 가르침마저도 죄의식과 구원이라는 딱딱하고 심각한 주제에 의해 덮일 수도 있지 않을까?

그 당시 형은 사랑으로 부활했건만, 형을 죽인 자들도 역시 부활했다. 형의 죽음이 내 죄의 대속함을 위해 마땅하다고 말한다면, 2,000여 년전 당시 형을 죽인 사람들이 '죽어 마땅하다'라는 견해와 같은 것이 된다. 단지 그 이유만 다를 뿐이다.

그러나 형의 죽음은 아무리 생각해도 너와 내가 인류로서 반성해야할 범죄에 가깝지, 마땅하다고 생각되지 않는다. 나는 후대 신학자들이 말하는 '내가 구원받아야 하는 존재'라는 논리도, '그렇게 해야 행복하다'라는 논리에도 동의할 수 없다. 게다가 '내가 구원받아서 행복해지기 위해 형이 죽어 마땅하다'라는 논리라면 더더욱 동의할 수 없을뿐더러 관심조차 두고 싶지 않다. 나는 이보다는 예수형이 이 땅에 와서 **낮은 곳에 거하며 사람을 사랑하고 하늘을 섬겼던 그 모습**에 관심을 가지고 싶다. 이미 그것만으로 형을 존경하고 흠모할 수 있는 우리 모두의 스승으로 삼기에 아무런 부족함이 없기 때문이다.

형도 마지막 순간에 "어찌하여 나를 버리시나이까"라고 말하며 하늘에 대한 믿음이 깨지기도 했다. 그러나 '내 뜻대로가 아닌 하늘의 뜻대로 하시라'는 메시지를 꺼내며 깨져도 안 깨지는 믿음을 보여주었다. 비록 형이 자신이 죽을 수밖에 없는 운명이라고 받아들였을지라도, 나는 그것으로써 예수의 죽음이 마땅하다는 데는 여전히 동의하기 어렵다. 세상에는 범죄가 일어나지만, 그것이 일어난다고 해서 마땅하다고 볼 수 없는 것과 같다.

형이 나의 죄를 사하기 위해 죽어야 마땅하다는 이야기는 대중들에게 죄의식으로 병을 주고 화려한 구원론으로 약을 주면서 '불행의 행복'을 조장하는 일일지도 모른다. 그러나 그러한 견해로 행복할 수 있다면 그것으로 좋은 일이며 내가 개입해야 할 문제가 아니다. 나는 다만 견해를 달리할 뿐이다.

나는 이런 나의 견해에 대해서 혹자로부터 신앙을 모르는 저차원적인 대처이거나 내 죄를 인정치 못하는 교만이라고 규정하는 비판도 들어본 적이 있었다. 누구라도 이 정도쯤은 자유롭게 말할 권리가 있다. 이런 견해는 필자에 대한 지극한 관심의 표명이요, 다양한 견해이기에 나는 이를 고맙게 받아들이기로 마음을 정했다.

대개 우리는 **나만의 생각일지라도 그것이 감각이나 감정으로 체화되면 내 생각이 옳다고 인식하는 경향이 있다.** 게다가 그것을 주기적으로 함께 나누는 사람들이 있다면, 모두가 공유하는 진리라고 믿는다. 죄와 구원에 대한 신학적 해석 역시 이와 같아서 그런 해석에 동의하는 사람들만 모인 공동체에서 똑같은 이야기를 서로 주고받는다면, 이를 더욱 확신할 수밖에 없다. 누군가는 이를 확증편향적 시각이라고 명명했다.

어쨌든 나는 내 견해에 대해서 다른 사람이 틀리고 내가 옳다고 말하고 싶지 않다. **철학이든 사상이든 이념이든 나만이 유일한 진리라고, 나만 귀하고, 나만 옳다고 말하는 게 곧 원카드 사고방식**이기 때문이다. 만일 내가 나만 옳고 상대가 틀렸다고 말한다면 나의 스승 퇴계형은 "세상에는 무궁한 이치가 있는데, 어찌 너만 옳다고 말하는가?"라고 나를 꾸

중할 게 분명하다.

　퇴계형은 자신의 논리를 펴다가도 누군가가 합리적인 지적을 하면 수정하고 보완할 줄 알았다. 고봉 형과 그렇게 논쟁했다. 말이 논쟁이지, 그건 그냥 수다와 같았다. 나는 형의 이런 자세가 참 좋다. 그래서 나 역시 지금 나만의 구라로써 내 견해를 펼쳐 보고 있을 뿐이다.

　건강한 사회에서는 누군가 깨달아서 하늘의 품성을 가지면 삶의 스승으로 대접받으며 그 고귀한 가르침을 듣는다. 정직하고 사랑 가득한 예수는 삶의 스승으로 존중받고 천수를 누려야 마땅했다. 소크라테스형도 동학의 창시자 수운형도 존중받아야 했지만, 인류는 가혹하게 형들을 죽였다. 훌륭한 깨달음을 얻은 삶의 스승들에게 이런 극단의 사건이 닥친다는 건 참으로 슬픈 아이러니가 아닐 수 없다.

　형의 죽음이 마땅하지 않다는 견해에 이어서 나는 세상에 대한 지식이 축적될수록 신의 숨결에 가까워진다고 생각한다. 최근에 AI를 기반으로 만들어진 '챗 로봇'을 보면 현대의 기술이 거의 신의 경지에 이른 것과 같은 착각이 들 정도다. 그러나 그것은 계산 능력이라든지 판단 능력이 우월할 뿐, 신의 영역인 생명 현상 그 자체를 주목하면 그토록 현란한 기술마저도 무력하기 짝이 없다.

　우리는 AI와 로봇이 서로 사랑하여 스스로 생명을 탄생시킬 수 없음을 잘 안다. 이것이 바로 신의 영역이기 때문이다. 나는 우리가 평소 **별로 대단치 않게 생각하는 '아날로그의 세계'야말로 오히려 '신의 최첨단 디지털' 걸작**으로 생각한다.

　생명의 순환 체계라는 아날로그는 신의 정교한 디지털이자, 곧 너와 나의 실존적 모습이다. 감히 어떻게 우리가 이토록 놀라운 신의 디지털 작품인 자연과 생명이라는 아날로그를 만들어낸 신의 경지에 도달할 수 있겠는가.

따라서 고도의 과학 기술마저도 도저히 털끝만큼도 흉내를 낼 수 없는 신의 디지털 세계를 인식한다면, 저절로 그 경이로움과 권위에 숙연해지지 않을 수 없다. 그래서 나는 AI가 발달할수록 신의 존재(비존재의 존재이긴 하다)는 더 뚜렷하게 드러나리라고 추론해 본다.

물론 이런 생각은 유신론적 생각이다. 그러나 나는 그 어떤 영적인 시각을 빌려 신을 논하지 않는다. 이런 나의 모습은 무신론적 견해다. 나 자신에도 이렇게 두 가지 모습이 있다면, 서로 다른 사람들의 생각이 다르고 다양한 것은 너무나 자연스러운 일일 수밖에 없다.

나는 이런 시각 외에도 나의 '하늘'과 거대 종교에서 추구하는 '신'을 동일시한다. 그러나 이 또한 나의 견해일 뿐이다. 누군가 나와 다른 견해를 가진다면, 그 견해는 그 누군가의 철학 안에서 옳은 것이다. 나는 다만 나의 철학에서 옳은 이야기를 할 뿐이다.

그렇게 **너도 옳고 나도 옳다.** 그러므로 너와 나의 구라는 계속되고 있으며 계속되어야 한다.

🖋 뭔 소리야?

예수형의 죽음에 대해서 서로 다른 견해를 살펴봤어.

🖋 그래서?

각자의 위치에서는 모두가 옳은 이야기야.
서로를 존중해 보자고.

🖋 뭐가 좋지?

우리 사회에 다양성이 살아 숨 쉬게 돼.

내 절친, 석가형의 깨달음

석가형은 어린 시절, 잠시 왕궁을 나와 길거리를 노닐다가 장례식 행렬을 보고 사람은 결국 늙어 죽는다는 사실을 알게 되었다. 그건 석가형에게 엄청난 충격이었다.

'사람은 왜 죽어야만 하는 걸까?'

의문은 쉽게 풀리지 않았다. 나이가 들자 그 의문은 좀 더 근원을 향해 나아갔다.

'근데 안 죽고자 하는 나는 누구지? 이렇게 고뇌하는 이 생각의 실체는 뭘까?'

그런데 이 물음에 아무도 시원하게 답변해 주지 못했다. 형은 규모가 작긴 해도 사끼야 왕국의 왕족이었기에 물질적으로 풍요로웠다. 여인과 사랑했고 결혼도 했고 아버지의 바람대로 왕국을 잘 이끌어 가려고도 노력했다. 그러나 석가형에게 던져진 이 의문은 날이 갈수록 형의 마음을 옥죄었다. 결국 형의 나이 29세에 왕궁에서 누리는 물질적인 풍요와 권력을 포기하고 근원적인 의문을 풀고자 길바닥으로 뛰쳐나와 수행의 길로 접어들었다.

형은 먼저 당대 최고의 명상 스승들을 찾아갔다. 그들은 명상을 통해서 지극한 고요함을 맛보면 그런 의문이 모두 해결된다고 말했다. 과연 그랬다. 명상을 통해 선정에 들자 지극한 고요함과 내면의 평화가 깃들며 형이 지닌 의문과 불안을 멈추게 했다. 그러나 명상에서 벗어나면 다시 의문이 떠올랐고 이전의 상태로 되돌려지기를 반복했다.

명상에서 답을 찾지 못한 석가는 고행을 통해서 깨달음에 이를 수 있다는 스승들을 찾아가 지도를 받았다. 단식, 잠 안 자고 깨어 있기, 신체 학대 등과 같은 고행을 통한 수행법이 형을 기다리고 있었다. 고행은 내 안의 허망한 기대치와 욕심을 끊어내는 데 좋은 효과가 있었다. 고행을 통해 욕심이 부서지자, 본래 있었던 찬란한 세계에 눈이 떠졌다. 그런데 고행을 멈추면 다시금 삶에 의문이 떠오르면서 생각이 복잡해지고, 감정은 불안해졌다.

고행 역시 답이 아니었다. 그 후, 형은 또 다른 많은 스승을 찾아 헤매거나, 스스로 수행하면서 방랑의 시간을 보냈다. 그러나 형은 자기가 품은 근원적 의문에서 벗어날 수 없었다. 그렇게 출가한 지 어느덧 6년의 세월이 흘렀다.

형의 나이 35세, 구도를 위한 열정적인 의욕과 세찬 도전도 모두 꺾이고 지칠 만큼 지쳤다. 어느 날, 낮인지 밤인지도 구분하지 못할 만큼 의식마저 흐릿해져 갈 무렵, 형 앞에는 작은 개울 하나가 길을 가로막고 있었다. 개울의 깊이는 얕고 물살은 빠르지 않았지만, 이미 형에게는 그마저도 감당할 만한 체력이 아니었다. 남아 있는 힘을 다하여 겨우 개울을 건너긴 했으나, 더는 한 발자국도 나아갈 수 없었다. 다행히 거대한 보리수나무가 있어 누워 기대듯 앉아있게 되었다. 그러자 그간의 모든 피로가 엄습하면서 너무 지친 나머지 깜빡 잠이 들었다.

그렇게 수 시간이 흘렀다. 그리고 형이 다시 깨어난 새벽녘에 유난히 반짝이는 영롱한 별빛이 그의 눈으로 들어왔다. 샛별, 즉 금성이었다.

'아. 참 예쁘기도 하여라.'

물론 형은 그 이전에도 샛별을 보았었다. 하지만 형의 복잡한 생각과 감정들에 가려져 그 별을 제대로 볼 수 없었다. 그러나 이날은 달랐다. 샛별은 초롱초롱 빛나고 있었고, 그 별빛은 형의 눈과 가슴속 깊이 파고들었다.

그리고 이내 깨달았다. 무엇을?

너와 내가 없어지고 우주가 합일하는 느낌, 무아일체의 세계를?

틀린 말은 아니지만 석연찮다. 그런 정도의 깨달음이라면 이미 명상과 고행을 통해서 충분히 체험하지 않았던가?

형은 그냥 샛별을 보았을 뿐이다. 샛별의 아름다움은 형의 정신을 형의 몸이 머무는 일상으로 끌고 들어왔다. 그리고 그 순간 어린 시절부터 형을 괴롭힌 근원적 의문마저도 용해되었다. 풀리지 않는 의문은 고뇌가 되어 명상과 고행할 때만 잠시 잊힐 뿐이었다. 그런데 이날은 지극히 평범한 일상에서도 그 고뇌가 멈췄다.

'아, 어떻게 일상에서 이런 일이 일어날 수 있는 거지?'

일상에서의 샛별의 아름다움은 내면의 고뇌를 압도했다. 이제 석가형은 고뇌를 해결하기 위해서 명상이나 고행에 매달릴 필요가 없었다. 그렇다고 명상과 고행을 반대하지도 않았다. 명상과 고행도 의미가 있었으며 거기에 또 다른 방편 하나인 샛별을 보는 일상의 행복이 추가되면서 마음의 평화를 찾는 길이 온전해졌을 뿐이었다. 다만 후자의 방법은 특정인만이 아닌, 세상 그 누구라도 쉽게 얻는 법이었다. 그래서 형은 평생 중도(中道)라는 이름으로 전자와 후자 그 어느 쪽으로도 치우치지 않으면서 삶의 중심을 잡도록 계도했다. 그렇게 형의 깨달음은 투웨이 그대로였다.

그런데 훗날 그를 추앙했던 사람들은 이 순간을 심하게 왜곡했다. 석가가 샛별을 보면서 일상을 벗어난 그 뭔가를 깨달았고, 거기에는 엄청난 무엇이 있다고 말한다. 그리고 엄청난 그 무엇을 '도'라든지 '깨달음'으로 규정하고 설명한다. 이것은 형의 깨달음을 이분법으로 해석하여 생겨난 오류다. 과연 석가형이 일상을 떠나서 새로운 그 뭔가를 깨달을까?

만일 그렇다면 석가형은 일상이 주는 행복과 아름다움을 몰랐던 사람이 된다. 그럴 리 없다. 석가형의 눈에 샛별이 들어오는 순간 '평범한 일상이 곧 찬란한 일상'이라는 사실을 깨달은 것, 그것이 전부였다.

형은 이전에 생로병사로 이어지는 우리의 삶이 뭔가 잘못되었다고 생각하고, 삶을 떠나서 생로병사를 초월하는 새로운 것을 찾으려고만 했다. 그런 형의 열망은 그를 딴 세상에 살게 했다. 몸은 이곳 일상에 있었지만, 마음은 고민이라는 콩알이 심어진 콩밭에 있었다. 살아도 살아 있지 못했고, 보아도 보지 못했다. 강력한 형의 구도 의지는 그의 눈과 귀와 입과 코 모두를 마비시키고 마음마저도 얼어붙게 만들었다.

그랬던 형에게 샛별이라는 '소쩍새'가 찾아왔다. 샛별을 보는 것과 밝게 깨어나는 것은 동시의 일이었다. 그 후 모든 것이 변했다.

이처럼 어느 날 문득, **너와 내가 함께 듣고 보고 만지는 일상이 최고의 삶이라는 것을 알아차리는 것이 곧 깨달음**이다. 내가 구하는 가장 찬란한 세계가 이미 여기 이 순간에 있다면, 무엇을 더 찾고자 헤매겠는가.

사실 형이 찾은 일상은 이미 구도자의 길을 선택하기 전에 누렸던 삶이었다. 다만, 형은 왕족이라는 특권층이 누리는 풍요로운 삶으로 인해 누구나 누릴 수 있는 일상의 행복이 오히려 역설적으로 묻혀있었을 뿐이었다. 그러나 아무리 소수의 특권층이라 할지라도, 낮고 겸허한 마음을 일으킨다면 제대로 된 일상을 만나게 된다. 석가형은 수양이라는 먼 길을 돌아오면서 그 마음을 얻었고, 이전의 삶에서 찾지 못했던 일상의 가치에 눈을 뜰 수 있었다.

　　형은 일상이 형에게 선물한 샛별의 아름다움으로 깨어난 후, 일상에 머물면서 사람들이 머물고 있는 일상을 사랑했다. 샛별처럼 아름다운 공동체를 만들어내어 서로 사랑토록 권고했다. 만일 형의 깨달음이 이와 같지 않다면, 내가 무엇으로 형의 매력을 발견할 수 있겠으며, 무엇으로 형을 사랑할 수 있겠는가.

　　내가 들은 소쩍새의 영롱한 울음 역시 망상 속에서 헤매고 있었을 때, 내 마음을 활짝 깨워주었다. 이것은 새벽 별이 석가형의 마음을 깨운 것과 다르지 않다. 이 점을 공유하는 이상, 석가형과 나는 절친일 수밖에 없다.

　　소쩍새의 소리도 새벽 별의 아름다움도 일상으로 들어가는 문이다. 그 문이 열리면 '나'는 '우리'가 되면서 내 문제는 사라진다. 따라서 나의 죽음도 나의 고민과 자존심도 더는 문제가 되지 않는다. 그것은 '나'라는 무거운 짐이 만들어낸 부산물이었기 때문이다. 만일 **'우리'라고 부르는 더 큰 나, 더 참된 나가 일상의 중심에 있다면, 그런 잡생각이 떠오를 만큼 외롭지 않다.** 그러므로 너와 내가 더불어 살아가는 일상에 눈을 뜨면 내가 가진 본질적인 고뇌가 사라진다. 이러한 **일상은 너와 나, 우주 만물이 서로 어우러져서 생장과 소멸을 반복하며 영원한 생명력을 지니고 순환한다. 우리는 이러한 일상에서 서로 연결되어 거대한 단일 생명체로 통합되기에 죽어도 죽지 않는 생명을 얻게 된다.** 그러니 그 무엇이 문제가 되겠는가.

그렇다면 우리는 어떻게 샛별을 제대로 보고, 소쩍새의 울음을 제대로 들을 수 있을까?

답은 수양이다. 수양하느냐, 하지 않느냐가 이를 결정한다. 구암형이 동의보감을 통해 말한 '기대치 내리기'가 그 핵심이다. 형이 겪었던 6년의 수도 생활은 결국 삶의 기대치를 내리는 게 전부였다.

형의 마지막 메시지인 '자등명(自燈明), 법등명(法燈明)'은 누구라도 스스로 진리를 밝힐 수 있으며, 그 방법 역시 법(法), 즉 격물치지에 해당하는 자연의 이치인 투웨이에 기준을 두라는 뜻으로 볼 수 있다. 석가형의 명상과 고행 역시 '격물치지(格物致知), 성의정심(誠意正心)'이라는 과정과 일치할 수밖에 없다. 형 역시 이를 통해서 하늘의 무한 사랑에 관한 인식이 생겨났고, 깨져도 안 깨지는 믿음을 바탕으로 삶의 기대치를 대폭 내리면서 아무것도 아닌 존재로 살아갈 수 있었다.

이러한 형의 여정은 고매하고 어려운 그 무엇만이 아닌, 그 누구의 일상에서도 일어나는 평범한 삶일 뿐이다. 그래서 나는 석가형이 저자만의 절친이 아닌 우리 모두의 절친이자, 스승이라고 고쳐 말하지 않을 수 없다. 그렇게 형의 깨달음은 만인이 수용하고 혜택을 입을 수 있는 보편적 가치를 지녔다. 그래서 누구라도 형의 권고를 따르면 샛별이 보이고 그대가 보이고 일상에서 아름다운 사랑이 시작된다.

🖋 무슨 소리?

석가형의 깨달음은 보편성을 가지고 있어.

🖋 그래서?

내가 가진 기대치를 내려보는 거야.

🖋 뭐가 좋지?

일상에 눈을 뜨면서 샛별의 아름다움을 보게 돼.

해동네도 좋지만, 달동네도 괜찮다

나폴레옹이 10만의 군사를 이끌고 고지를 향해 출격했다. 치열한 전투로 5만의 군사를 잃었지만, 기어코 목표로 잡은 고지를 점령했다. 그런데 그가 말하기를,

"얘들아. 여기가 아닌가 보다."

헉!

그를 따른 군사들은 몹시 허탈했다. 나폴레옹은 다시 새롭게 목표로 정한 맞은 편의 고지를 오르며 총력전을 펼쳤다. 다시 군사 4만을 잃었지만, 결국 그 고지마저도 점령했다. 그랬더니 그가 말하기를,

"얘들아. 아까 그 고지가 맞는가 보다."

이것은 이른바 '나폴레옹 유머'이다. 우리네 삶에도 이렇게 코믹하고 엉뚱한 나폴레옹 유머가 펼쳐질 수 있다.

이미 우리 곁에 있었던 것의 소중함을 모르고 있다가 또 다른 곳으로 더 멀리 나아간 후에야 비로소 이전에 가지고 있었던 것이 최고의 가치였음을 알아차리는 과정은 수행이라는 영역에서 빈번하게 일어난다.

　가장 고난도의 수행 과정을 겪었던 성철형은 29세에 깨닫고 난 후에도, 깨달음을 전파할 수 있는 역량을 기르기 위해 8년 장좌불와와 10년 묵언수행을 했다. 이런 과정을 겪은 후에 형은 무심(無心), 무념(無念)의 경지에 도달했는데, 이 경지는 마음이나 생각이 끊어진 것이 아니라 다만 '분별하지 않는 마음'이라고 말했다. 그리고 이것이 곧 견성성불(見性成佛)이며, 깨달음이라고 설파했다.

　이것은 심오하거나 어려운 말이 아니다. 우리가 살아가는 세상은 '나'와 '나 아님'으로 분류해 볼 수 있다. 그러나 '나'는 '나 아님'이 아니면 존재할 수도 살아갈 수도 없다. 그러므로 '나 아님'은 곧 '나'다. 이러한 인식이 곧 무심, 무념, 무아, 분별하지 않는 마음이다. 내가 아니어도 또 다른 내가 있음을 알아차릴 때 쓰는 표현일 뿐이다.

　그런데 '분별하지 않는 마음'은 혹독하게 수행해서 얻기 전에도 이미 일상을 살아가고 있는 그 누구라도 중시했던 진리이기도 했다. 나폴레옹 시트콤에서의 '아까 그 고지'와 크게 다를 게 없었다.

　일상에는 해동네와 달동네가 함께 있다. 이때 일상에 있는 두 존재, 해동네와 달동네를 차별하지 않는다면 그것이 곧 '분별하지 않는 마음'과 상통한다. 나는 이를 다음처럼 정의했다.

　"해동네도 좋지만, 달동네도 괜찮다."

　하지만, 분별하지 않는 마음을 강조한 형의 평소 생활을 들여다보면 다소 아쉬움이 남는다. 나는 형이 최소한 '속가의 딸이었던 불필스님과 인간적인 교감을 나누는 모습도 보여주면 어땠을까?'라고 생각해 본다. 그렇게 하지 않고 냉정함을 유지한 것은 아마도 형을 따르는 수행자들의 자세가 흐트러질 것을 염려했기 때문일 것이다. 그러나 그런 염려도 형이 말한 '분별하지 말라'라는 관점에서 살펴보면 역시 부질없는 일이 아닐까?

그런데 어떻게 보면 형의 그런 행보는 오히려 인간적인 모습일 수 있다. 형은 형의 깨달음이 주는 한계를 솔직하게 드러내고 있었다. 그래서 나는 그렇게 인간미가 느껴지는 형을 사랑한다.

극한의 수행으로 완벽한 해동네에 도달했던 형의 삶 속에도 소탈한 인간미를 지닌 달동네가 보인다면, 내 삶의 달동네를 없애고 오직 해동네로만 나아가겠다는 우리네 생각은 참으로 허탈한 해학이 아닐 수 없다.

성철형은 수행의 세계에 있어서 그 모든 것을 속 시원하게 다 보여주었다. 그래서 더 궁금할 사항이 없을 정도다. 형은 형의 길을 가면 되고, 그대는 그대의 길을 가고, 나는 나의 길을 가면 된다. 그리고 어떻게 살아도 해동네와 달동네를 피해갈 수 없다.

어째서 그런지 해동네와 달동네에 대한 투웨이 구라를 다음처럼 펼쳐 보기로 한다.

우리의 일상에는 늘 해동네가 있고 달동네가 있다. 또한 해동네 속에는 달동네가, 달동네 속에는 해동네가 있다. 부자인 사람도 건강이 나쁠 수 있고, 가난한 사람도 건강할 수 있는 것처럼 해동네도 보기에 따라서는 달동네가 되고, 달동네도 보기에 따라서는 해동네가 된다. 해동네의 풍요로움은 단조로움을 부르고, 달동네의 배고픔은 바짝 깨어 있게 만들기 때문이다. 따라서 편의를 위해 이 두 동네를 구분 짓더라도 서로를 완전히 분리할 수는 없다.

또한 봄, 여름이 지나면 가을과 겨울이 오고 다시 또 봄이 오듯이, 해동네가 지나면 달동네가 오고, 달동네가 지나면 다시 해동네가 온다. 여름의

한더위와 겨울의 강추위처럼 최고의 기쁜 날도 계속 유지되지 않으며, 그토록 슬픈 날도 계속 머물 수 없다.

이 두 동네가 순환한다는 이치를 알고 이를 자유롭게 오갈 수 있는 마음이 곧 투웨이다. 유가(儒家)의 중용(中庸)이나 불가(佛家)의 중도(中道) 사상이 투웨이의 역동적인 모습과 일치한다. 해동네와 달동네의 중간 지점에서 균형을 잡는 것만이 아니라, 해동네든 달동네든 한쪽으로 한껏 치우치더라도 다시금 회복할 수 있는 유연성을 지닌 생명력이기도 하다.

해동네와 달동네는 그 둘이 서로 모순처럼 보일지라도 항상 동시에 존재한다. 매우 흔하고 천한 공기는 생명력의 원천이기에 가장 값지고 귀하다. 내 손에 쥐어진 헌것을 버리지 않고서는 새것을 잡을 수 없다. 추함이 없다면 예쁨을 말할 수 없다. 나라는 존재 역시 먼지 한 톨처럼 별 존재 가치가 없는 동시에 내가 없으면 태양과 우주도 느낄 수 없기에 더 논할 수 없을 만큼 존귀하다.

사업의 성공과 실패를 통해 투웨이의 속성을 이해해 보자. 첫째, 실패는 성공의 어머니라는 말처럼 성공 속에 실패라는 속성이 이미 내재 되어 있다. 또 성공이라는 단어는 이와 상반된 실패라는 개념 없이 홀로 인식할 수 없다. 이처럼 모순되게 보이는 성공과 실패가 항상 동시에 존재한다. 둘째, 성공이라는 해동네에는 허무함이라는 달동네의 고충이 있으며, 실패라는 달동네에는 내적 성장이라는 해동네의 미덕이 있다. 셋째, 성공 후에는 긴장이 풀리고 게을러지면서 다시 실패의 길로 접어들 수 있고, 실패 후에는 분발심이 일어나 부지런해지면서 다시 성공의 길로 나아갈 수 있다. 그래서 보는 관점에 따라서 해동네는 다시 달동네로, 달동네 역시 해동네로 얼마든지 뒤바뀔 수 있다.

이처럼 해동네와 달동네라는 투웨이 존재 양식은 섞이지 않으면서도 떨어지지도 않으며, 섞이면서도 떨어져 있다. 하찮음과 소중함, 홀로 섬과 함께 함, 깨끗함과 더러움, 우등함과 열등함, 멋짐과 추함, 질병과 건강, 상처와 추억, 관심과 무심, 있음과 없음, 죽음과 삶 등이 모두 그러한 관계를 맺으며 존재한다.

그렇기에 해동네와 달동네를 차별해서 어떤 동네가 더 좋다고 단언할 수 없다. 내 뜻대로 된다면 그렇게 돼서 좋은 일이요, 뜻대로 안 되더라도 다시금 다른 기회를 잡을 수 있어서 이 역시 좋다. 전자에서는 성취감이 주는 기쁨을, 후자에서는 겸허라는 미덕과 내적 성장을 얻을 수 있다. 그러므로 해동에도 좋지만, 달동네도 괜찮다.

살아도 또 살아도 해동네와 달동네 그뿐이다. 그런데 만일 우리가 해동네와 달동네를 거부하면 어떨까?

그러면 내적인 다툼으로 인해 현실 감각이 떨어진다. 배고프고 먹고 졸리면 자는 생활마저 어려워진다. 배고파서 먹어야 할 때를 느끼지 못하기에 배고파서 먹는 게 아니고, 졸려서 자야 할 때를 놓치게 되니 졸릴 때 자는 게 아니다. 오히려 배가 고프지 않아도 억지로 먹고, 졸리지 않아도 수면제를 먹고 잠드는 일이 잦다.

마음병 중에는 손을 지나치게 씻는 증상이 많다. 이 역시 달동네에는 더러움만이 있다면서 이를 적대시하고, 해동네에는 깨끗함만이 있다면서 이를 좋아하는 심리가 있기 때문이다. 그런데 해동네 속에 이미 달동네가 있고, 달동네 속에 해동네가 있다. 비록 깨끗하게 씻은 손이라고 할지라도 이를 현미경으로 바라보면, 역시 세균이 득실득실한 상태다. 손이 깨끗해졌다는 착각에 그것이 해동네라고 믿고 비로소 안심하면서 더 씻지 않지만, 그 상황 역시 이미 지저분한 달동네와 다르지 않다. 그렇다면 이미 자신도 **모르게 달동네를 받아들인 상태**다.

그러므로 '해동네이어야만 한다'라고 생각하면서, 그런 해동네만 평생 좇았을지라도 이미 자기 자신은 달동네를 받아들이고 있다는 인식, 그 '알아차림'만이 중요하다. 그러면,

'아하. 이미 내가 내 삶의 달동네를 잘 받아들이고 있었네.'

라면서 내 맘에 들지 않는 달동네와의 내적 싸움이 종식된다. 그러면 이때부터 배고프면 먹고 졸리면 자게 되는 매우 정상적인 일상이라는 삶이 펼쳐진다.

해동네도 좋지만, 달동네도 괜찮다.

이 명제를 가슴에 품는다면 원카드 강박 심리가 지배했던 지루하고 단조롭기만 했던 일상은 본래 있었던 유토피아를 보게 되면서 심신의 건강과 일상의 행복이 내 손에 잡힌다.

🖋 무슨 소리?

우리 삶은 언제라도 해동네와 달동네가 끊임없이 찾아와.

🖋 그래서?

'해동네도 좋지만, 달동네도 괜찮다'라는 마음으로 살아보는 거야.

🖋 뭐가 좋지?

생각의 걸림에서 벗어나 지금, 이곳이 유토피아라는 걸 알게 돼.

그거 누구 거지?

청소년 시절, 나는 다음의 세 가지 굵직한 신체적 콤플렉스를 지니고 있었다.

첫째, 나는 선천적 눈 장애가 있으며 현재도 그러한 상태다. 우측 눈이 약시이자, 사시이기에 사물의 입체를 제대로 볼 수 없다. 그래서 초등학교 시절 손 짚고 점프하면서 넘어가는 뜀틀 운동을 마주할 때면 몸이 얼어붙었다. 배드민턴, 탁구, 야구, 골프와 같은 작은 공놀이는 두 눈으로 초점을 맞출 수 없어서 헛손질을 해대기 일쑤였다. 산을 타도 나무와 돌 사이사이를 날렵하게 헤쳐나가는 친구들을 따라잡을 수 없었다. 친구들은 그런 나를 '두대바리'로 불렀다. 두대바리란 행동이 느려 터져서 함께 놀기 힘든 사람을 일컫는 충청도 사투리다.

나는 일종의 애꾸눈이라고도 말할 수 있다. 외눈으로 보는 세상은 평면의 영화 화면과 같아서 단지 상상만으로 입체 감각을 추측할 뿐이다. 그래서 나는 두 눈으로 입체를 볼 수 있는 사람들이 왜 그토록 불행해하는지 이해할 수 없었다. 그러나 이제 충분히 이해한다. 결국은 그들도 나처럼 불행할 수 있는 요소들을 채집하여, 불행의 행복을 즐기고 있다는 사실을 알아차렸기 때문이다.

둘째, 내게는 일명 '돌출 입'이라는 또 다른 콤플렉스가 있었다. 특히 옆모습 사진을 찍으면 거의 원숭이와 같아서 그런 내 모습을 참 못마땅해 했다. 나는 그런 내가 참 싫었다. 중·고교 시절에는 원시시대 초기 인류의 모습을 닮았다면서 '원과'라며 놀리는 친구 녀석도 있었다. 그렇게 나는 이미 청소년 시절부터 제법 혹독한 고행길을 걷고 있었다.

셋째, 남들이 잘 인식하지 못하지만, 오리 엉덩이라는 또 다른 콤플렉스도 있었다. 옆에서 보면 유난히 튀어나와서 체형이 곧질 못했고, 참 미워 보였다. 이러한 신체 구조로 내 심리는 한없이 위축되었고, 열등감이 떠나질 않았다.

이처럼 세 가지 신체적 콤플렉스 때문에 내 삶이라는 우물에서는 고통의 샘물이 끊임없이 샘솟고 있었다. 그렇게 나는 고통이 주는 내 삶의 존재감을 느끼고 있었다. 그런데 그 콤플렉스가 주는 순기능도 있었다. 효과는 위대했다. 그 고통은 청소년 시절 내내 나를 괴롭혔던 죽음에 대한 두려움마저도 상쇄시킬 정도였으니까.

엉뚱하게도 나는 이러한 고통을 덜어내고자 독서나 학업 따위에 집착했다. 학교 성적이 우수하게 나오자 선생님과 친구들은 나를 그저 소심하고 내성적인 성격을 지닌 정상인으로 대해 주었다. 낙인찍기에 의한 이차적 피해로 이어지지 않으면서 오히려 짝퉁 행복마저도 누릴 수가 있었다.

그러나 나는 여전히 짙은 회백색 담벼락 속에 갇힌 채 허우적거리면서 간신히 하루하루를 버티어 나가는 한 마리 미운 오리 새끼였다. 당시의 괴로움은 나를 성장시키지 못했고, 오직 불행의 행복만을 고착시켜주고 있었다.

그래도 나는 어찌어찌해서 그토록 고통스러웠던 학창 시절을 보낸 후 한 번의 재수를 통해 내가 원했던 한의학과에 입학하게 되었다. 그 후 나는 내 괴로움을 해결하기 위해서 동의보감, 인도 철학, 노장 사상, 사서

삼경, 불교 서적까지 두루두루 읽었다. 그러자 놀랍게도 강렬한 임팩트를 남기는 구절들이 강력한 콤플렉스로 꽉 막혔던 내 생각을 서서히 열어주기 시작했다. 나는 그때 모아 둔 문장들을 '성현의 말씀'으로 정리하여 전작 『마음 세탁소』에 수록하였다.

어떤 분들은 『마음 세탁소』를 보면서 학자적 연구 성과라고도 말한다. 칭찬 같지만 '학자적 자세는 현실적이지 않다'라는 뼈있는 비판이다. 그러나 나는 학자의 자질을 갖춘 사람이 아니다. 다만 학자들이 연구한 책을 통해서 내 문제를 풀 수 있는 단서를 얻을 뿐이다. 그래서 어떤 고전의 글귀라도 내 인생의 실존 문제를 떠나서는 머릿속에서 살아남질 못했다. 말하자면 내 정체성은 응용 학자라고나 할까?

그러한 응용 학자적 접근에서의 모든 마음 공부는 오직 내 문제를 해결하기 위한 필요성에서 비롯되었다. 앞서 언급하였듯이 나의 '하늘' 역시 이와 같은 과정을 거친다면 누구라도 찾아낼 수밖에 없는 필연적인 결과물이었다. 그렇게 나는 나의 '하늘'을 통해 본질계와 접속되면서 서서히 안정을 찾아가고 있었다. 그리고 내가 가진 콤플렉스와 고전의 문장이 머릿속에서 치열한 격전을 펼치던 어느 날(아마도 대학 시절 중반쯤이었을 듯하다) 내 마음 깊은 곳으로 아주 굵은 돌직구 의문이 던져졌다.

"그래 나는 눈 장애가 있고 원숭이 입에 오리 엉덩이가 맞아. 그런데 그거 누구 거지?"

– 그야 뭐 물론, 내 거지.

"그럼, 너 그거 어떻게 할래?"

– 어떡하긴? 어떻게 할 수 없지 뭐.

"그럼 계속 자책하고 괴로워해야 하겠어? 그래 봤자 너만 손해보는 거 아니야?"

– 그렇긴 하지. 내가 나를 때리니까 내 손도 아프고 맞는 내 몸도 아파.

"그러면 '내 몸이 비정상이면 안 된다'라면서 싸우기보다 그냥 '내 몸이 비정상일 수 있다'라고 생각하고 너의 단점을 포용하고 품도록 하는 건 어때?"

– … 그런가? 그러면 한번 깊이 생각해 볼게.

나는 내 신체에 콤플렉스를 가지면서 오로지 이것이 현실적 문제라고만 생각했다. 현실을 고치는 것도 방법이 되겠지만, 그러나 그 어떤 신체적 문제도 쉽게 고칠 수 없는 상황이었다.

나는 내 생각을 찬찬히 들여다보았다. 어차피 못마땅해도 내 몸이었고 내 것이었다. 이것만으로도 내가 나를 포용하기에는 너무나 충분했다. 그냥 포용하는 것을 넘어서 오히려 적극적으로 사랑할 수밖에 없었다. 그러자 나를 지배했던 강력한 콤플렉스는 급격하게 사라지기 시작했고 나의 청춘은 다시금 푸른색을 찾아가기 시작했다.

그렇게 나 자신과의 싸움이 종식되자, 나도 모르게 자연스럽게 자존감이 살아나고 자신감이 생겨나기 시작했다. 사람들과의 대화가 편해졌고, 나름대로 괴짜 논리까지 장착하면서 제법 이런저런 구라도 펼칠 수 있었다. 그저 내 못난 점 하나 포용하였는데 너무도 많은 게 변화하고 있었다. 그 덕분에 나는 대학 시절 후반부에는 함께 수업하는 형들로부터 '황도사'라는 별명을 얻기도 했다. 당연히 임을 찾아서 연애도 할 수 있게 되었고 장가도 갈 수 있었다.

신체적 콤플렉스에 벗어난 이후 다시금 위 세 가지를 다시 살펴보았다. 그랬더니 놀랍게도 나의 세 가지 콤플렉스가 내게 새로운 기회를 주었을 뿐만 아니라, 오히려 순기능을 제공하고 있었음을 알아차릴 수 있었다.

첫째, 눈 장애 덕분에 나는 보이는 세계보다 안 보이는 세계에 집중하면서 모든 경전과 더욱 친밀해지게 되었다. 둘째, 돌출 입은 내 신체 대비 인중의 길이를 길게 만들어 준다. 이는 장수할 관상이다. 어찌 반갑지 아니한가. 셋째, 나의 오리 엉덩이는 오히려 최근에는 '애플 힙(Apple Hip)'이라고 불리는 것처럼 이 역시 매력적인 신체 구조였다. 이 세 가지는 하늘이 내게 부여한 아주 특별한 선물이었던 것이다.

그리고 나는 생각해 본다. 만일 특수한 수술법이 있어서 내 신체 구조를 바꿨다면 과연 콤플렉스에서 벗어날 수 있었을까?

아마 그렇지 않을 것이다. 왜냐면 내가 가졌던 세 가지 단점에 대한 내 생각은 그대로였고, 그러한 생각 패턴은 또 다른 불만의 요소를 찾아내고야 말았을 테니까.

부족한 현실이 문제가 아니라, 편향된 나만의 생각이 문제였다. '그러면 안 돼!'라는 원카드 생각이 만들어낸 내 존재 부정, 그 답답한 현실은 '그럴 수 있다'라는 투웨이 생각으로 깔끔하게 타파되었다. 그렇게 생각할 수 있는 동기는 내게 던져진 합리적인 의문, 즉 '그거 누구 거지?'라는 화두가 전부였다.

이럴 수 있었던 것은 고전 속 형들의 유연한 견해가 내 마음속 깊이 스며들면서 합리적인 의문으로 재구성되어, 그것이 문제의 본질을 만날 수 있게 해준 덕분이었다.

내가 원치 않는 내 모습과 내 삶의 형태는 그저 달동네일 뿐이다. 그것 역시 나 자신이었고 내 삶이었다. 이를 포용하는 것, **해동네만 좇는데서 벗어나 달동네를 인정하는 게 곧 투웨이 철학이다. 그러면 내 마음은 즉시 망상에서 떠나 객관적 현실로 돌아온다.**

물론 내 인생의 달동네를 감수하는 것은 불편하다. 그러나 단지 불편할 뿐이다. 그러다 적응이 되면 불편한 줄도 모르고 편해진다.

그러나 만일 달동네를 거부하면 철저히 생각과 번민의 세계에 살아가면서 일상과 괴리되고 불편함을 넘어서 고통이 증폭된다. 그러다가 극한의 고통 지점에서 그 고통을 더는 감내할 수 없기에 그 고통을 일으킨 원카드를 던져버릴 수밖에 없다. 그리고 편해진다. 이때 깨닫는다. **이제껏 고통은 구조적인 문제가 아니라 내 생각의 문제였음을.**

지금 내가 신체적인 문제로 고통받고 있다면 "그거 누구 거지?"라고 물어보자. 그러면 갑자기 문제가 사라진다. 또한 신체적인 문제를 벗어나, 또 다른 구조적인 문제가 있다면, 이 질문을 조금 더 확대하여 "그런 현실은 누구의 삶인가?"라고 물어보자. 이 물음 하나로 엄청난 현실적 문제마저도 모두 사라진다. 그러면 드디어 보인다.

그토록 찬란한 일상이.

🖋 무슨 소리?

내가 가지고 있는 신체적 콤플렉스 세 가지를 극복하는 과정을 말했어.

🖋 그래서?

내가 가진 신체 콤플렉스에 대해서 "그거 누구 거지?"라고 물어봐.

🖋 뭐가 좋지?

나를 괴롭혔던 콤플렉스가 즉시 사라져.

살아 있기는 한 거니?

　나는 청소년기에 신체적인 콤플렉스뿐만 아니라, 죽음에 대한 두려움을 잔뜩 안은 채 신음하고 있었다. 이 두려움은 내 청춘의 꽃이 한창 피어나야 할 초등학교 저학년 때부터 시작되었다. 어느 날 이웃집 할아버지께서 84세에 돌아가셨고, 장례 행렬을 목격한 나는 사람은 누구나 늙고 병들어 죽는다는 사실을 알게 되면서 큰 충격에 빠져들었다.

　죽기 싫었다. 그러나 죽을 수밖에 없다. 나는 이 모순에 걸려들어 아주 어린 나이부터 죽기보다 힘든 '죽음 콤플렉스'에 시달리기 시작했다. 그리고 이러한 두려움은 내 청춘을 암흑기로 만들어 주고야 말았다.

　죽음이 주는 소멸에 대한 공포는 상상을 초월한다. 내 의식도, 내 몸도 언젠가는 결국 티끌이 되어 우주의 진공 속으로 사라진다는 생각은 밑도 끝도 없는 아득한 심연으로 나를 추락시켰다. 해결할 수 없는 죽음의 공포로 인해 순간적으로 괴성을 지르고 정신이 혼미해지는 정도를 넘어서 정신이 분열되기 직전까지 몰렸다. 나는 순간순간 찾아오는 극한의 한계 상황에서, 도저히 이길 수 없는 '죽음 vs 나' 전투를 치르고 있었다.

　그러나 나는 그런 내 모습을 다른 사람에게 노출하지 않았다. 그래서 내가 얼마나 오랫동안 암흑의 청소년 시절을 보냈는지 아무도 눈치채지 못했다.

비록 중3부터 고교 시절 내내 미션스쿨을 다니면서 구원과 영생 등에 대한 이야기를 들었지만, 마음에 와 닿지 않았다. 영생을 말하는 사람들마저도 죽은 다음에 영생이 있다고 생뚱맞은 논리를 펼치고 있었기 때문이었다. 돌이켜보면 그분들이나 나 자신이나 죽음과 삶을 따로 보는 이분법적 시각에서 헤매기는 마찬가지였다.

그 시절 기타를 만지며 G코드가 내는 맑은 음계가 내 두려움을 희석해 주기도 했지만, 워낙 뚜렷하게 느껴지는 죽음에 대한 공포는 내 심리의 저변에서 수시로 올라와 나를 계속 괴롭혔다. 나는 그 생각을 억지로 누르고 또 눌렀다. 내 청춘은 쉴 새 없이 올라오는 생각 두더지를 망치로 때리는 게임에 함몰되어 있었다. 아무리 내려치고 또 내려쳐도 끊임없이 올라오는 생각 두더지. 그건 게임이 아니라 처절한 전쟁이었다.

그런데 그토록 처절한 내면의 전쟁은 20대 초·중반 고전을 읽으면서 내게 툭 던져진 원초적 물음에서는 멈칫 힘을 쓰지 못했다. 그것은 바로,

'네가 살아 있기는 한 거니?'

라는 물음이었다.

나는 이 질문을 통해 살아있었지만, 묘하게도 결코 살아 있지 않다는 사실을 알게 되었다. 나는 나의 생명 활동의 근간에 있어서 내가 전혀 관여하지 못한다는 사실을 주목했다. 나는 새삼스럽게 내 생명의 원천인 혈액을 순환시키는 심장도, 마음껏 숨을 쉬는 내 허파도, 내 팔다리를 움직이는 신경계마저도 내 것으로 느껴지기만 할 뿐, 실제로는 내 통제권을 벗어나 작동하고 있다는 사실을 주시했다.

그뿐만이 아니었다. 나는 가장 중요한 내 생명의 탄생과 죽음마저도

내게 아무런 결정권이나 그 어떤 통제권도 없음을 알게 되었다. 그러므로 나는 살아 있을지라도 살아 있음을 느끼지 못하는 산송장임이 분명했다.

언제였던가 나는 다음과 같은 이야기를 들은 적이 있었다.

어떤 사람이 죽어서 황천길을 걸어가고 있었다. 그 길은 낭떠러지 사이로 올라온 아득한 높이의 징검다리로 연결되는 길이었다. 그런데 그가 한 발을 헛디디다 하마터면 끝이 없는 절벽 아래로 추락할 뻔했다. 그러자 그는 "어휴, 하마터면 죽을 뻔했네"라고 말했다.

'그'가 바로 나였다. 이와 같은 생각이 떠오르자, 나를 짓눌렀던 죽음에 대한 두려움이 급격히 엷어지기 시작했다. 두려움이 완전히 가시지는 않았지만, 죽음에 대한 두려움이 나의 생활을 더는 좀먹지 못했다. 나는 살아있어도 이미 죽은 상황과 똑같다는 상황을 인식하였기 때문이었다. 이미 죽은 놈이 뭣하러 죽는 것을 걱정해야 할까?

그러나 이미 죽은 목숨 같은 나 역시 현상계의 나다. 이런 나는 반쪽의 '나'이자 위에서 성찰한 것처럼 송장 같은 나다. 나는 이런 나를 붙잡아 영원히 살려고 집착하고 있었다.

그러나 그렇게 영원히 사는 것 역시 두려웠다. 그런 영원에는 섭취와 운동만 있고 배설과 휴식이 없었기 때문이었다. 그러한 무한의 시간이 주는 영원이란 무게감은 아이러니하게도 내 머리에 강도 9도 이상의 공포 지진을 일으키고 있었다.

죽는 것도 공포였고, 영원히 산다고 해도 그것 역시 공포였다. 이게 도대체 뭐지?

나는 드디어 깨달았다. **내 공포감은 현실이 아니라, 현실을 내 생각에 끼워 맞추려는 데서 오는 불가항력과의 싸움이 초래한 좌절감의 결과였음을.** 그냥 안 싸우면 그만이었다. 싸울 필요가 없었다.

그 당시 나는 선가에 유행하는 화두 하나를 듣게 되었다.

부모가 그대를 낳기 전에 그대는 어디 있었는가?

이 화두는 내 존재의 원초적 정체성을 묻는 동시에 다시금 죽음을 성찰하는 기회가 되었다.

어디 있었긴?

나는 어디에도 없었다.

내겐 '내가 없었는데, 문제 또한 있을 리 없다'라는 의도가 내포된 화두였다. 부모님이 나를 낳기 전, 내가 없었음에도 나는 괜찮았다. 아무도 태어나기 이전 상황에 대해서는 시비를 걸지 않고, 나 자신도 존재하지 않았기에 당시의 상황이 문제라는 인식조차도 불가했다.

자, 그렇다면 다시 한번 생각해 보자.

내가 태어나기 전의 상황은 앞으로 찾아올 죽음과 같은 상황이다. 태어나기 전 그 당시에는 아무런 문제가 없었다. 그렇게 나는 태어나기 전에 장고한 시간 동안 죽음을 체험했었다. 아니, 체험할 수도 없었다. 어쨌든 문제가 없었다. 그렇다면 향후 다가올 죽음 역시 이미 익숙했던 과거의 일과 다를 수 없다. 그러니 어찌 걱정거리가 될 수 있겠는가.

이 모든 게 나만의 착각에서 비롯된 일이었다. 죽음은 결코 낯선 존재가 아니었다.

지금도 나에게는 죽음의 교향곡이 부지런히 연주되고 있다. 내 몸속 각각의 세포도 일정 시간을 살다가 때가 되면 죽어야지만 새로운 세포가 태어난다. 어제의 기억도 죽어야 오늘 나는 새롭게 살아갈 수 있다. 그렇게 우리의 삶은 죽음에서 나오고, 죽으면서 살아가고, 죽음으로 돌아가는 과정인데, 어떻게 우리 삶에서 죽음을 따로 떼어놓을 수 있겠는가.

이처럼 삶의 바탕이자 영양분인 죽음은 폭력과 전쟁, 각종 사고와 재난, 질병과 연계되어 매우 부정적인 대상으로 인식되고 있다. 따라서 이 부분은 별도로 분리해서 고찰할 필요가 있다. 폭력, 사고, 전쟁은 분명한 문제다. 그러나 생리적으로 일어나는 죽음은 이와 달리 없어서도 안 되며, 없을 수도 없는 매우 친숙한 존재다.

그런데 왜 내가 이토록 친숙한 죽음과 싸워야만 하는가. 안 싸우면 문제가 될 수 없는 일이다. 영생 역시 마찬가지다. 죽고 살고 다시 또 죽고 또 다시 살면서 나아가는 게 영생이지만, 죽음을 빼 버리고 영생하려는 그 마음은 엄연히 실존하는 죽음을 넘어뜨리려는 야무지고도 허망한 망상이 아닐 수 없다.

어쩌면 우리는 이미 영생하고 있는지도 모른다. 다만 과거의 기억이 모두 지워졌기 때문에 계속 죽고 살고, 다시 죽고 사는 기억을 잊어버렸을 수도 있다.

살아 있기보다 죽은 상태로 유지되어야 영겁의 영생도 힘차게 버텨낼 재간이 있다. 죽지 않고 살겠다는 것은 배설하지 않고 먹기만 하겠다는 마음처럼 어리석다. 죽지 않고서 그 많은 삶의 기억과 생활 속에 축적된 데이터를 도대체 어디에 보관할 수 있겠는가!

그래서 우리의 뇌는 이미 지난 기억에 대한 삭제 작업이 매우 활발하게 일어나고 있다.

밤과 낮이 교차하면서 시간이 흐르듯, 영원은 삶과 죽음으로 연결되면서 완성된다. 죽음이 없는 영원은 동전이 뒷면 없이 앞면만 존재하겠다는 것처럼 구조적으로 불가하다. 그것은 생각이 만들어낸 허상일 뿐이다.

우리는 이미 죽음을 체험했고, 체험하고 있으며, 잘 죽어가는 덕분에 잘 살아가고 있었다. 어쩌면 죽음은 삶을 존속시키기 위해, 삶을 사랑하기 위해 존재해야만 하는 또 다른 삶이었다. 이 역시 삶의 하나요, 또 다른 내 삶의 터전이며, 또 다른 나였다. 그런데 내가 '나 자신'을 두려워하고 있었다니….

죽음에 대한 공포와 영생에 대한 공포는 현실적 문제가 아니었다. 죽음과 삶은 서로 연결된 존재였건만 이를 이분법적으로 나누고 그 하나를 버리려는 착각이 일으킨 블랙 코미디였다.

이제 나는 내 삶 속에 죽음이 녹아들면서 죽음과 영생에 대한 두려움이 얇다. 그런데 요즘 두려운 게 있다. 내가 정성껏 차린 저녁 요리를 막둥이 녀석이 맛이 없다면서 무르고, 안 먹을 수도 있다는 데서 오는 두려움이다. 그건 정말 두렵다.

어쩌면 죽음보다도 더!

🖋 무슨 소리?

죽음에서 삶이 태어났고, 죽어가면서 살아가고 있으며
죽음을 통해 또 다른 삶을 살아가는 거야.

🖋 그래서?

죽음을 적대시하지 말고 삶을 삶답게 하기 위한
또 다른 삶이라고 받아들이는 건 어떨까?

🖋 뭐가 좋지?

죽음이라는 친구와 잘 살아가게 돼.

쩨쩨하게 죽어도 된다

내 삶이 '해동네이어야만 한다'라는 생각이 윈카드이다. 나는 이 생각을 전작에서처럼 '강바기'라고 불러 보기로 한다. 내 안의 강바기라는 녀석은 도대체 무슨 근거로 이렇게 강력하게 해동네만을 주장하는 걸까?

이유는 간단하다. '달동네'를 만나면 큰일 난다고 생각하기 때문이다. 달동네가 들이닥치면 가난해지고, 소외되다가 결국 죽을 수도 있다는 불안감. 결국은 또 죽음이었다.

그래서 나는 강바기에게 물어보았다.

"죽으면 왜 안 되는데?"
"음, 그건 묻지 마. 곤란하게 그걸 왜 물어?"

내 안의 강바기는 더 대답할 수 없었다.

사실 내 안의 강바기는 '나'라는 주인님을 언제까지라도 지켜주려고 항상 노력한다. 그러나 녀석의 좋은 의도와 달리 강바기의 경고와 보챔으로 마음은 점점 더 조급해지고 불안에 빠지는 경우가 대부분이다. 그러므로 강바기를 달래줄 필요가 있다.

"얘야. 네가 내 걱정을 해주는 것은 정말 고마워. 하지만 그렇게 미리 부정적으로 단정하면 나도 불안해지고 힘들어. 그러니까 너무 그렇게 애 쓰지 않아도 될 것 같아. 사람은 어차피 한 번 죽어. 죽더라도 어쩔 수 없는 일이야. 피할 수도 없어. 그러니까 너무 보채지 않았으면 좋겠어. 그리고 네가 그렇게 보채더라도 이제는 너를 따라갈 수 없어. 이제껏 너의 이야기를 충분히 들어주고 따라주었잖아. 이미 충분해. 이제는 나의 길을 갈 테니까. 너는 너의 길을 가길 바랄게."

본래 죽음에 대한 두려움은 우리가 살아가기 위한 본능적 감정이며, 자연스럽고 건강한 감정이다. 이러한 감정이 없다는 건 자기의 감정을 속이거나 정상적으로 느껴야 할 감정이 무감각해진 것에 불과할 수도 있다.

두려움을 모르고, 두려움이 없다고 스승 자격이 주어지는 것도 아니건만 죽는 순간마저도 온 힘을 다해 꼿꼿이 앉은 채로 열반에 드는 분들이 심심찮게 등장한다. 그분들은 죽음에 멋지게 저항하면서 천상으로 나아간다. 그러나 왜 앉아서 편히 죽는가. 좀 더 힘을 써서 그냥 서서 죽어도 되지 않을까?

그래야 더 멋진 스승이 되는 거 아닌가?

고대 철학자 에피쿠로스형은 다음과 같이 말했다.

사는 동안에는 죽음이 일어나지 않는다. 따라서 죽은 이후의 세계는 걱정거리가 아니다. 죽음이 일어나면 죽음이 영향을 끼치는 사람은 이미 없다. 고로 이 역시 문제가 아니다. 따라서 죽음은 내가 문제로 삼을 만한 대상이 아니다. 나는 재미있게 살기도 바쁘다. 죽음 따위로 고민하지 않는다.

논리적으로 따져봐도 흠결이 없는 멋지고 통쾌한 구라다. 형은 우리가 공유하는 이 세상을 부정하지 않았다. 형은 일상에서 이미 충분히 행복을 누렸고 이 세상에서 천국을 찾았기에 죽어서 가는 천상 세계에 대한 건전한 두려움이 있을지언정 죽음을 거부하면서 근심을 끌어안은 채 인생을 허비하지 않았다. 형은 춤추고 노래하고 사유의 즐거움을 누렸고 사람들과 마음껏 사랑했다.

그런데 유명 철학자들이 아니더라도 죽음에 대해서 태평하게 받아들이는 사람들을 어디에서라도 쉽게 찾을 수 있다. 내 외할아버지께서도 그랬다. 10여 년 전, 당신은 90세까지 사셨고 돌아가시기 수일 전까지도 의식이 또렷하셨다. 당시에 당신께서는 가족에게 일일이 작별 인사를 하셨다. 당연히 나도 외할아버지를 뵐 수 있었다.

"그간 참 잘 살았다. 모두 잘 있거라. 나는 간다. 고맙다."

깨달은 선승도 울고 갈 일이다. 그렇게 내 외할아버지는 또 다른 세상으로 마지막 열차를 타고 여행을 떠나듯이 초연하게 가셨다.

내 할아버지께서는 한의사이셨지만 60세 후반에 중풍을 맞으셨다. 그리고 돌아가시기 몇 시간 전에 이미 죽음을 예견하셨다. 내 할아버지는 내 아버지이기도 한 둘째 아들 품에 안겨서 다음처럼 말씀하셨다.

"너의 형은 어디 있느냐?"
"제천 장에 갔습니다."
"그렇구나, 너의 형이 오기 전에 나는 간다. 형과 우애 좋게 잘 지내거라."

그렇게 유언을 남기신 지 3시간 후 할아버지는 나의 큰아버지께서 오시기 전에 아버지 품에서 편안하게 돌아가셨다.

나도 초연하게 죽음을 바라보고, 참 당당하게 죽음을 맞이하고 싶다. 그런데 영, 그 마음이 올라오지 않는다. 할 일도 많고, 아직 살아갈 날이 많이 남아서 그런지 그런 생각조차도 하기 싫다. 그런데 이렇게 아등바등 살다가는 분명하게 저토록 멋지게 가지는 못할텐데. 이것도 걱정 아닌 걱정이다.

이럴 때는 투웨이 솔루션이 제격이다. 내가 **어떤 심리적인 갈등이 있다면, 거의 '해동네이어야만 한다'라는 생각에 잡혀 있을 가능성이 크다.** 해결책은 '해동네도 좋지만, 달동네도 괜찮다'이다. 그래서 나는 이 공식을 다음처럼 적용했다.

"위풍당당하게 죽어도 좋지만, 쩨쩨하게 죽어도 괜찮다!"

그래.
다 된다.
뭐 어때?
괜찮다.

이 공식 하나로 죽을 때의 입장이 간단히 정리되었다. 두려워해도 되고, 멋지게 죽지 않아도 괜찮다. 그러니 사는 동안 멋진 죽음에 대한 걱정을 모두 내려놓고, 죽는 것을 걱정하면서 인생을 다 보내지 말고, 그냥 내가 하고 싶은 그대로 살아도 된다. 어차피 본질계의 품에 안기는 건 마찬가지니까.

군이 수도자가 되어 죽음을 문제로 삼거나 죽음을 극복하려고 수도 생활에 애쓰지 말고 직장을 잡아도 된다. 그래서 돈도 벌고 맛있는 고기도 먹고, 옆 카페에서 한잔의 커피를 마셔도 된다. 마음에 드는 이성과 데이트를 해도 된다. 백세 수명을 목표로 삼고 있는 힘을 다해 살아도 좋다. 그러다가 좀 쩨쩨하게 죽은들, 그것이 무슨 문제가 되겠는가.

아무렴, 그래도 된다.

🍃 무슨 소리?

당당하게 죽어도 좋지만, 쩨쩨하게 죽어도 되는 거잖아.

🍃 그래서?

그러니 멋지게 죽겠다고 고민하지 말고 일상을 누려보는 거야.

🍃 뭐가 좋지?

오늘 하루가 주는 즐거움을 맛볼 수 있어.

가위 귀신, 네 이놈!

생리학적으로 건강을 지켜주는 최적의 솔루션인 동시에 건강함을 증명해 주는 훌륭한 지표 중의 하나가 숙면이다. 일정 시간 깊이 잠들수록 세포는 충분히 휴식할 수 있고 몸에는 다시 활력이 생겨난다. 또한 깊은 잠은 의식의 소멸이라는 점에서 죽음에 대한 간접 체험을 할 수 있음과 동시에 일상에서 무아(無我)를 경험할 수 있는 상황이기도 하다.

숙면 후 잠에서 깨어나는 2~3초간에는 내가 자는 장소나 현재의 계절조차도 기억하지 못할 수 있다. 이 짧은 순간에 무아가 주는 지극한 편안함이 있다. 내 마음이 평화로울 때 이렇게 달콤한 잠이 찾아온다. 필자 역시 요즈음에도 이러한 순간을 종종 체험하면서 감사함을 느끼고 있다.

그러나 어찌 이런 날만 있겠는가. 누구라도 불면증뿐만이 아니라 수면을 거부하는 증상, 즉 가위눌림과 같은 수면 마비증을 앓을 수 있다. 나는 이를 '거면증(去眠症)'이라고 명명했다.

나는 청소년 시절부터 이런 거면증에 시달리면서 소위 '가위 귀신'을 자주 만났다. 잠들 무렵 렘수면 상태에서 거대한 귀신이 내 몸을 누르고 내 팔뚝을 잡아당기는 경험을 수없이 반복했다. 녀석의 힘은 가히 고릴

라와 같아서 도저히 이길 수 없었다. 녀석은 내가 의식적으로 밀어내려 하면 그보다 더 훨씬 강한 힘으로 나를 옥죄었다. 그렇게 옥죄임을 당하는 것은 당연했다. 나중에 알았지만, 내가 힘주어 벽을 밀수록 벽은 더 거대한 힘으로 나를 밀어버리는 듯한 느낌을 받는 원리가 작동하였기 때문이었다.

어떤 날은 매우 황량한 벌판에서 공포영화에서나 본 듯한 귀신이 나타나 나를 응시하기도 했다. 정말 무서웠다. 또 어떤 날은 아예 내가 자는 방 안으로 사람인지 귀신인지 떠들썩하게 모여들기도 했다. 그리고 알쏭달쏭 알 수 없는 말을 하면서 나를 압박했다. 심지어 잠이 들 무렵, 집안 벽에 달린 선풍기가 가위 귀신이 되어 누를 때도 있었다.

그런데 어떨 때는 나도 가위 귀신과 전투를 벌였다. 대체로 완패였지만 마음공부로 내 마음의 중심이 잡히는 시점부터 전세가 서서히 역전하기 시작했다.

지금은 녀석들이 나를 찾아오지 않는다. 나는 언제부터인가 그들이 오면

"너희들은 지금 번지수를 잘못 찾아왔어. 오늘 한가롭니?"

라고 말하며 놀렸다. 그러자 녀석들은 몹시 기분이 상했던지 모두 철수해 버렸다. 그러나 나는 방심하지 않는다. 녀석들은 내가 마음의 중심을 잃으면 언제든지 찾아오는 참 귀여운(?) 녀석들이기 때문이다.

이처럼 '가위눌린다'라고 말하는 수면 마비 상태는 대개 낮잠을 잤거나, 기타 다른 요인으로 수면 주기가 흐트러질 때 빈발한다. 보통 렘수면 상태에서 이와 같은 현상이 일어난다.

나 역시 그러했다. 정신 작용이 의식에서 무의식으로 뚝 떨어지면 편안하게 잠을 잘 수 있지만, 수면 리듬이 깨짐으로 인해서 의식에서 반의식(半意識)중간단계에 머물 때, 깨어나지도 않고 잠들지도 않은 무의

식 상태에서 가위 귀신이 등장한다. 그러면 한참을 헤매다 식은땀을 흘리면서 깨어나기도 하고, 그냥 헤매다가 다시금 깊은 잠 속으로 빠져 들기도 한다.

일명 '가위 귀신', 혹은 '가위눌림 귀신'의 정체는 한마디로 내 생각 속의 또 다른 생각이 내 마음의 장벽에 부딪혀 반사되는 심리적인 메아리다.

나는 어린 시절 약 4km쯤 되는 길을 걸어 다녔다. 남한강을 따라가는 길이었는데, 친구들과 자주 강 너머 산을 향해서 '야호'라고 길게 외치면 수 초 후에 똑같은 음성이 강 건너로부터 들려왔다. 그 메아리는 마치 산에서 다른 누군가가 나를 부르는 것처럼 들렸다.

가위 귀신 역시 그러하다. 가위 귀신은 진짜 귀신이 존재해서 나타나는 게 아니다. 그건 내 마음의 의식이 둘로 분열된 상태에서 또 다른 내가 나에게 던지는 메아리다. 내가 강 건넛산을 향해 '야호'라고 외치지 않으면 강 건너 앞산이 나를 부르지 않듯이, 내가 마음에 들지 않는 '나의 달동네 현실'을 부정하면서 소리쳐 다투지 않는다면 결코 가위 귀신은 나타날 수 없다.

나는 그 시절 신체 콤플렉스와 죽음에 대한 거부로 인해서 나의 내면에 단단한 의식의 장벽을 만들어내고야 말았다. 내가 깨어 있을 때는 의식이 온전하지만, 얕은 잠결에서는 '누르는 의식'과 '눌리는 의식'이 분열된다. 이때 눌렸던 의식은 이전에 형성된 또다른 의식의 장벽에 반사되어 튀어 오르는데, 그 녀석이 바로 '가위 귀신'이었다. 그러므로 그 가위 귀신은 '또 다른 나의 의식', 곧 '나 자신'이었다.

'지피지기(知彼知己)면 백전불태(百戰不殆)', 즉 적을 알고 나를 알면 백번 싸워도 위태롭지 않다. 가위 귀신은 그저 또 다른 내 의식이 외치는 메아리임을 알게 되자, 이것으로 나와 가위 귀신과의 처절한 전투는 유쾌한 게임으로 전환되었다.

내가 가위 귀신의 정체를 알아차리고 전투가 아닌 게임으로 임하자, 그후부터는 녀석에게 일방적으로 당하기만 했던 상황에서 벗어나 내가 상황을 주도할 수 있는 자각몽(自覺夢)마저도 즐길 수 있게 되었다. 자각몽이란 꿈을 꾸면서 이것이 꿈이라고 알아차리는 현상이다. 그렇게 나를 괴롭힌 가위 귀신들은 거꾸로 내게 괴롭힘을 당하면서 서서히 물러갔고 그후 나는 귀신 잡는 전문가가 되었다. 이제 귀신들은 그들의 약점을 세세하게 아는 나를 좋아하지 않는다. 따라서 더는 나를 찾아오지 않는다.

치명적인 귀신의 약점 하나를 공개해 보기로 한다. 모든 귀신은 두 사람 이상에게는 절대로 나타나지 않는다. 오로지 한 사람에게만 나타난다. 만일 어떤 귀신이 실수로 두 사람에게 보였다면, 그 귀신은 그날로 귀신 동호회에서 강퇴당하고 귀신 자격을 잃게 된다. 귀신이 귀신답지 못한 행위이기 때문이다.

만일 같은 시간, 같은 장소에서 두 사람 이상에게 귀신이 나타났다면, 그것은 물체. 혹은 신기루 현상과 같은 빛의 굴절일 뿐이다. 귀신이 실체라면 벌써 사람들이 잡아다가 양육해서 전시해 놓고 고액의 관람비를 부과하여 떼돈을 벌었을 터.

'귀신처럼 안다'라는 말은 내가 곧 귀신임을 증명하는 말이다. **내가 귀신이기에, 귀신은 누구보다도 나에 대해서 훤히 알고 있다. 그러나 귀신 역시 내가 모르는 사항은 아무것도 알지 못한다. 왜냐면 내가 곧 귀신이니까.** 이처럼 귀신이 나라는 사실을 알게 되면 귀신병에서 즉시 벗어난다. 내가 나를 두려워하는 사람은 어디에도 없으니까.

귀신을 두려워하는 어린아이들에게 '귀신이 곧 나다'라는 귀신 놀이를 시켜보자. 그러면 그 아이는 더는 귀신을 두려워하지 않는다. 깔깔거리면서 신나게 웃는 귀신 놀이를 통해 귀신과 친숙해지기 때문이다.

많은 이들은 '죽은 사람이 귀신이 된다'라고 말한다. 그 말은 틀리지만, 맞는다고 하더라도 결국 사람의 다른 모습일 뿐이다. 산 사람도 무섭지 않은데, 하물며 죽은 귀신이 무슨 힘을 쓰겠는가. 그러므로 귀신은 결코 무서워할 대상이 아니다.

먼 옛날, 귀신에 시달리는 한 사람이 나와 같은 귀신 잡는 전문가를 찾아갔다.

"선생님. 시도 때도 없이 귀신이 나타나 저를 괴롭힙니다. 너무 힘듭니다."
"그래? 그럼 내가 너에게 귀신 잡는 주머니를 주겠다. 귀신이 나타날 때마다 이 주머니에 들어있는 구슬이 몇 개인지 알아 맞춰보라고 외치거라."
"네, 그렇게 하겠습니다."

그 사람은 기뻐하면서 귀신 잡는 퇴마 주머니를 가지고 집에 돌아왔다. 아니나 다를까, 집에 오자마자 바로 귀신이 나타났다. 그래서 그는 즉시 퇴마 주머니를 들어서 외쳤다.

"이 구슬 몇 개지?"
"……."

귀신은 잠시 갸우뚱하다가 이내 사라져 버렸다. 그 후 몇 번 더 나타났지만, 똑같은 물음에 귀신은 힘을 잃고 물러나기를 반복했다. 그러다가 아예 눈 밖에서 멀어져 버렸다. 이후 그는 그 전문가를 찾아가서 귀신이 물러간 연유를 물었다. 그러자 선사가 말한다.

"나도 모르고 너도 모르는데, 귀신인들 어찌 알겠느냐?"

그렇다. **귀신은 원카드 심리가 일으킨 심리적 허상일 뿐이다.** 내가 나의 달동네를 인정하고 사랑하면서 나 자신이나, 내 삶과 다투지 않는다면 귀신은 나타날 수 없다. 그래서 내가 일상에 머물면서 삶의 행복을 마음껏 누린다면 귀신 문제 따위로 더는 고민하지 않게 된다. 일상은 결코 귀신 따위가 찾아와서 놀 만한 장소가 아니기 때문에.

🖋 무슨 소리?
귀신은 원카드에 의한 또 다른 내 의식의 반영일 뿐이야.

🖋 어쩌라고?
내 삶의 달동네와 친해져 보자고.

🖋 뭐가 좋지?
숙면의 즐거움이 찾아와.

천상 비즈니스

60대 초반의 한 부인이 말했다.

"저는 큰아들을 불의의 사고로 잃었어요. 날마다 전화해서 안부를 물었던 효자였죠. 지금 아들이 남긴 손녀딸이 있어서 제가 키우고 있어요. 아들은 지금 어딘가에 잘 있으리라 믿습니다."

"물론이죠. 저도 제 여동생을 먼저 보내고 한때 상심했어요. 그러다가 '녀석이 천상에서 이런 나를 보고 좋아할까?'라고 생각해 보니, 이건 아니더라고요. 그래서 오히려 거꾸로 생각했어요. 녀석의 몫까지 내가 행복하게 살겠다고요. 큰 아드님도 어머니가 더 행복하게 살기를 바라지 않을까요?"

"네. 그래요. 제 마음도 같아요. 저는 아들을 보낸 적이 없어요. 오히려 더 챙기죠. 잊히지 않도록 말이에요."

우리는 언젠가 죽는다. 죽으면 천상(天上)으로 간다. 천상이라는 존재가 진실이든 아니든, 가상공간이든 현실이든, 그것은 그리 중요하지 않다. 없다면 우리가 만들어서라도 존재하게 해야 한다. 또 못 만들 것도 없다. 만일 천상이 없다면 사랑하는 사람과 갑자기 이별할 때, 그 허망함을 어떻게 감당할 수 있겠는가. 그래서 천상이라는 가상공간은 필요하다. 어떤 방식으로라도 상처받은 내 마음을 위로받고 치유 받아야 하기 때문이다.

혹자는 천상의 존재를 부정한다. 단지 눈에 안 보이고 마음에 느껴지지 않기 때문이다. 그러나 천상의 존재를 부정했던 사람도 사랑하는 사람이 떠나면 그 말을 즉시 취소할 수밖에 없다. 못다 한 사랑을 나누고 싶은 마음이 바로 천상을 느끼게 해주기 때문이다.

우리는 사랑하기 위해서라면 무엇이든 창조할 수 있으며, 천상도 그렇게 창조되었다. 실제로 최근에는 AI기법을 활용하며 천상으로 먼저 떠난 가족들을 TV화면으로 만날 수 있다. 그곳에서 사랑하는 가족과 차마 못다 한 이야기를 나누면서 회포를 푸는 등, 눈물의 재회를 하는 일도 있다. 물론 우리가 '천상'이라는 공간을 창조했는지, 본래 있었던 세상에 대한 본능적인 감지일지는 알 수 없는 일이다. 그러나 우리가 이토록 본능적으로 천상을 갈망한다는 사실을 살펴보면, 이것이 천상이 실재한다는 방증일 수도 있다. 그곳은 내가 오기 전이었고, 가야만 하는 세상이며, 엄연히 존재하는 세상이다. 천상은 낯선 곳도 아니다. 그곳 역시 이 세상처럼 나의 하늘이 함께 하시는 안전한 장소다. 천상 세계는 과학과 논리로는 설명할 수 없어도, 시와 소설, 영화라는 장르를 통해 우리의 마음을 달래주고, 위로하고 있다. 먼저 간 내 사랑하는 가족은 그곳 하늘의 품 안에서, 충분히 사랑받고 있다.

무속인, 영성가, 시인들은 이 점을 잘 알고 있다. 그분들은 마치 옆집 드나들 듯이 자유롭게 천상 세계를 출입한다. 그래서 이분들은 여행 안내자임을 자처하며 좀 더 나아가 비즈니스도 한다. 괜찮고 필요하다. 단지 과하지 않다면.

수개월 전 갑작스러운 질병으로 남편을 천상으로 보낸 50대 후반의

한 부인이 남편의 생일을 맞이했다. 그녀는 SNS를 통해 다음과 같은 메시지를 남겼다.

오늘 당신 생일인데
비가 오네요.

그녀는 무심하게 그냥 적었지만 눈물겹게 아름다운 서정시가 되었다. 시를 쓰고자 쓴 게 아니었지만, 애틋한 마음과 사랑이 담뿍 담겨 있다. 그녀에게 있어 오늘 내리는 비는 남편의 사랑이었다. 그녀의 남편이 있는 천상은 결코 하늘 위 먼 곳이 아니었다. 오히려 이웃집보다도 더 가까운 내 마음속에 자리를 잡고 있기에 언제든지 남편과 만나고 있었다.

"오늘 까치가 우네요. 녀석이 내가 보고 싶다고 부르는가 봐요."

먼저 간 자식을 그리워하는 부모는 그 딸이 천상에 있다고 믿는다. 까치의 울음은 녀석의 부름이다. 늘 내 마음과 함께 있었던 녀석이 마음에서 멀어지는 듯싶으면, 녀석이 나를 부른다. 그래서 '세월이 지나면 잊히겠지'라는 무성의했던 마음을 다잡고 다시 사랑한다.

나 역시 먼저 간 여동생이 다 잊혔는가 싶어도 돌아보면 그대로였다. 며칠 전 꿈속에서 아주 선명한 모습으로 동생과 만났다. 일상에서 동생을 잊을 정도로 행복하게 살겠노라고 약속했고 그렇게 살아왔기에 미안하지 않다. 그러나 한편으로는 잊히지 않으니 참 다행스럽기도 하다.

천상은 죽어서만 가는 세계가 아닌 태어나기 전에 우리가 이미 머물렀던 곳이었다. 우리는 때로 전생이나 후생에 대해 구체적으로 알 수 있다면서 과한 비즈니스를 하는 사람들을 만나게 된다. 한 청년이 묻는다.

"제가 저의 전생을 알아보려고 유명인에게 예약을 했습니다. 드디어 며칠 후면 만날 수 있게 되었어요. 상담비는 비싸지만 가치가 있다면 가보려는 마음도 있고 상담비가 아깝다는 생각도 들어요. 어떻게 하는 게 좋을까요?"

"그날 그 시간에 그 돈으로 친구를 만나 맛집에 가서 맛난 음식을 드시고 탁 트인 카페에 가서 그 친구와 즐겁게 대화하는 것은 어떨까요?"

뭐, 이런 정도의 천상 비즈니스는 애교에 가깝다. 개인이 아닌, 막강한 조직력을 갖추고 탄탄한 이론으로 무장한 거대 종교는 천상에의 비전을 제시하면서 우리를 가스라이팅하는 경우가 다반사다. 그들은 오늘날 이 세상 삶은 고통스럽다고 규정하고, 전생의 업보가 오늘의 고통을 만들어냈다고도 주장한다. 혹은 그대가 죄를 지어서 그렇다고도 말한다. 그렇게 주장해야 오늘의 고통이 의미가 있고, 그 고통을 좀 더 오래 붙잡을 수 있기 때문이다. 그리고 그 고통을 씻어내고 천상의 극락이나 천국에 가기 위해서는 그들이 준비한 프로그램에 동참해야 한다고 말한다. 이렇게 인생에 있어서의 무겁고 심각한 주제를 들춰 내면서 '불행의 행복'을 위한 완벽한 일정이 만들어지기에 이른다. 이때 살아서도 욕심을 못 채운 그 누군가는 죽어서도 또 욕심을 채우고자 기꺼이 그 프로그램에 동참한다. 이 모든 비즈니스는 결국 불행의 행복을 추구하는 사람과 절묘한 조화를 이루게 된다. 자칫 누구라도 여기에 연결되면 남은 인생을 허망하게 보낼 수도 있다.

그러나 그들 역시 일상의 궤도를 떠날 수 없다. **일상이라는 존재가 던지는 참된 행복의 습격을 불행의 행복으로 방어하기에는 한계가 있다.** 결국 그들의 허상은 무너진다. 시간의 문제일 뿐, 그런 시행착오를 통해 모든 욕심을 털어내고 다시 일상의 궤도로 돌아와 진정한 행복을 누릴 수밖에 없다.

우리는 천상을 오감으로 느낄 수 없다. 그러나 사랑을 통해서라면 얼마든지 현실세계인 일상과의 접속이 가능하다. 사랑 안에서라면 신과 인간이 하나가 되듯이, 천상의 공간 역시 사랑 안에서는 친근하게 다가오는 현실이 된다. 그래서 사랑하는 사람과의 어떤 이별도 문제가 되지 않는다. 하물며 천수를 다하고 천상으로 갔다면, 그것은 어쩌면 기쁜 일일 수도 있다. 장자가 그랬다. 그는 자기의 아내가 죽어도 슬퍼하지 않았다. 그의 친구가 그 이유를 물으니,

"본래 왔던 곳으로 다시 돌아갔으니, 슬퍼할 일이 아니고 기뻐할 일이지 않은가."

라고 말하며 오히려 노래 부르고 춤췄다.

나의 하늘은 비존재의 모습으로 확고하게 존재하는 현실이다. 천상 역시 못다 한 사랑을 나눌 수 있는 신성한 공간이다. 이미 일상 안에 있었고 내 가슴 속에 있었으며 눈에 보이지 않을 뿐, 또 하나의 현실이다. 이 아름다운 공간을 굳이 타인들의 과도한 비즈니스로 인해 가스라이팅 당하며 살아갈 이유는 없다. 그러므로 내가 주체가 되어 천상을 수용하는 것이 보다 적절해 보인다.

🖋 무슨 소리?

일상 속에 천상이 있어.

🖋 그래서?

천상 비즈니스에는 주체적으로 대응해 보는 거야.

🖋 뭐가 좋지?

먼저 떠나 보낸 사람과도 못다 한 사랑을 나눌 수 있어.

천상에서 일상으로

천상 세계에 거의 다 이르렀다 다시 일상으로 돌아온 사람들이 적지 않다. 나도 어린 시절 고향의 계곡물에 빠져서 거의 죽다가 살아났다. 그 당시 나는 어미 닭 품으로 병아리가 파고드는 아름다운 정경을 떠올리며 죽어가고 있었다. 놀랍게도 숨이 막히지도 않았고 고통스럽지도 않은 임사체험이었다.

그러나 오래전부터 막역하게 지내다가 의형제가 된 2살 터울의 아우 님 체험에 비하면 내 경우는 낭만적인 경험에 불과했다. 아우는 고등학 교 1학년 때 큰 교통사고를 당하면서 10분여의 짧은 혼절 상태에서 아주 밝은 빛의 천상 세상을 만나는 임사체험을 했다.

"그 당시에 나는 하늘의 어떤 홀에서 빛이 폭포수처럼 쏟아지는 것을 봤답니다. 그리고 그 빛은 이내 온 하늘과 땅마저도 새하얗게 덮었죠. 정 말 대단한 광경이었죠. 매혹적이었고 그 빛 너머 천국이 있을 것 같은 확 신이 들었죠. 그래서 나는 그 빛을 따라 그곳 안쪽으로 가고 싶었어요.

그곳으로 가고 싶은 마음은 나의 배움이나 경험에서 나온 게 아니었

요. 그냥 태어나기 전부터 전해 내려온 생각 같았어요. 집단 무의식도 아
닌, 그냥 본래부터 있었던 그 무엇이었죠.

그런데 그 순간 문득 어머니와 아버지를 생각했어요. 그리고 최소한
부모님께 인사라도 드리고 가야겠다고 생각하는 순간, 하얀 빛이 깜깜한
상태로 바뀌면서 갑자기 다른 세상으로 되돌려졌어요. 그리고 빠르게 지
나가는 나뭇잎이 보였죠. 그래서 알았어요. 아, 여기가 천국은 아니라는
걸. 천국에는 꽃이 보여야 했거든요. 그런데 그 나뭇잎들은 플라타너스 잎
사귀더군요. 나는 트럭 화물칸에 누운 채로 플라타너스 가로수 길을 따라
병원으로 실려 가고 있었던 거예요. 차 바닥에는 제가 흘린 피로 흥건했
고, 보통 부상이 아니었던 거죠. 그 순간 엄청난 후회가 밀려왔어요. 참 바
보 같은 결정을 해서 다시 세상에 되돌아 왔다고 생각했죠.”

짧은 시간이었지만, 그때 아우는 마치 시간이 정지된 듯한 기분이었다
고 말했다. 그래서 그 시간이 짧게만 느껴지지 않았다고 전했다. 그 후,
아우는 진주의 모 큰 병원에서 수술을 받고 극적으로 살아날 수 있었다.

나는 아우의 체험이 주관적인 현실이라고 여기면서도, 나 또한 동네
형이 나를 계곡물에서 조금 더 늦게 건져주었더라면 이와 비슷한 임사체
험을 했을지도 모를 일이라는 생각이 들었다.

아우는 그날 이후 그와 같은 기회가 다시 찾아오는 순간을 기다리며
살아왔다고 말했다. 그리고 그 순간이 오면 어떤 미련도 없이 그 빛을 향
해 나아가겠다고 결심했다나. 그렇다고 아우는 자살 욕구에 시달리지는
않는다. 자살 속에 담긴 한스러움과 집착, 원망과 저주를 통해서는 천상
세계로부터 밝은 빛을 만날 수 없다고 믿기 때문이다.

그 후 아우는 대학도 가고 결혼도 하고 자녀도 낳았지만, 그에게 있
어 이 세상이란 저 밝은 천상으로 나아가기 위해 거쳐 가야 하는 장소
쯤으로 인식하였다. 그러다가 어느 날부터 아우는 그런 자기의 생각을

고쳤다. 아우는 천상의 문턱에서 다시금 이 세상으로 되돌려졌다면, 하늘이 여기 일상에 머물러야만 하는 가치를 심어놓았음이 틀림없다면서 이 것을 찾아보겠다고 결심했다.

이쯤에서 아우의 다음 이야기는 잠시 뒤로 미루기로 한다. 나는 아우의 이야기를 들으면서 소크라테스(이하 '테스')형이 독배를 마시며 마치 여행길을 떠나가듯 죽음을 맞이했던 임종의 이야기가 연상되었다.

테스형은 이승과 저승을 따로 구분하지 않았다. 형은 죽음 직전에도 초연했다. 어떻게 그럴 수 있었을까?

단순히 통찰력 하나로?

아니다. 테스형도 아우가 체험했던 것과 같이 삶 속에서 이미 천상에 대해 수없이 많은 체험을 했었다. 형에게는 천상이 이미 일상에 녹아있었고 일상의 일부가 된 지 오래되었다. 따라서 천상으로 가는 죽음을 거부할 생각이 없었다.

형은 당시 여러 신을 믿지 않고, 젊은이들을 선동했다는 죄목으로 아테네 배심원들에 의해 사형이 확정되었지만, 그런 상황마저도 거부하거나 다투지 않았다. 형의 사고 방식은 매우 유연해서 내 뜻대로 되는 해동네든, 내 뜻대로 되지 않는 달동네든 그 두 가지 상황을 모두 인정하며 적절히 대처할 뿐이었다.

테스형의 부자 친구 크리톤은 그런 테스형과 형의 철학을 사랑했다. 그는 감옥의 간수에게 금품을 줘서 테스형에게 친절하게 대하도록 유도했고, 이로 인해서 자신도 별 무리없이 감옥에 드나들 수 있었다.

크리톤이 사형 집행일 아침에 테스형을 찾아왔을 때, 테스형은 그날도 단잠을 자고 있었다. 크리톤은 테스형의 태연함에 놀라지 않을 수 없었다. 크리톤은 지금이라도 탈출하는 게 어떠냐고 물었지만, 테스형은 오히려 간수를 부추기며 어서 독배를 가져오라고 말했다. 그 말을 들은 간

수가 테스형에게 말했다.

"소크라테스 선생님. 여기 사형수들은 독배를 주는 저를 늘 원망하는데, 선생님만큼은 예외군요. 이 독배를 마시고 몇 발자국 걸으세요. 그러다 몸이 무거워지면 누우시면 됩니다. 그리고 그 독약이 심장에 머물면 죽게됩니다."

"그렇게 하겠네. 그간 자네랑 이런저런 이야기를 하면서 심심치 않고 참 즐거웠네. 그간 살펴 줘서 참 고마웠네."

그리고 테스형은 자기를 찾아온 친구 크리톤과도 아무 일 없는 것처럼 대화를 이어나갔다.

"자네는 죽은 내 몸을 보고서 그것이 나라고 생각하지는 말게. 나는 천상에 가서도 자네와의 우정을 잘 간직하도록 하겠네. 나의 여행길을 축하해 주게. 하하."

"에구. 이 사람아. 어찌 이리도 태평한가. 자네는 아무런 죄도 없다네. 자네 처와 자식들을 생각해서라도 어서 여기를 빠져나가세. 내가 탈출 후에 타고 갈 배도 준비해 뒀으니, 자네가 결심만 하면 지금이라도 바로 탈출할 수 있다네."

"내게 내린 사형 판결에 대해서 나 역시 옳다고 생각하지 않는다네. 하지만 잘못된 결정과 상관없이 내 나이 70세를 넘겼고, 이제 단지 때가 된 것이라 생각한다네. 사실 나는 이때를 기다려 왔다네. 나는 이승에서 참 많은 축복을 누려 왔다네. 남겨진 내 가족들을 잘 부탁하네."

그리고 테스형은 태연하게 독배를 마셨다. 이어서 간수가 지시한 그대로 잠시 걷다 보니 몸이 무거워지기 시작하였고 이내 편안하게 누웠다. 독성은 점점 더 형의 몸 깊숙이 퍼지고 있었다. 그런데 그런 형이 갑자기 벌떡 일어나 앉았다. 그리고 친구 크리톤을 보고 말했다.

"여보게. 부탁이 하나 있네. 아스클레피오스에게 닭 한 마리를 빚졌다네. 나 대신 내 빚 좀 갚아주게. 자네는 내 절친 아닌가. 나는 '자네가 곧 나'라고 생각하네. 자네가 곧 내가 아니라면, 나는 또 자네에게 빚지게 되는 것이니, 천상으로 마음 편히 갈 수 없다네. 이제 나는 자네에게 이승의 남은 숙제를 맡기고 천상으로 편히 가겠네. 그럼, 나중에 천상에서 다시 봄세. 허허허"

당시 아테네 사람들은 병에 걸렸다가 나으면 의술의 신, '아스클레피오스'에게 닭 한 마리를 제물로 바치는 관습이 있었다. 테스형은 수없이 많은 아픔과 생명의 위협을 느끼면서도 수차 살아났고 일상의 행복을 누렸다. 테스형은 이것을 당시 사람들처럼 의술의 신에게 빚진 것으로 여겼다. 그래서 이 빚을 자기 대신 친구가 갚아주기를 원했다. 그렇게 세상에 남겨진 모든 미련을 털어낸 테스형은 마치 소풍 가듯 홀가분한 마음으로 천상을 향해 나아갈 수 있었다.

테스형은 형의 삶에서 수없이 많은 천상을 체험했으리라 추측된다. 그 천상은 어둡거나 암울함이 없는 밝은 빛과 같은 세계였다. 그리고 테스형은 평소 그토록 밝은 천상이 있음에도 왜 우리가 이승에 살고 있는지에 대해 성찰했다. 여기 이승에 분명 천상과 같은 밝은 빛이 있으리라 믿었고, 그 빛을 찾고야 말았다.

그것은 곧 사랑이었다. 테스형은 **하늘이 우리에게 이승에서의 일상을 선물한 이유가 일상에서 충분히 행복을 누리라는 배려와 사랑**임을 이해했다. 그래서 형은 형의 일상을 사랑으로 꽉 채웠다.

테스형이 광장에서 젊은이들과 수다를 떨면서 마음껏 노니는 것도 삶에 대한 사랑이었다. 돈 좀 벌어오라고 자신에게 늘 잔소리하고 바가지로 물세례를 퍼붓는 아내에게도 "천둥 번개가 친 다음에는 비가 오는 게 당연하지요"라고 말하면서 위트로 대응했다.

그 누구보다도 천상을 그리워했던 테스형이었지만, 그렇게 충분히 일상의 행복을 즐겼던 그였다. 따라서 어느 시점부터는 천상으로 가는 길이 부담으로 다가오지 않았고, 오히려 설렘으로 죽음을 기다릴 수 있었다. 그렇기에 형은 형에게 내려진 사형 판결에 대해 억울한 누명으로 해석하지 않고 의연하게 대처했다. 이제 일상과 천상은 테스형에게 있어서 차별할 대상이 아니었다. 그것은 마치 봄, 여름, 가을, 겨울처럼, 그리고 우기와 건기처럼 서로 순환하는 계절일 뿐이었다.

최근에 나와 더 잦은 수다를 떠는 아우가 내게 말했다.

"형님. 제가 이제는 사랑하는 법을 안 것 같아요. 그전에는 상대가 저를 변덕스럽다고 하는 말에 맞대응하면서 짜증만 냈거든요. 그러다 보니 그녀를 볼 때마다 오히려 저 자신이 많이 위축되곤 했죠. 그런데 제가 주체적으로 사랑하니까 아무 문제가 없더군요."

"오호. 놀라운 이야기네. 그게 어떤 거지?"

"제가 더 바라지 않고 그녀를 사랑하는 것만으로도 만족스러워하는 거죠. 그녀의 반응에 따라 내 사랑이 흔들거리니까, 그녀가 나를 변덕스럽다고 한 거죠. 이제 나는 그녀가 어떤 위치에 있든, 어떤 말을 하든 그녀가 있다는 것만으로도 행복해요. 내가 할 수 있다면, 그녀가 원하는 것을 차곡차곡 채워주려고 해요. 지금은 그녀가 원한다면 나는 그저 그녀와 함께 있어 주려고 합니다. 영원히 그렇게 사랑하겠노라고 결심하니 아무것도 걸릴 게 없어졌어요. 하하하."

"와우. 경사로세! 그녀가 반응하면 반응해서 좋고, 반응하지 않아도 지금 충분히 만족하니 좋은 투웨이 사랑이 시작되었나 보네. 이제 아우는 세상에 남겨둔 마음의 빚으로부터 자유로워졌구먼. 그러면 앞으로 천상으로 가는 순간이 온다면 아무런 미련 없이 기쁘게 갈 수 있겠구먼."

"바로 그겁니다. 하지만 지금은 마음이 변했어요, 꼭 천상에 가겠다고 집착하지 않아요. 이승에서 사랑하니 여기가 천상 못지않다는 걸 알았거든요."

"하하. 좋구먼. 우리 서로가 일상의 행복을 마음껏 누려봄세."

아우 역시 천상으로 갈 뻔하다가 되돌려진 일상에서 사랑을 깨쳤다.

나는 70세를 넘긴 테스형처럼 오늘 죽어도 여한이 없지는 않다. 나 역시 아우처럼 일상에서 더 충분히 사랑하고 싶다. 내게는 막둥이 아들 녀석도 있고, 늙으신 부모님과 책임져야 할 가족들이 있다. 그리고 늘 모자란 사람이라서 가족에게도, 친구들에게도, 마음의 패밀리에게도 빚이 많다. 나는 이 빚을 다 갚고 닭 한 마리 정도의 빚이 남아 있을 때, 내가 사랑하는 그대에게 닭 한 마리를 부탁하고 천상으로 가고 싶다.

아니다. 그것보다 그대가 내게 닭 한 마리 부탁하면 내가 그 부탁을 들어줄 때까지 일상에서 사랑하련다. 나는 이처럼 일상의 행복에 관한 한 욕심쟁이다.

아, **비록 천상이 아름답다고 할지라도, 우리가 일상에서 먼저 충분히 사랑할 수 있도록 하늘은 우리를 일상으로 데려오고야 만다.** 나는 소쩍새다. 앞으로도 사랑하며 살아갈 날이 제법 많다. 그래서 나 역시 내 마음의 중심을 천상에서 일상으로 집중하여 더욱 내 삶을 사랑으로 채우며 사랑을 노래하고 싶다. 그러면 우리도 아우처럼, 테스형처럼 삶에 충실하고 죽음마저도 얼마든지 아름답게 맞이할 수 있을 테니까.

🖋 무슨 소리?

천상은 일상과 분리된 것 같아도 결코 일상에서 벗어난 세계가 아니야.

🖋 그래서?

지금, 이곳 일상의 삶에 집중해 보는 거야.

🖋 뭐가 좋지?

일상의 행복을 누리면 천상마저도 가볍게 맞이할 수 있어.

깨져도 안 깨지는 믿음

어느 날 아버지가 나무 오르기를 좋아하는 아들을 데리고 산으로 놀러 갔다. 당연하게도 아들은 산에 가자마자 나무 위로 올라갔다. 그러자 아버지가 말했다.

"아들아. 이 아버지를 향해서 힘껏 뛰어내려! 아버지가 받아줄게"

아들은 아버지를 믿고 나무 위에서 뛰어내렸다. 그런데 아버지는 옆으로 피했고, 아들은 그만 땅에 고꾸라지고 말았다.

"아들아. 이제 너는 앞으로 이 아버지를 포함해서 아무도 믿지 말도록 하라."

아버지가 아들에게 알려주고 싶은 메시지는 뭐였을까?
정말 아무도 믿지 말라는 가르침을 주고 싶었을까?
아니, 아버지는 아들이 믿었던 그대로 되지 않더라도 결코 실망하거나 상처 입지 않기를 바랐다. 믿는 도끼에 발등을 찍히더라도 도끼질은 필요하다는 점을 알려주고 싶었다.

"아들아. 이런 일들은 앞으로 항상 일어난단다. 그러나 이 역시 세상살이다. 앞으로 너의 생각대로 다 된다고 믿지 말라. 또 안 된다고도 단정하지 말라. 다만 네가 내린 결정을 책임지는 거야. 자, 그럼 다시 나무에 올라가서 아버지를 향해 뛰어 내려 볼까?"

아들은 또다시 나무에 올라갔고 두 팔 벌린 아버지를 향해 아무런 망설임 없이 힘껏 뛰어내렸다. 그러자 이번에는 아버지가 두 팔을 크게 벌려 아들을 안으면서 말했다.

"아들아. 너의 엄청난 믿음에 이 아버지가 졌다."

사실 아들에게 있어 아버지의 가르침은 잔소리였다. 아들은 그저 아버지와 함께 있어서 좋았고, 아버지가 나를 안아 주든 안아 주지 않든, 아버지를 믿었다. 아들은 아버지의 첫 번째 행동에 믿음이 깨졌지만, 여전히 아버지에 대한 변함없는 믿음을 가지고 있었다. 아버지는 아들을 가르치려다가 되려 아들의 그 큰 믿음에 감동했다.

아들은 이미 아버지로부터 충분히 사랑받으면서 '깨져도 안 깨지는 믿음'을 가지고 있었다. 다만 아버지는 노파심을 가졌을 뿐이었다.

아버지는 위 상황을 통해 더 많이 가르치려던 것이 쓸모없는 걱정이었다는 사실을 알아차리게 되었고, 아들에 대한 의심을 내려놓을 수 있었다.

갓난아기를 생각해 보라. 부모를 향한 아기의 믿음은 가히 절대적이다. 나이가 어릴수록 마음때가 묻지 않아서, 하늘의 사랑을 더 잘 느낀다. 어른보다도 하늘과의 위치가 더 가깝다. 그리고 그것은 고스란히 부모에 대한 믿음으로 발현된다. 어린아이는 부모를 향한 절대적 신뢰 하나로 유약한 시절을 모두 극복해낸다. 믿음의 영역만큼은 우리 어른들이 해맑은 아이들에게 배워야 할 점이 아닐까?

믿음과 사랑은 분리되지 않는다. 상대로부터 사랑을 받으면 믿음이라는 씨앗으로 영근다. 믿음이라는 씨앗은 다시 사랑으로 꽃핀다. 그래서 다시 사랑할 수 있으며, 그 사랑을 받은 누군가는 또다시 믿음을 얻고 사랑하게 된다. 이처럼 이 둘은 선순환의 구조를 지닌다.

그렇기에 믿음이 깨지면 사랑 역시 변할 수밖에 없다. 그러므로 변치 않는 사랑을 하려면, 기존의 믿음이 깨질지라도 어떤 상황에서도 결코 깨질 수 없는 믿음이 필요하다. 그렇다면 이렇게 '깨져도 안 깨진다는 배짱이 두둑한 믿음'의 원천은 어디서 오는 걸까?

바로 하늘의 무한한 사랑이다. 그래야 우리는 '깨져도 안 깨지는 믿음'을 얻게 된다. 금융에서도 신용을 중시하고, 기업에서도 신뢰를 앞세우며, 대인 관계에서도 믿음이 위주다. 그러나 이러한 믿음은 여러 가지 사연들로 인하여 얼마든지 깨질 수 있다. 그렇게 깨지고 나면 그것으로 모든 게 끝장나고 관계는 종결되기 일쑤다.

그러나 **하늘의 무한 사랑에 힘입은 우리의 믿음은 깨져도 안 깨진다.** 얼마든지 다시 시작할 수 있다. 그러므로 억지로 믿음을 지키려고 애쓰지 않아도 된다. 비록 깨질지라도 다시 형성되는 믿음이기에 배짱이 두둑하다. 다만 여기에 삶의 아픔을 가진 분들은 반론을 제기한다.

"하늘은 무심해요. 왜 나는 태어날 때부터 신체가 불구였죠? 나는 믿을 수 없어요."

나 역시 그런 점을 보면 하늘의 무심함을 느낀다. 나는 우측 눈의 시력이 미약한 일종의 시각 장애인이다. 이를 생각하면 하늘에 대한 믿음이 깨진다. 그러나 그 핑계로써 하늘의 사랑을 덮기에는 내가 느끼는 하늘의 사랑은 커도 너무 크다.

하늘은 내 이기적인 욕심을 들어주지는 않는다. 내 교만이 자라남으로 인해서 다른 사람과 소통할 수 없는 사람이 되는 걸 원치 않기 때문이다. 그러므로 하늘이 날 실망하게 했다면, 내 욕심을 내세우면서 하늘을 평가한 내 마음의 문제일 뿐이다.

사람과 사람의 믿음은 곧잘 깨진다. 태생적으로 부족하기에 말과 행동이 다를 수밖에 없기 때문이다. 그러나 온전한 하늘은 아무 말 없이 묵묵히 사람에 대한 사랑을 실천한다. 내가 하늘을 인정치 않고 실망스러운 행동을 해도 하늘은 여전히 내 심장을 계속 뛰게 하고 내가 먹은 음식을 소화하도록 도우면서 내 몸을 무한히 응원한다. 결국 우리는 하늘을 본받아 '깨져도 안 깨지는 믿음'을 얻고야 만다.

이런 믿음은 일반적으로 우리가 인간관계에서 중시하는 '깨지면 안 되는 믿음'과는 구별된다. 깨질 믿음이라면 깨질 수밖에 없다. 그러나 '깨져도 안 깨지는 믿음'은 깨지면 깨질수록 그 믿음이 점점 더 확고해지고 인간관계가 돈독해진다. 결국 깨짐에 대한 두려움마저도 넘어간다. 이런 과정이 되풀이되면서 '깨져도 안 깨지는 믿음'이 형성되고 그 기반에서 '변해도 변치 않는 사랑'이 시작된다.

이러한 사랑을 적용할 수 있는 대상은 가장 가까이 있는 '내 몸'이며, '나 자신'이다. 바로 옛사람들이 강조한 수신(修身)의 참뜻이다. 이렇게 스스로를 사랑하고 사랑받는 나는 사기가 충천하여 내가 사랑하는 상대에게 다음과 같이 위풍당당하게 말할 수 있다.

"나는 당신을 응원합니다. 어떤 일이 일어날지라도, 나는 당신을 끝까지 사랑합니다."

물론 상대의 욕심을 들어주는 게 사랑일 수는 없다. 그것은 철저히 끊어줘야 한다. 그것이 진정한 사랑이기 때문이다. 하지만 그 사람마저 외면할 수는 없지 않은가. 또한 상대가 욕심을 부린다면서 섣불리 판단하기 전에, 먼저 내가 욕심을 부리면서 그것을 상대에게 떠넘기는 게 아닌지를 성찰하는 것이 먼저 할 바다.

필자 역시 하늘로부터 배운 '깨져도 안 깨지는 믿음'과 그 믿음이 발현한 '변치 않는 사랑'을 나 자신부터 혈연의 패밀리와 마음의 패밀리에게 적용하고 있다. 이에 더 나아가 우주 만물까지 적용했던 세 형들을 본받고자 한다. 여기에서 근거한 사랑은 잠시 흔들리거나 일시적으로는 변할지라도 결코 근본적으로 변할 수는 없다.

아, 이래야 살만한 세상이 아니겠는가. 무슨 일이 두렵겠으며, 무슨 일을 이루지 못하겠는가.

🖋 무슨 소리?

참된 믿음은 깨져도 깨지지 않고 거기에서 피어난 사랑은 변해도 변치 않아.

🖋 그래서?

나도 한 번 이런 믿음과 사랑에 도전해 보는 거야.

🖋 뭐가 좋지?

살아가는 맛을 느끼게 돼.

결혼(結婚)과 해혼(解婚),
탈혼(脫婚)과 비혼(非婚)

우리 사회는 현재 가족관계에도 많은 변화가 생겨나고 있다. 현재 한국의 1인 가구 비율은 전체 가구 수의 1/3 수준을 넘어서고 있다. 결혼하지 않고 동거 형태로 살아가는 분들도 점점 많아진다. 비혼율도 증가하고 있으며, 이전에 금기시 했던 동성애도 포용하는 분위기가 형성되고 있다. 이처럼 살아가는 방법은 이미 다양해졌고 계속 다양해질 수밖에 없다.

결혼 역시 상대를 나의 배우자로서의 존재로 여기기 이전에 한 인격체로서의 자유와 권리를 존중하는 방향으로 변화하고 있다.

"부부라는 이름으로 평생 애증의 관계를 맺으면서 서로 구속하기보다 우정을 바탕으로 서로가 성장하는 관계로 나아가 보는 것은 어떨까요?"

"좋아요."

하지만 '어떨까요?'와 '좋아요'라는 문답 사이에는 10여 년의 오랜 토론과 시행착오라는 과정이 필요했다. 그렇게 난 오래전에 부부관계를 탈피했다. 파혼도 아니고 이혼도 아니고 졸혼도 아닌 '탈혼(脫婚)'이었다. 결혼(結婚)이 두 사람을 혼인 관계로 묶어 준다면, 해혼(解婚)은 이를 푸는 말이다. 해혼에는 이혼이나 졸혼(卒婚)이 있다. 그러나 탈혼은 해혼과 달리 서로를 성장시키기 위하여 결혼이라는 법적, 형식적 굴레에서 탈피된 상태다. 그래서 나는 탈혼을 다음처럼 정의해 보았다.

- 탈혼(脫婚)
  결혼이 주는 애증과 구속이라는 틀에서 벗어나 두 사람이 우정과 성장의 관계로 새롭게 업그레이드하는 상태

이혼, 졸혼을 아우르는 말인 해혼은 단절의 의미가 있지만, 탈혼은 기존 결혼이라는 틀을 부수고 다시 우정과 성장을 위하여 새롭게 연결되는 의미를 지닌다. 부부 간의 기본적인 윤리에는 일정한 구속이 따른다. 그러한 구속은 우리가 서로 존중하며 아름답게 살아가기 위함이지만, 그 자체가 목적이 되면 자유를 잃게 된다.

이때 탈혼을 통해 애증과 구속을 던져버리면 친구나 연인이 주는 풋풋한 감성이 피어나면서 기존의 부부 사이에서 느꼈던 친밀함을 넘어 그 이상의 친밀한 사이로 발전할 수 있다.

해혼은 배우자와의 결별이라면, 탈혼은 결혼이라는 제도와의 이별이다. 이혼이나 졸혼과 같은 해혼의 경우라면 기존 배우자와 단절하였기에 다시금 새로운 사람과 혼인이 가능하다. 물론 졸혼의 경우에는 법적으로 이혼 후에 다시 재혼하는 과정이 필요하다. 그러나 탈혼의 경우는 혼인이라는 제도를 탈피하였기에 다시금 혼인하는 일은 없다.

1988년 5월의 어느 날, 서울의 모 대학 캠퍼스에서 눈부시게 영롱하고 아름다운 그녀를 만났다. 그날 비가 조금씩 내렸고 내게 우산이 있었다.

그리고 내 우산으로 그녀를 씌워주면서 새로운 삶이 시작되었다. 그녀는 내 인생을 밝혀준 한 줄기 빛이었다. 나는 그녀와 결혼했고, 그녀로 인해 나는 세상에서 가장 예쁜 귓불을 지닌 사랑하는 딸 둘을 만났다. 만일 그때 그녀를 만나지 않았다면, 나는 참 불행했을 수도 있었다. 나는 '중생이 곧 부처'라는 불가의 철학을 존중하여 딸의 어머니인 그녀를 '부처님'으로 부르고 가르침을 받는다.

그리고 탈혼 후, 2005년 5월의 어느 날, 내 정신을 다 빼앗아버린 아름다운 그녀가 나타났다. 너무 예뻐서 사랑했고, 사랑하니 또 예뻤다. 뭐가 순서인지 모르겠다. 그다음 일들은 강물이 흐르고 계절이 순환하듯 그렇게 흘러갔다. 그리고 그 인연은 멋쟁이 아들 녀석과의 행복한 삶으로 연결되었다. 만일 그때 그녀를 만나지 않았더라면, 나는 또 다른 세상 하나를 놓칠 수도 있었다. 나는 막둥이 아들의 어머니에 대해서는 동학의 인내천 사상에 근거를 두고 '하느님'으로 부르며 섬긴다.

나는 위 두 인연에 대해서 늘 감사할 따름이다. 재작년 가을 어느 날, 하느님께서 주말농장을 하면서 텃밭에서 꽤 여러 포기의 배추를 수확할 수 있었다.

"이 배추를 그분에게 가져다주오."

나는 시키는 그대로 부처님에게 배추를 전달했다. 이 배추를 받은 부처님은 본래 가지고 있는 요리 솜씨를 발휘하여 배추김치를 맛깔스럽게 담갔다. 그리고 다시 말했다.

"이 김치를 그분에게 가져다주오."

나는 다시금 그 김치를 하느님에게 전달했다.

만일 일상이 이와 같다면 참 괜찮은 일이다. 그러나 어떻게 이렇게 좋은 일만이 생기겠는가. 사노라면 대인 관계가 다소 무거워질 때가 있다. 때론 세찬 비바람이 불고 천둥과 번개가 치고 아름드리나무들이 쓰러지기도 한다. 이때 나는 구암형의 허심합도(虛心合道), 즉 마음 비우기 카드를 꺼내든다. 내 심장이 뛰는 것과 사람으로 태어난 사실에 주목하면서 이미 충분함을 느끼며 필요 이상 가져 가려는 기대치를 대폭 내린다. 또한 내가 우주적인 존재이기도 하지만, 동시에 먼지처럼 아무런 존재감이 없는 사람이라는 사실을 주시해 본다. 그러면 즉시 비바람이 잦아들면서 무거웠던 관계는 바로 해소된다.

남녀 관계는 과거나 지금이나 매우 다양한 형태가 존재해왔다. 비교적 보수적인 조선 시대에도 일정 기간 살고 난 이후, 이혼하겠다는 계약 결혼이 존재했었다. 일설에 의하면 황진이와 이사종은 각자의 집에서 3년씩 총 6년을 살고 깔끔하게 헤어졌다고 전한다. 비록 비혼(非婚)의 형태였지만, 이 역시 서로를 철저하게 배려하고 존중했기에 가능한 사랑이었다.

나는 또 다른 형태의 애정관을 가진 다소 특별난 부부들도 만나볼 수 있었다. 상대가 이성과 자유롭게 만나는 것을 허용하면서도 오히려 역설적으로 더욱 굳건한 부부애를 가진 커플들이었다. 그분들 중 한 사람은 다음처럼 말한다.

"나는 결코 배우자를 내 사람으로 소유할 수 없다는 사실을 잘 알고 있습니다. 그래서 더는 내 배우자를 내 사람으로만 통제하려는 내 욕심을 내려놓았죠. 내 소유라는 의식을 지우고 한 사람의 인격체로 보고 타인들과 함께 민주적이고 자유롭게 경쟁하면서 사랑하기로 마음을 먹었습니다. 그 누군가가 나보다 내 배우자를 더 사랑한다면 비록 나의 배우자라고 할지라도 그 사람에게 마음을 줄 수밖에 없는 거잖아요.

그래서 저는 저 자신을 계발하고 발전시켜서 그 누구와의 자유 경쟁에서도 더욱 내 배우자를 존중하고 사랑하는 마음 그 자체로 이기고자 결심했습니다. 사실, 이미 법적으로 나의 배우자이고 자식의 부모로서 인정받고 있다면, 제가 타인과 경쟁할지라도 기울어진 운동장의 높은 곳에서 유리한 경기를 하는 거잖아요. 그랬더니 배우자가 역시 더 내게 마음을 주면서 오히려 역설적으로 더 확실하게 배우자를 소유하게 되더군요."

그분 역시 구암형의 '마음 비우기'를 말하고 있었기에 나는 충분히 동의했다.

그렇다면 애증과 구속의 관계는 필요없는 것들에 불과할까?

그렇지 않다. 이 역시 투웨이다. 만일 애증과 구속의 관계가 없다면, 어떤 문학도, 드라마도, 영화도, 음악도 만들어지지 않는다. 특히 남자와 여자가 처음 만났을 때는 이런 관계를 맺어야 서로가 구속하는 가운데 기쁨이 샘솟고 마음이 행복해진다. 자녀를 출생하고 양육하는 기간에는 더더욱 애증과 구속의 덕목이 필요하다.

다만, **어느 시점이 되면 애증과 구속이 주는 피로감이 누적되면서 발전이 저해될 수 있다. 이때는 탈혼하거나 탈혼하지 않더라도 다시금 우정과 성장을 위한 관계로 보완하는 게 적절하다. 그러기 위해서는 배려와 존중이 필수적이다.** 배려란 바로,

"나는 이렇게 생각합니다. 당신 의견은 어떠합니까?"

라고 묻는 게 전부이다. 그리고 상대가 자신의 의견을 말하면

"아. 그렇군요. 알겠습니다."

라고 인정하는 것이 존중이다.

그다음에 상대의 의견을 듣고 내가 따를 만한 상황이면 따르고, 따를 만하지 않으면,

"미안합니다. 저는 제 입장을 지키겠습니다."

라고 말하며 내가 중심을 잡고 내가 해야 할 바를 충실히 해내면 상대 역시 이에 맞게 적절히 대처하면서 문제가 발생하지 않는다. 배려와 존중은 곧 허심합도의 또 다른 표현이다.

남녀의 만남을 해학적으로 표현한다면 일종의 경기라고도 말할 수 있다. 이 경기는 우리 삶에 존재하는 가장 흥미로운 경기다. 경기장이 넓을 필요도 없다. 외딴 산속에서 남자와 여자 단둘만 살아도 결코 심심할 일은 없다. 이 경기는 결혼, 해혼, 탈혼, 비혼 등의 형태를 지닌다. 이때 애증과 구속이 남녀 사랑의 전반전이라면, 우정과 성장은 남녀 사랑의 후반전이라고 말할 수도 있다. 사람에 따라서 전반전과 후반전의 길이는 제각각이다. 물론 쉬는 시간, 하프 타임도 존재한다.

배려와 존중이라는 규칙만 준수하면 평생 이 아름다운 경기를 계속할 수 있으며 명상과 수행, 기도를 따로 할 필요가 없다. 왜냐면, 이 경기 안에 이미 그 모든 과정이 존재하기 때문이다. 이 경기는 우리의 인류를 존속시키며, 문화와 문명, 예술이라는 꽃을 피우는 동시에 항상 질투심이 따라다닌다. 질투심은 내가 사랑하는 상대가 나로 말미암지 않고 다른 이성을 통해서 행복해지는 걸 부정하는 마음이다. 이것은 칠정의 마음이

일으킨 애증과 구속의 사랑이다. 또 이러한 질투심에 사로잡히지 않고 상대가 내가 아닌 다른 이성으로 행복해할지라도 이를 인정할 줄 아는 마음이 있다. 이것은 본성의 마음이 일으킨 우정과 성장의 사랑이다.

나는 칠정의 사랑과 본성의 사랑을 적절하게 운용할 때 하늘이 우리에게 부여한 가장 평범하면서도 최고의 선물인 '일상의 행복'을 챙길 수 있다고 믿고 그렇게 살아간다. 다만 나는 내 방식만이 옳다고 주장하고 싶지는 않다. 누구라도 자기만의 고유한 생활방식이 있으며, 그것이 본인의 일상의 행복을 위해 도움이 된다면, 그 무엇이라도 존중받아야 하며 타인들이 존중하지 않더라도 타인들에게 피해를 주지 않는 한 그렇게 살아가는 게 마땅할 테니까.

아, 이토록 흥미롭고 거룩한 남녀의 만남 경기는 지금도 계속되고 있으며, 우주가 끝날 때까지 이어질 것이다.

🖋 무슨 소리?

여자와 남자의 만남에는 여러 형태가 있어.

🖋 그래서?

어떤 형태의 만남일지라도 문제가 생기면 배려와 존중 카드를 꺼낸 후, 기대치를 내리면 다 해결돼.

🖋 뭐가 좋지?

얼마든지 자유롭고 멋지게 사랑할 수 있어.

록파족과 일처다부제

　해발 4,000m 히말리야 산자락에는 인도에 속하는 티베트 계열의 록파족이라는 유목 민족이 살고 있다. 그들은 모계 사회이며 일처다부제를 선택했다. 이러한 결혼 문화는 높고 추운 산악 지형상, 여아의 생존율이 떨어지는 특수한 상황에서 자연스럽게 생겨난 생활방식이다.

　이곳에서는 여성이 남편을 둘씩 두는 건 매우 자연스러운 현상이다. 오래전 KBS TV 취재진이 이곳을 찾아가 두 남편 중 한 명에게 질문했다.

　"아이들이 태어나면 누가 자기 자식인지 알 수 있나요?"
　"느낌으로 알지만, 누구 자식이라고 구분하지 않아요. 다 같은 자식이니까요."

　취재진이 다시 그의 아내에게 물었다.

　"잠자리는 어떻게 결정하는가요?"
　"그 결정은 내가 하지요. 이제껏 문제가 없었어요."

"남편들이 불만스러워하지 않나요?"

"그렇지는 않아요. 공평하게 대하니까요."

"당신이 낳은 자식이 누구의 자식이라는 것은 아는가요?"

"알지만 절대 알려주지 않아요."

"왜 알려주지 않죠?"

"그냥, 여기 철칙이에요"

마침 또 다른 여성이 결혼식을 준비하고 있었다. 물론 남편은 이미 한 사람이 있었다. 취재진이 묻는다.

"둘째 남편을 얻는데 첫째 남편과 협의를 했나요?"

"협의하지 않았어요."

"왜죠?"

"협의할 필요가 없어요."

"왜 둘째 남편을 얻는 거죠?"

"첫째 남편이 잘 안 대해 줘서요."

"시어머니에게 상의했나요?"

"네 뜻대로 하라고 하더군요."

취재진이 다시금 그녀의 첫째 남편에게 다가가 묻는다.

"아내가 둘째 남편을 얻는다는데요?"

"제가 상관할 바가 아니에요. 또 그럴 수도 없고요. 이건 여성들의 권리이고 전통이에요."

첫째 시어머니에게도 며느리가 둘째 남편을 얻는다는 것에 대한 소감을 물으니 본인도 그랬다면서 아무렇지도 않게 대답했다. 결혼식을 거행하는 날 취재진이 새신랑인 둘째 남편에게 물었다.

"지금 기분이 어때요?"
"매우 좋아요."
"누가 결혼하자고 했죠?"
"신부가요."
"혼수품은 뭐죠?"
"야크 3마리, 양 50마리, 염소 20마리를 가져왔어요."

우리가 이상하게 여길만한 일들에 대한 대답이 너무나 자연스럽고 거칠 게 없었다.

록파족에게는 일처다부제 외에도 현대판 고려장이라고 부를 수 있는 풍습도 있다. 80세 가까운 노인이 40km나 되는 거리를 걸어가는 유목 생활을 하지 못하자, 한 달 치의 버터 차와 밀가루 빵 등의 식량만 텐트에 준비해 두고 노인과 작별 인사를 한다. 가족들은 잠깐의 눈물을 보인 후, 다시 무심하게 길을 떠난다. 한 달 후 돌아와서 노인이 살아 있다면 다시 한 달 치 식량을 두고 떠난다. 그러다 노인의 체력이 떨어지면 그는 그곳에서 생을 마감한다.

"자식에게 버려지는 것인데 어떤 기분인가요?"
"나도 27년 전에 아버지를 이렇게 보냈어요. 자식들을 탓하지 않아요. 그저 행복하기만을 바랄 뿐이에요."

만일 힘 있는 누군가가 그의 지위와 권력을 사용하여 여성, 혹은 남성을 독점한다고 치자. 이는 분명히 우리 인류가 보편적으로 추구하는 평등이라는 가치에 반한다. 따라서 자유와 평등을 중시하는 민주주의 국가에서는 대부분이 일부일처제를 옹호한다.

모계 사회를 이루고 있는 록파족 역시, 오히려 평등권을 지키기 위해서 일처다부제를 실현하는 측면도 있다. 여성보다 남성이 많은 성비 구조에서 경제적 문제를 효율적으로 해결하기 위한 선택이기도 하다.

노인에 대한 고려장 역시 비윤리적인 측면이 분명 존재한다. 만일 부양할 충분한 식량이 있고, 거처가 보장된다면 단지 풍습이라는 이름만으로 고려장을 시행해야 할까?

분명 그렇지는 않을 터. 빈곤과 척박함이 주는 상황에서 어쩔 수 없는 선택일 뿐이다. 그래서 우리가 보기에는 너무나 지나칠 정도로 비윤리적으로 비춰 보일 수밖에.

위 부족은 현재 선진 민주국가인 대한민국과는 전혀 다른 문화와 풍습을 가졌다는 이유로 이들의 문화를 틀렸다고 단정할 수는 없다. 오히려 우리가 위 록파족으로부터 배울 점도 있지 않을까?

그들의 결혼관에서는 소유와 집착이라는 문제가 보이질 않는다. 오히려 그들에게는 상대에 대한 더 투철한 배려와 존중이 살아 있다. 자기의 위치와 결정권에 대해서 분수를 지킬 줄 안다. 오래된 전통이 부여한 여성의 권리를 현실로 인정하면서 내면의 질투와 시기 때문에 마음이 병들지 않는다.

생로병사에 대해서도 어쩔 수 없는 일로 여기면서 저항하지 않는다. 당연히 불완전한 거처와 유목 생활로 육체적인 고단함과 생활의 불편함이 있지만, 문명 사회에서 흔하게 발생하는 심리적인 우울증이나 불안장애와는 거리가 멀어 보인다. 그 결과 삶과 죽음에 대해서도 비교적 초연하다. 그래서 그분들의 일상의 행복이 강물처럼 흐른다. 이 점에 있어서 록파족은 우리가 흉내 낼 수 없는 내공을 가졌다고나 할까.

록파족은 행복하지만, 마냥 행복하게만은 보이지 않는다. 그러나 그것이야말로 참된 행복이다. 왜냐면 그분들은 불행마저도 품고 있기 때문이다.

어디에 살아도 내 마음에 드는 해동네가 있고, 그렇지 않은 달동네가 있다. 어떻게 행복할 수만 있겠는가. 록파족의 장례 문화를 보면 불행을 감추려 하지도 않고 불행과 싸우려 하지도 않는다. 아니, 그것을 아예 불행이라고 인식하지도 않는다. 그렇게 그분들은 그들만의 달동네를 포용하면서 일상의 행복을 누리고 있었다.

편하고 쾌적한 물질문명에 기반한 대한민국의 문화도 좋지만, 척박한 환경에 맞춰 적절하게 탄생한 록파족의 문화도 거룩하다고 말하지 않을 수 없다. 록파족에게도 한국인에게도 일상의 행복은 문화적, 지역적 차이를 넘어서 초연하게 흐르고 있었다.

🖋 무슨 소리?

록파족들의 고유한 생활양식을 소개했어.

🖋 그래서?

환경적으로 어렵더라도 일상의 행복을 찾아가는 모습을 잘 배워보자고.

🖋 뭐가 좋지?

상황과 상관없이 얼마든지 일상의 행복을 누릴 수 있어.

성(性)과 사랑

    남녀의 성생활은 심신의 건강을 바탕으로 일상의 행복을 누리기 위한 흥미진진한 놀이다. 또한 삶을 존속시키는 원천 에너지로서 건강의 척도가 되기도 한다. **성행위를 하는 그 순간에는 몸과 마음이 하나가 되어 '지금, 여기'에 머물 수 있다.** 최고의 힐링 프로그램이자, 신의 숨결을 느낄 수 있는 가장 성(聖)스러운 의식이 아닐 수 없다.

    건전한 성생활은 세상에 존재하는 가장 건강하고 온전한 명상법이기도 하다. 건전한 성생활은 심리적, 육체적 긴장감을 해소하고 면역기능을 높이는 데 탁월한 효과가 있다.

    옛사람들은 이를 '운우지정(雲雨之情)'이라고 표현했다. 구름이 몰리고 비가 내려야 비로소 만물이 자랄 수 있듯이 성을 신이 설계한 프로그램 중에서 생존과 번식을 위하여 특화된 매우 경이로운 프로그램 중 하나로 인식하고 있었다.

    그렇지만 불행의 행복을 조장하는 편협한 종교관을 가진 사람들과 그릇된 길을 가는 수행자들은 금욕을 내세우면서 성생활을 억압한다. 이런 분들과 교류하면서 불행의 행복을 누려도 되지만, 일상의 행복을 원한다면 이런 분들과는 사회적 거리두기를 실천하는 게 육체적, 정신적 건강에 더욱 이롭다.

다음은 항간에 떠도는 사람의 성에 관한 우스갯소리다.

어느 날 옥황상제님은 모든 동물을 빚으신 후, 일 년 중 각각 성행위를 할 수 있는 기회, 즉 발정기를 설정하고 있었다. 그러다가 호랑이에게 발정기를 설정하는 순서가 돌아왔다. 그다음이 인간 순서였다. 상제님께서 "너희 호랑이는 12월부터 2월까지로 설정한다"라고 말하자, 호랑이는 크게 반발하여 상제님에게 으르렁거리며 대들었다. 이에 놀란 상제님은 줄행랑을 치고 달아나는데 아직 발정기를 부여받지 못한 인간이 상제님에게 "그러면 우리는 언제 해요?"라고 묻자, 호랑이에게 쫓기면서 정신이 없던 상제님은 "너희는 너희들이 알아서 하라"라고 황급히 명하여 우리 인간들은 시도 때도 없이 수시로 성행위를 할 수 있게 되었다. 그 후 호랑이의 항의도 받아들여지면서 그들의 번식기도 해제되었다.

해학적 스토리이긴 하지만, 어쨌든 우리가 성생활에서도 주체성을 가지고 자유롭게 영위하라는 하늘의 뜻이 아닐까?

그런데 일부 유인원, 즉 보노보의 경우에는 우리 사람들처럼 발정기가 없다. 그들 역시 사람처럼 번식 목적이 아닌 즐기기 위한 성행위를 하며, 무리와 무리의 충돌을 예방하기 위해 각 무리의 대표 암수가 성행위를 시도하는 경우가 빈번하다.

그래도 우리 사람들은 성생활에 있어서 동물과 확연하게 다른 점이 있다. 사람에게는 성행위에 있어 도덕적 품성이 우선시 된다. 도덕적 품성은 성리학적으로 인의예지신(仁義禮智信), 즉 하늘이 부여한 본성이다. 요즘 말로 인정과 존중, 반성과 경각심, 양보와 겸허함, 만족과 감사, 깨져도 안 깨지는 믿음이 이에 해당한다. 이를 또 다른 말로 표현하면 진실한 사랑이라 부를 수 있다.

사람은 동물과 달리 사랑과 성행위가 결코 분리될 수 없다. 탄탄한 사랑을 바탕으로 하는 남녀의 성생활은 그것이 주는 지극한 심리적 안정감으로 인해서 역설적으로 동물보다도 더 동물적 육감을 즐길 수도 있다. 하지만 사랑이 없는 사람의 성생활은 그 자체도 불가능하며 가능하더라도 동물보다도 못한 형태인 성폭력으로도 나타날 수 있기에 철저히 경계해야 할 사항이다.

서로 사랑하는 한 부부가 있었다. 두 사람은 상대가 행복하면, 내가 행복해지는 아름다운 사랑을 나눌 줄 알았다. 그러던 어느 날 남편이 말했다. 저녁 시간에 초등학교 여자 동창생을 만난다고. 그것도 단 둘이서! 부인은 생각했다.

'그래 뭐. 그까짓 거 남편이 기쁜 일이면, 내가 기쁜 일이지.'

그런데 최소 자정 전에는 들어올 줄 알았던 남편이 자정이 가까워지자 문자를 남겼다.

[여보. 내가 조금 더 있다 들어가려는데 이해해 주기 바라오.]

남편이 아직 들어오지 못하고 있는 것은 그가 초등학교 동창생을 만나서 행복하기 때문일 것이다. 그러면서 '남편이 행복하면 나도 행복하다'라는 마음이 점점 희석되기 시작했다. 결국 남편은 자정을 넘기고 새벽에서야 들어오고야 말았다. 그런데 그의 얼굴을 보니 너무 행복해 보였다. 부인은 남편을 사랑하니 더 행복해야 하는데, 부인의 마음은 그렇지 않았다. 아침밥을 차려주고 싶은 마음도 없었으나, 그런 마음을 꾹 참고 아침밥만큼은 챙겨주었다. 남편은 철없이 참 맛있게 잘도 먹었다. 그러면 부인의 마음이 행복해져야 하지 않을까?

그런데 이내 쌓여오고 있었던 울화가 치밀어 오르면서 남편이 먹던 밥을 빼앗고 다른 한 손으로는 남편의 뺨을 향해 빛의 속도로 치달리고야 말았다.

대개 우리는 연인이나 배우자에 대해 내 마음속 깊은 곳에서 날 지켜주는 '안전 자산'이라고 인식하는 경향이 짙다. 그래서 상대에게 다른 이성이 접근하면, 나의 안전을 심각하게 침해하는 행위로 인식하면서 그냥 참고 넘어가지 않는다.

남편이 그의 이성 친구와 성행위를 하지 않았더라도 부인의 분노는 사그라들 수는 없었다. 부인에게는 남편의 외도가 문제가 아니라, 자신의 안전 자산에 대한 불안감이 문제로 작용하고 있었기 때문이었다. 어쩌면 만일 남편이 부인에게 안전한 관계임을 확인시켜 주었다면 아침밥을 먹다가 봉변을 당하지 않았을지도 모를 일이다.

성생활에 있어서 서로에 대한 안전의 보장은 가장 중요한 요소가 아닐 수 없다. 서로가 알몸을 드러내놓는 매우 위험한 게임이기 때문이다. 역설적으로 진실한 사랑이 바탕이 된 건전한 남녀의 만남은 식욕, 수면욕, 성욕보다도 더 절실한 안전에의 욕구를 충족시키기 위한 합리적 선택일 수 있다. 그래야 긴장되지 않은 성행위가 가능해지는 동시에 성행위 그 자체가 안정감을 확인해 주는 좋은 수단이 되어 주기도 한다.

킨제이 보고서 역시 사람의 가장 강력한 성감대는 '뇌'라고 규정하였다. 서양에서의 뇌는 곧 마음을 말한다. 이는 곧 마음과 마음이 만나야 심신이 안정되고, 여기에서 가장 강렬한 성적 쾌감에 도달할 수 있다는 사실을 증명해 주고 있다. **그렇게 꽉 찬 사랑으로 이뤄지는 성행위는 서로의 살맛을 통해 그야말로 살맛 나는 세상을 열어준다.** 오직 사랑으로 둘의 마음과 몸이 합치할 때 성행위의 목표라고 볼 수 있는 오르가슴이라는 최고의 기쁨을 체험할 수 있다.

다만 남녀의 성생활에는 칠정이라는 감정 중에서 소유욕이 작용한다. 이때는 본성의 마음으로 소유욕이 초래한 질투심을 적절히 제어할 필요가 있다. 철저히 상대의 의견을 존중하며, 설령 상대가 나를 떠나거나 다른 이성을 사랑하면서 나를 떠나려 할지라도 오직 나만을 사랑하라고 강요하지 않는 게 그러하다. 그래야 결국 그 상대는 내게 더 큰마음을 주며, 더 친밀하고 발전적인 관계로 나아갈 수 있다. 이러한 역설의 이치를 거역하고 상대를 소유하고자 집착하면 자기 내면에 지옥과 같은 괴로움이 생겨나거나 폭력 행위로 변질할 수도 있다. 그러므로 자기 수양을 통해 본성을 회복하여 칠정에 얽매이지 않도록 바짝 깨어 있는 마음이 필요하다.

결국 사랑이 중요하며 그 관건은 내게 달려있다. **사랑이란 내가 상대를 어떤 평가도 하지 않고 하늘처럼 무한히 사랑하겠다고 결심한 후 상대가 변할지라도 내가 안 변하며 한결같이 대하는 마음이다.** 그러한 사랑을 하는 나는 상대에게 참된 사랑을 깨우쳐 주는 의미 있는 존재가 되기에 충분하다. 이런 사랑으로 맺어진 남녀 관계는 일상의 꽃이라 부를 수 있는 맛깔난 성생활을 영위할 수 있다.

사랑하는 두 사람에 있어 성행위는 그 마음을 표현하는 몸의 언어다. 그래서 사랑하는 연인은 사랑하고 싶으면 "우리 지금 사랑할까?"라고도 말한다. 그렇게 둘이 만나면 찬란한 생명의 에너지 파동이 일어나면서 최고의 명상 세계가 펼쳐진다. 그러니 어찌 하늘이 우리에게 내린 이토록 화려한 생명의 향연을 마다할 수 있겠는가.

무슨 소리?

사람의 성생활에는 동물과 달리 도덕적 인성이 중요해.

그래서?

본성의 마음에 중심을 두고 몸도 함께 소통해 보는 거야.

뭐가 좋지?

'살맛' 나는 세상을 살게 돼.

우리는 사랑한다.
고로 우리는 살아 있다.

우리는 현실 세계에서 내 존재가 무엇보다도 먼저 드러나야 한다고 생각한다. 이를 옹호하는 철학이 곧 존재론이다. 그래서 내 존재가 미약하거나, 현실 세계로 드러나지 않으면 불안감을 느끼면서 도저히 견딜 수 없다. 그래서 우리는 실존한다는 느낌을 증명받기 위해서라면 그 어떤 것도 가리지 않는다. SNS에 내 이야기를 올리거나 음악이나 미술처럼 예술 활동을 하는 것 역시 내 존재를 확인시키고 확인받고 싶은 욕구의 발로다. 직업을 가지고 일정한 지위를 차지하고, "나는 어떤 것의 대표다"라고 말하는 것도 존재감이 주는 행복을 맛보기 위함이다.

니코틴이 함유된 담배를 피우고, 카페인이 들어있는 커피를 마시고, 알코올이 녹아 있는 술을 마시는 것도 내 몸이 살아 있음을 증명하여 존재감을 실현하려는 몸짓이다. 심지어 여러 가지 고통을 주는 요소들, 설령 그것이 트라우마나 원망, 미움이라고 할지라도 이것들을 끌어들여서 불행이 주는 존재감을 통해 이른바 '불행의 행복'을 느끼는 데에도 주저하지 않는다.

역사적으로 살펴봐도, 누군가가 나를 인정해 준다면 그 사람을 위해 목숨을 바치는 일도 서슴지 않는다. 대의를 위해서 한평생을 다 바치는 사람 역시 인류에 선한 공적을 쌓으면서도, 이와 동시에 자부심을 통해서 나 자신의 존재감을 드러내는 심리적 기전은 같다.

"내가 누군지 알아? 나로 말씀드리자면 에헴, 바로 이쯤 되는 사람이라고!"

기본적으로 우리가 가진 식욕, 성욕, 안전의 욕구 역시 존재감을 채우기 위함이다. 먹어야 존재할 수 있고, 존재하기 위해서 먹는다. 남녀가 사랑함으로써 상대에게 내가 필요한 존재임을 뜨겁게 확인코자 한다. 동시에 자식을 낳고 기르는 것 역시 또 다른 내 존재를 확장하는 일이다. 우리는 이 모든 과정에서 반드시 내 존재의 안전성을 보장받고자 하고, 그러면 행복해지리라고 믿는다.

그런데 이러한 존재감을 중시하는 심리 기전을 밝혀내고 이를 거부하는 수행자들도 있다. 이분들은 존재감으로는 만족할 수 없고 행복을 느낄 수 없다면서 삶에서 다른 가치를 추구한다. 철학적으로는 가치론을 중시하는 분들이다. 그분들은 자신에게 다음처럼 캐묻는다.

'나는 왜 어떤 의심도 없이, 내 존재감만을 추구하면서 이러한 심리적 메커니즘의 노예가 되어서 살아가야만 한단 말인가?'

이러한 수행자들은 내가 존재하기 위해서는 나를 존재하게끔 하는 본질계가 있다는 원리를 파악했다. 내가 존재해도, 어차피 존재의 주권이 없는 나이기에 존재감을 내세우는 건 별 의미가 없다고 생각한다. 주체가 없는 허깨비 같은 존재이기에 그런 존재감을 채울 수 있는 욕구 역시 허무하다고 파악했다.

또한 존재가 가지는 허구성, 즉 우리가 오감으로써 사물과 나의 존재를 인식하지만, 그것은 감각에 의한 제한된 틀이고 허상이자 '가상(假像)의 나'이기에 그런 존재감으로는 결코 만족할 수 없으며, 별 가치가 없다고 여긴다. 그러므로 존재에 얽매이지 않고 존재를 탈피하여 자유로워지고자 한다. 그래서 종속적 존재로서의 내가 없어지는 시점인 무아(無我)의 가치에 도달코자 목숨 걸고 정진한다. 그곳에 영원한 행복이 있다고 믿고 굳세게 도전한다.

그분들의 수행법은 상상 그 이상이다. 안 먹고, 안 자고, 존재의 근원이 되는 성생활마저도 거부한다. 방문을 걸어 채운 채, 최소한의 식생활만으로 수개월에서 수년에 걸친 무문관(無門關)이라는 수행도 사양치 않는다. 이러한 수행자들에게는 '공부하다 죽어라!'라고 다그치는 수행승이 오히려 수행업계의 모범 선생으로 대접받는다.

한 생각이 일어나면 감정이 뒤따르기에, 아예 생각이 일어나지 않는 그 자리에 머물 수 있을 때까지 자신을 혹독하게 몰아붙인다. 수행이 잘되면 일주일간 잠을 자지 않을 수도 있고, 수년을 눕지도 않고 생활할 수도 있다. 그 결과 내가 누구인지, 어디에 있는지조차 모르는 무심의 경지에 도달한다. 이때부터 목각 인형처럼 감정 자체가 일어나지 않는다. 여기에 도달하면 물질세계를 보고 들으면서 욕구가 일어나 지배당하는 생활로부터 거의 해방된다. 드디어 존재감만을 키우는 노예 심리로부터 해탈해서 내 삶의 주체적 존재가 되는 데 성공한다.

이렇게 자신의 가치를 찾은 그다음에는 어떻게 될까?

정말 가치 있는 존재가 되었을까?

아쉽게도 원점이다.

왜냐면 **무심의 경지에 갔을지라도 내 몸은 그대로이고, 욕구로부터 자유로워졌다고 좋아하는 그 녀석은 그대로 존재**하기 때문이다. '이 뭐

꼬?'라고 물어볼 수 있는 그 녀석은 전혀 사라지지 않고, 또다시 윤회가 시작된다.

해탈했다고 깜빡 속았을 뿐, 언제나 나는 지금 이 자리, 여기 일상에 그대로 있었다. 따라서 여전히 종속적인 존재에서 탈피하지 못했다. 당연히 행복할 수 없다.

'젠장. 이게 뭐지?'

존재론으로 접근해도 한계가 있었고, 그래서 가치론을 추구했지만, 이 역시 존재라는 한계를 넘을 수 없었다. 그리고 결국 원점에 서 있다. 원점은 곧 일상이다. 여기 일상에 도대체 뭐가 있기에 우리는 계속해서 원점으로 되돌려지고 있는 걸까?

나는 수년 전, 고향 제천시에서 기거할 때에 속리산에서 승려로 수행 하다가 환속한 어떤 형을 알게 되었다. 그 형은 수행하면서 무심에 도달 했었지만 도달하고 보니, 다시 일상이라는 원점에 놓이는 자신을 보자, 이제껏 수행했던 과정이 유쾌하고도 황당한 속임수였다는 사실을 깨달았 다고 말했다. 그 후 형은 일상을 존중하기 시작했고 일상에서 일어나는 마음 역시 존중했다.

"결국 세존이 하신 말씀은 '지금 이곳 일상에서 내 인생의 중심을 잡고 살라'는 가르침이 전부더군요. 나는 불교 대학 강사로 지냈던 일상에서 내 여제자에게 사랑하는 마음이 생겨났고 그때 그렇게 일어나는 내 마음을 불심으로 보게 되면서 같이 살자고 청혼했지요."

"그렇군요. 지금 생활에 만족하시나요?"

"하하. 여기 집이 서향이잖아요. 오전에는 집사람과 손잡고 산책하는 기뜸을 누리고, 오후 무렵에는 서쪽 청풍호의 낙조를 보면서 벗들과 커피 한 잔 내려 마시며 극락 생활을 이어가고 있답니다. 하하."

형은 어딘가에 있을 것 같은 진리도 찾아보았지만, 언제나 다시 제자리인 일상에 돌아오고 있었다. 고양이가 꼬리를 물려고 아무리 돌아도 제자리인 것과 다르지 않았다. 아무리 수행해도 결국 제자리라면, 여기 이 자리에 만만치 않은 의미가 있다는 것이다. 이를 존중하여 일상에서 행복의 의미를 캐어 보고자 한다면 인식론에 해당하는 철학이다. 이 철학은 특별히 애써서 뭔가가 되려고 하기보다 본질적 인식만으로 마음의 평화를 찾고 삶의 의미를 알아차리는 영역이다.

사실 내 인생의 여정도 수행자의 삶과 전혀 다르지 않았다. 공황장애로 감정의 끝단에 도달하여 귀신도 만났다. 남녀 애정에 끌려서 갈 데까지 가보았다. 마라톤 훈련을 하다가 죽음 직전까지 몰렸다. 경전을 뒤적거리며 삶의 보배를 찾기 위해 시간과 돈, 젊음을 모두 수행에 투자했다. 그 결과 한방 심리학이라는 분야를 개척할 수 있었고 독자님들의 사랑을 받아서 베스트셀러 작가도 되었다.

그리고 지금 나 역시 다시 일상이라는 자리에 서 있다. 이전이나 지금이나 일상에는 항상 해동네와 달동네가 교차한다. 나는 나 나름대로 혹독한 수행기를 거치던 지난 어느 날, 일상의 의미에 대해서 아주 곰곰이 성찰해 본 적이 있었다. 그리고 아주 우연하게도 번개처럼 스쳐 지나가는 생각을 번개보다 빠르게 잡는 데 성공했다.

그것은 다름 아닌 사랑이었다.

일상은 이미 '하늘' 사랑의 완결체였다. 우리의 삶에 달동네가 존재하는 것은 그것을 벗어나 다른 세계로 가라는 의미가 아니라 결국 사랑을 깨우치기 위함이었다. 궁핍감, 소외감, 외로움, 고통과 질병 등은 우리 삶의 달동네다. 내가 그런 내 삶을 스스로 사랑하거나 혹은 타자로부터 사랑받지 않고선 달동네에서 헤쳐나올 길이 없다. 이처럼 **내 인생의 달동네는 결국 사랑의 중요성을 일깨워주기 위해 하늘의 세심한 계획이 준비한 공간**이었다. 사랑은 내가 먼저 베풀거나 남으로부터 받을지라도, 그렇게 주거나 받는 것과 상관없이 즉시 마음이 평화로워진다.

놀랍게도 우리는 이미 일상에서 자신도 모르게 수양하면서 하늘의 사랑을 본받아 서로 사랑하며 살아가도록 설계되어 있었다.

그래서 삶에 대해 고민한 모든 사람은 누구라도 사랑을 말할 수밖에 없다. 그리고 '사랑해야 한다'라고 결론짓는다. 그러나 이 역시 원카드다. '사랑해야 한다'라고 말하며 그렇게 노력해도 되지만, **우리가 이미 하늘로부터 무한 사랑을 받았고, 그것을 본받아 서로 사랑하고 있다는 사실을 인식함이 진정 중요하다.** 이러한 인식이 깨달음의 전부다. 이렇게 인식하는 순간 우리는 당장 행복해진다. 그러한 행복 속에서 존재를 중시하는 철학도, 가치를 추구하는 철학도 모두 충족된다. 왜냐면 자신이 비록 하늘이 받쳐주는 종속적인 존재라고 할지라도, 하늘의 무한 사랑을 받음으로써 믿음의 씨앗이 생겨나고 주체적인 사랑으로 나아갈 수 있기 때문이다.

서양의 데카르트형은 '나는 생각한다. 고로 나는 존재한다'라고 말했다. 존재감에 대한 명쾌한 정의가 아닐 수 없다. 그러나 그것이 존재감에만 머문다면 '불행의 행복'이나 '짝퉁 행복'을 추구하다가 삶이 무거워지거나 피로감에 젖어 다시 더 힘겨워지게 된다. 또한 가장 중요한 일상을 빼고 다른 데서 삶의 가치를 찾으려고 시도한다면, 그것은 마치 잘못 출제한 시험지와 같아서 결코 해답을 찾을 수 없는 딜레마에 빠질 수 있다. 그래서 일상에 이미 깃들어 있는 하늘의 무한 사랑을 인식함이 중요하다.

누구라도 사랑에 빠져 본 사람은 나라는 존재가 확장되어 내가 그대가 되고, 그대가 내가 되는 체험을 한다. 그렇게 '나'라는 존재는 일상에서 서로 사랑하며 '우리'로 나아가는 과정을 통해 내 존재의 크기가 확장된다. 여기에는 우리가 늘 염려하고 불안에 떠는 '단절감이 만들어 낸 죽음'이란 개념은 없다. 내 존재의 크기가 커지지만, 사랑 안에서는 무한하게 나눌 수 있기에 그 무게는 새털처럼 가벼워진다. 내 삶의 가치는 지금 내가 사랑하고 있다는 그 사실로써 충분히 충족되면서 살아 있는 맛을 느낄 수 있다. 그래서 나는 일상을 살아가는 우리네 삶에 대해 다음처럼 정의해 보았다.

우리는 사랑한다. 고로 우리는 살아있다.
(We do love. Therefore We are alive.)

이제 사랑을 깨우친 우리는 하늘이 주체가 되고 사람이 종속적으로 존재하는 일상이라고 할지라도 아무런 불만이 없다. 사랑 안에서는 주종의 관계마저도 초월하기 때문이다.

아, 우리의 삶은 곧 사랑이었고, 일상이라는 현실은 사랑이란 동력으로 힘차게 돌아가고 있었다.

🖋 무슨 소리?

존재론도 가치론도 인식론도 그 모두를 충족시켜주는 게 곧 일상이었어.

🖋 그래서?

일상이 주는 사랑의 가치를 인식해 보자고.

🖋 뭐가 좋지?

철학적 고민이 모두 해소돼.

제 2장

적절히
대처하며

우리의 일상은 역동적으로 살아 숨 쉰다.
따라서 내 뜻대로 되는 '해동네'가 찾아올 수도 있고,
내 뜻대로 되지 않는 '달동네'를 만날 수도 있다.
이때 '달동네'를 부정하면
그 상황과 다투게 되면서
감당할 수 없는 현실과 마주하게 된다.
그러나 달동네를 인정하면
적절히 대처하면서
얼마든지 새로운 기회를 잡을 수 있다.

번지점프의 추억

약 20년 전쯤 나는 심의(心醫)로서 새롭게 출발하고 자신감도 확충하고자 나 자신에게 상징적으로 미션 하나를 부여했다. 바로 번지점프였다.

나는 고공에서 나를 과감하게 추락시키는 결연한 용기쯤은 있어야 삶의 선생이 될 수 있다고 생각했다. 고소 공포증도 있었기에 이를 극복하기 위한 과정이기도 했다. 대학 시절, 문무대에 입소해서 사람이 가장 공포를 느끼는 11m 높이의 막타워 점프에 어설프게 성공한 이후 첫 도전이었다.

나는 이 미션을 통과하고자 가평군 청평호에 있는 번지점프장에 도달했다. 그런데 엘리베이터를 타고 점프대로 올라가는 그 순간부터 이미 나의 몸은 얼어붙고 있었다. 그래도 몸에 안전바를 매고, 안전줄을 연결한 후, 난간에 섰다. 하지만 밑에서 바라본 점프대와 위에서 내려다 본 풍경은 생각과는 사뭇 달랐다. 와우. 그토록 시력이 나쁜 나였기에 밑이 잘 보이지 않는다면 두려움도 감소될 수 있겠지만, 웬일인지 그때만큼은 호수 밑이 선명하게 잘 보였다. 50m가 아닌 까마득한 절벽 풍경 그 자체였다.

"아, 교관님! 잠깐. 잠깐 만요, 생각 좀 해 볼게요."

바로 이 지점이다. 이처럼 생각이 올라오면 뛸 수 없다. 잠깐 멈춰서 생각을 일으키는 순간, 강력한 브레이크가 작동하기 때문이다. 거대한 심리적 장벽이 형성되면서 나는 다시 엘리베이터를 타고 내려올 수밖에 없었다.

'아, 내가 이 정도밖에 안 되는 사람이구나. 그렇지만 사실 준비가 부족했잖아. 고소 공포증부터 적응하고 나서 다시 도전하자.'

그 후, 나는 고소 공포증을 줄이기 위해서 높은 곳에 자주 오르기로 결심했다. 마침 구리시에는 시립 쓰레기 소각장에 세워진 높은 타워가 있어서 누구라도 엘리베이터를 타고 약 80m 높이의 전망대로 올라갈 수 있었다. 그곳 전망대에는 강화유리벽이 지지대에 부착되어 부채꼴 모양으로 360도 빙 둘러 설치돼 있었고 방문객의 안전을 위하여 강화유리의 하단은 바닥에서 약 1m 위, 폭이 30cm쯤 되는 선반과 연결되어 있었다. 당연히 그 선반 위로 올라가는 것은 금지 사항이었다. 그러나 나는 이를 위반하고 선반 위로 올라가서 발끝 밑으로 까마득한 아래 풍경을 무심하게 응시했다. 그러나 결코 무심할 수 없었다. 80m 높이에서 바라본 아래의 풍경은 몹시 아찔했다. 가슴이 얼어붙는 듯한 두려운 감정이 절로 몰려들었다. 그러나 나는 두려움을 피하려고만 한다면 결코 적응할 수 없다는 사실을 잘 이해하고 있었기에 일부러 그 두려움을 만나는 연습을 자주 감행했다.

어느 날에는 고교 동창생 광필이가 동행했다. 광필이는 타워 전망대에 이르자, 선반 위 난간으로 올라가 경사진 강화유리 벽으로 겁도 없이 자기 상체를 툭 던졌다. 쿵 소리가 났다.

"너도 던져 봐!"

"헉. 광필아. 유리를 물고 있는 접착제가 떨어지면 너도나도 그냥 저승으로 가는 거잖아?"

"에이. 뭔 소리야. 그게 그렇게 쉽게 떨어지겠냐?"

"알았어, 나도 한 번 던져 볼게"

사실 경사진 강화유리면은 내가 서 있는 선반 수직축에서 보면 약 20도 정도로 기울어져 있었기에, 내 가슴이 강화유리에 닿기까지 약 50cm밖에 안 되는 거리였다. 나는 광필이의 말을 믿고 과감하게 몸을 던졌다. 내 몸이 강화유리에 부딪히는 순간 쿵 소리가 났고 그 아주 짧은 순간, 어마어마한 공포와 오싹함이 온몸을 타고 흘렀다. 그런데 광필이는 한술 더 떠서 말했다.

"그 상태에서 뒷짐을 지고 버려!"

"뭐라고? 이러다가 정말 유리가 파손이라도 되면 어쩌려고?"

"절대 안 떨어져! 나처럼 해봐!"

광필이는 강화유리에 붙어 있는 내 몸 옆으로 다시 상체를 던져 밀착된 채로 양손을 뒤로 빼서 뒷짐을 지는 시범을 보였다. 그리고 곧바로 내 손목을 잡아채서 뒷짐을 지도록 이끌었다.

거의 죽음이었다. 손에 땀이 났다. 간은 쪼그라들었고 심장은 쫄깃해지면서 몸 전체가 얼어붙었다. 그러나 광필이는 두려움이 없었다. 사실, 광필이는 이런 상황에 대해서 복잡하게 생각하지 않았다. 아니, 아예 그런 생각조차 없었기에 생각의 그림자인 두려움이 따라올 수 없었다.

"여기에서 그대로 가만있어 봐. 아무 일 없어."

그런데 정말 그랬다. 아무 일도 일어나지 않았다. 아주 짧은 순간 평온마저 느껴졌다. 강압적인 스파르타식 교육의 대가였을까?

한 번 제대로 체험하니 두 번째는 훨씬 나았다. 그 후 나는 광필이가 알려준 훈련법을 수없이 연습했다. 그러면서 나의 고소 공포증은 한결 얇아지고 있었다.

지난 이야기라서 편하게 말하지만, 그것은 참 무모한 실험이었다. 오히려 지금 이 글을 쓰면서 아찔한 느낌이 생생하게 전해진다. 지금은 구리타워 전망대에 CCTV가 여러 대 설치되어있어서 그런 훈련은 생각조차 할 수 없다. 만일 지금 그런 일이 있다면, 생을 비관하고 자살하는 줄 알고 구조대가 급히 출동할 터다.

그렇게 2개월이 지난 후, 나는 다시금 두 번째로 번지점프대에 섰다. 확실히 고소 공포증은 경감이 된 듯했다. 교관이 말했다.

"자아. 이제 뛰시죠?"
"아, 잠깐, 잠깐만요!"

아, 그런데 '잠깐' 녀석이 또 나타났다. 두 번째도 실패다. 그러나 나는 다시 구리 타워에 오르내리며, 고소가 주는 공포와 친해지려 노력했다. 그리고 또다시 한 달 후 세 번째 번지점프대에 오르게 되었다. 안전끈이 나를 잡아주고 있다는 생각을 한 이후, 드디어 안전바에서 손도 떼었다. 그리고 두 팔을 크게 벌렸다. 한숨을 크게 몰아쉬고 드디어 나는 힘차게 뛰었다.

"점프! 아자!!!"

그런데, 이게 웬일일까?

분명히 기합도 주었고 힘껏 뛰었지만, 내 발은 점프대에 그대로 있었다. 이번에도 실패였다. 나는 어쩔 수 없이 점프대 엘리베이터를 타고 내려오게 되었다. 그리고 차를 몰고 귀가하는 중에, 홀연히 깨달았다.

'누가 나더러 삶의 선생이 되려면 번지점프를 해야 한다고 말하기라도 했던가?'

나는 그저 나만의 허망한 생각을 붙잡고 있었다. 뛸 필요도 없고, 못 뛸 수도 있는 일이었다. 뛰는 것만이 용기라고 단정할 수 없다. 또 내가 번지점프를 하지 못해서 남의 핀잔을 듣고 수모를 당할까 봐 그 두려움 때문에 뛴다면, 그것은 용기가 아니라 오히려 비겁함이 될 수도 있겠다는 생각도 올라왔다.

쪽팔리는 일을 만날 때, 쪽팔리지 않으려고 노력한다면, 그 마음이 나를 더욱 옥죈다. 그냥 차라리 쪽팔리면 된다. 그러면 그뿐이다.

차라리 고소 공포증을 느끼는 내 감정에 충실해서, 남들 눈치를 살피는 비겁함을 물리치고 당당하게 엘리베이터를 타고 내려오는 것이야말로 참다운 용기요, 진정한 배짱일 수도 있는 법.

만일 내가 뛰었다면, 그것이 오히려 더 문제가 될 수 있었다. 왜냐면 나를 찾아와서 심리적인 고충을 털어놓는 사람들에게 "용기를 내서 문제에서 뛰어내리세요"라고 말하면서 내담자의 심리를 더 크게 압박할 수도 있었을 테니까.

이런 조언은 내담자를 두 번 아프게 한다. 그러나 하늘은 내가 그렇게 강압적인 상담을 하지 않도록, 나를 뛰어내리지 못하게 제어했다. 그 덕분에 나는 누가 아무리 심각한 심리적인 어려움을 만나더라도

"괜찮아요. 그 역시 삶이고요. 이대로 살아도 됩니다."

라고 말하면서 오히려 심리적 용기를 심어줄 수 있게 되었다.

그리고 정말 오랜 시간이 지났다. 나는 3년 전에 다시 번지점프에 도전했다. 이번에는 멋지게 성공했다. 한 번이 아니다. 매 여름을 맞이하여 수십 차례 뛴다. 작년에도 그랬고, 올해도 뛸 참이다. 다만 50m 상공은 아니었다. 내 고향 마을 계곡에 가면 약 3m 정도 높이의 천연 암반 점프대에서 뛴다. 비용도 들지 않는다.

에게. 그게 무슨 번지점프냐고? 하지만 50m나 3m나 느껴지는 공포와 스릴감은 별 차이 없다. 나는 굳이 조금 더 위험한 높이로 올라가지 않을 뿐이다.

이 역시 생각하기 나름이었다. 투웨이 철학으로 바라보니 번지점프라는 어려운 과제마저도 일상에서 충분히 누릴 수 있는 게임이 되었다.

우리에게 주어진 현실적 난제라고 할지라도 생각을 달리함으로써 얼마든지 풀릴 수 있다. **대부분의 삶의 문제는 나의 '번지점프' 예처럼 내가 스스로 만들어내고 있기에.**

🖋 무슨 소리?

번지점프에 도전했던 내 마음을 살펴봤어.

🖋 그래서?

쪽팔릴 때 그 감정을 파헤치지 말고 그냥 쪽팔려 봐!
그럼 단지 쪽팔릴 뿐이야.

🖋 뭐가 좋지?

진짜 배짱이 뭔지 알게 돼.

뜨거운 화, 사사로운 화

최근 나는 주말 루틴에 따라 일요일 오후에 세종시 아파트로 복귀한다. 어느 날엔가 아들은 방문을 닫고 달마대사가 수행했던 면벽 수도처럼 그 뭔가를 부여잡고 용맹하게 정진하고 있었다. 그래도 아빠가 왔으니 얼굴 한번 비춰주는 게 최소한의 예의가 아닐까? 그래서 나는 녀석의 방문을 노크했다.

"아들! 아빠 왔어."

그런데 녀석의 반응이 의외로 냉담했다.

"친구들이랑 이야기 중인데 방해하지 마세요."

뭐, 이 정도야 애교다. 그런데 이 반응에 이어 버럭 화를 내더니 상황을 심각하게 몰아가고 있었다. 나름 속상한 일이 있었다고 하더라도 이건 아니었다. 이것을 내버려 둔다면 앞으로도 정상적인 상황에서 이렇게 화풀이로 대응하라고 가르치는 꼴이었다. 녀석은 아직 어리기에 얼마든지 실수할 수 있다. 하지만 내가 녀석에게 나쁜 습관을 만들어 주는 못된 부모가 되는 것만큼은 용납할 수 없었다. 생각이 여기에 미치자, '뜨거운 화'가 머리끝까지 솟구치면서 감정이 폭발했다. 나는 즉시 아들의 방문을 따고 들어가서

"인석아! 너 지금 아빠에게 어떻게 대하고 있는지 알고나 있어? 이게 말이 돼?"

라고 천둥만큼이나 큰 소리로 외쳤다. 다행스럽게도 녀석은 눈치가 없는 편은 아니다. 완전히 급변한 아빠의 모습을 보면서, 아들은 바로 사태의 심각함을 알아차렸다.

"아빠. 죄송해요. 제가 잘못했어요."

아들은 즉시 사과했다. 그럼 됐다. 나도 아들의 이 한마디에 용광로처럼 뜨거웠던 감정이 순식간에 냉각되면서 차분해졌다. 그러자 녀석은 이러한 내 감정의 흐름을 읽었는지, 자기의 생각을 말했다.

"그래도 이렇게 내 방에 들어오시면 안 되죠."
"그래 좋다. 앞으로 네 방에 이렇게 함부로 들어오지 않도록 자제할게. 네가 사과했으니 이것으로 충분하다."

누군가가 정상적으로 부드럽게 말을 건네는데 굳이 왕짜증을 내면서 일상을 얼어붙게 할 필요는 없다. 그런 행동은 아들의 잘못된 생각에서 비롯되었다. 나는 아들의 그런 생각을 교정하고 싶었고 불같이 뜨거운

화가 올라왔다. 아마도 누군가는 나의 이런 모습을 본다면 다음처럼 말할 수도 있다.

"이보시오. 당신 심의이자, 수양인을 자처하는 사람이 아니오? 그렇게 벼락처럼 화를 내면서 아이를 훈계하는 것 자체가 잘못된 행동이오. 반성하시오!"

나는 **아들을 사랑하지만, 아들의 잘못된 생각을 사랑하는 건 아니다.** 나는 다소 거친 언사로써 아들의 잘못된 생각을 부수었을 뿐이었다.

"아들아, 문을 열지 않더라도 '저 지금 친구랑 채팅 통화하거든요. 조금 시간을 주세요'라고 부드럽게 말할 수 있는 거잖아. 아빠는 그게 우리 아들의 본래 모습이라고 생각해. 앞으로 그렇게 멋진 모습을 보여줬으면 좋겠어."
"네, 알겠어요."

그렇게 10여 분 만에 사태가 종결되었다.

다음 날 밤, 잠이 곤하게 든 새벽 2시쯤이었다. 녀석이 자기 방에서 나와서 내가 자고 있는 거실 등을 켰다. 아들은 젖은 휴지와 바나나 껍질을 내게 던지면서 장난을 걸어왔다. 전날에 예의 없이 행동하다가 아빠에게 꾸지람을 들었지만, 아들이 바라보는 아빠는 여전히 만만한 존재였다.

'아, 이 녀석 보게.'

단잠을 자고 있었는데 녀석이 장난을 치니 짜증도 나고 화도 올라왔다. 그러나 나는 이런 화가 올라오면 그냥 꾹 참는다. 이런 감정은 그저 한낱 나만의 '사사로운 화'이기 때문이다.

　이렇게 참으면 화병 걸린다고?

　그렇지 않다. '사사로운 화'는 상황이나 일이 내 생각대로 되지 않을 때 아무 생각 없이 습관적으로 일어나는 화다. 이런 화가 올라오면 그냥 내기 시작하면 아주 작은 일에도 화를 내다가 종일 짜증만 내는 화풀이 인간으로 전락하기 쉽다. **사사로운 화는 화를 낼수록 점점 화내는 습관이 축적된다.** 분위기를 침울하고 험악하게 만들기에 스스로 사회 공동체로부터 소외되며, 그 누구와도 소통할 수 없는 마음병 환자가 된다.

　이에 비해 '뜨거운 화'는 불의를 볼 때 올라오는 화다. 자식이 도둑질하면 그것은 불의다. 또한 자식이 이유 없이 버럭 화를 내면서 일상의 상황을 덮어버리려는 것 역시 나쁜 습관이며 불의에 해당한다. **뜨거운 화는 상황을 인식하고 깨어 있기에, 용암처럼 솟아오르지만 퍼포먼스로 발산할 수 있다. 이런 화는 축적되지 않으며 잔상이 남지 않아 건강에도 이롭다.**

　내 스승 율곡형은 '화풀이는 그냥 구습(舊習). 즉 좋지 않은 오랜 습관이기에 혁파해야 한다'라고 말했다. 구습 중에서 특히 사사로운 화를 내지 않아야 한다는 뜻이다. 화풀이를 위해서 여러 가지 핑계를 대고 있지만, 그건 그냥 화풀이하기 위해 만들어내는 구실일 뿐이라고 말했다.

　나는 형의 말에 대해 치열하게 궁리했고 고증했다. 주변 사람들을 관찰했고, 환자의 심리를 추적했다. 나 역시 내 생활을 통해서 검증했다. 그리고 '사사로운 화'는 참아야 한다는 결론에 도달했다.

　그럼 사사로운 화를 자꾸 참아내면 어떻게 될까?

곧바로 화가 물러가고 즉시 부정적 감정이 해소된다. 불과 수 시간이 지나면 상황은 가장 좋은 방향으로 정리된다. 그리고 그런 나에 대해서,

'아, 정말 잘 참았어. 어떻게 이렇게 잘 참았지? 잘 참아낸 내가 참 기특하네. 나는 내가 참 대견스럽다.'

라는 생각이 올라오면서 자존감이 높아지고, 타인과의 관계에서 자신감을 얻게 된다.

그렇다면 '뜨거운 화'와 '사사로운 화'를 어떻게 구분할 것인가?

아주 쉽다. 모든 화는 사사롭다고 보는 게 실용적이다. 화가 올라올 때 힘껏 꾹 참아 보면 사사로운 화와 뜨거운 화는 저절로 구분된다. 그렇게 참고 또 참다 보면, 정말 뜨겁게 화낼 지점에서 바짝 깬 채로 화를 낼 수 있다. 마치 찻잔 속에 부는 회오리바람처럼 불과 몇초 안에 진정되고 곧바로 일상으로의 복귀가 가능하다.

대개 울분을 참아서 화병이 생긴다고 말한다. 그러나 그것은 참는 것처럼 보일 뿐, 내면에서는 계속 사사롭게 화풀이하는 상황에 불과한 상태다. 의식이 깨어 있지 않고 감정만 앞서기에 문제가 해결되지 않는다. **사사로운 화는 아무리 축적되어 커지더라도 날을 잡아서 한 번 꾹 참고 제대로 확실하게 누르면 온데간데없이 바로 사라진다.**

화란 내 생존에 필요하며, 사람이 가진 아름다운 감정이다. 화를 적절하게 표현하기까지는 많은 시행착오가 필요하다. 분명한 사실은 뜨거운 화는 발설하되, 사사로운 화는 참아야 한다는 점이다. 그렇게 적절히 대처하면 일상의 행복도 찾고 몸과 마음의 건강도 챙길 수 있다.

✍ 무슨 소리?

뜨거운 화와 사사로운 화를 구분해 봤어.

✍ 그래서?

뜨거운 화는 표현해야 하지만, 사사로운 화는 꾹 눌러서 참아 보는 거야.

✍ 뭐가 좋지?

스스로 대견함을 느끼면서 자존감이 크게 향상돼.

어린 시절 10년 안에 명필이 되겠다면서 집을 떠나 스승 밑에서 공부하던 한석봉은 3년 만에 다시 집으로 돌아왔다. 석봉이가 집에 도착했을 때는 해가 넘어간 시각이었다.

"어머니. 저 공부를 충분히 했으니 어머니와 함께 살렵니다."

석봉이 어머니는 참 반가웠다. 그러나 아들이 어느 정도 공부를 했는지를 알 수 없었다. 그러나 10년 목표를 접고 3년 만에 왔으니, 내심 걱정스러웠다. 아들의 공부 수준도 점검하고 경각심도 일으킬 심산으로 한 가지 제안을 했다.

"음. 석봉이 왔구나. 너의 말대로 공부를 충분히 했다고 하니 어머니와 대결이나 한 번 하자꾸나. 어서 붓과 종이를 꺼내고 먹을 갈거라. 나는 그 동안 부엌에서 떡을 만들어서 도마와 칼을 이리로 가져오겠다."

석봉이는 당황스러웠지만, 냉정한 어머니의 모습에 어쩔 수 없이 대결에 임할 수밖에 없었다.

"자, 이제 내가 등잔불을 끌테니, 너는 글을 쓰거라. 나는 내 떡을 썰겠다."

잠시 후 대결이 종료되었고 불이 켜졌다. 어머니가 떡을 썰어 놓은 모습은 한 치의 어긋남도 없이 반듯하였지만, 석봉의 글씨는 이리 비뚤, 저리 비뚤 지렁이가 기어간 모습 그대로였다. 석봉이는 잠시 침묵에 잠겼다.

"그래. 이건 아니다. 어머니의 경지에 오를 때까지 다시 정진하자."

석봉이는 어머니가 가지런히 썰어 놓은 떡을 눈물로 먹으며, 마음을 다잡았다. 어머니는 그렇게 잔소리 한마디 하지 않고 당신이 하는 일 그대로를 보여주었지만, 석봉이는 어머니의 의연한 모습에 크게 깨달아 다시 정성껏 붓글씨 쓰기에 정진하였다. 그리고 수년 후 이웃 명나라까지 이름을 떨치면서 조선시대 최고의 명필로 인정받고 있다. 나는 이를 한석봉 어머니의 '내 떡 썰기'로 명명했고 이것은 '실천형 심성계발'의 애칭이 되었다.

석봉 어머니는 '내 떡 썰기'를 한 것으로 어떤 조언도, 잔소리도 하지 않았다. **석봉 어머니처럼 석봉이가 명필이 되든, 졸필이 되든 상관치 않고 내가 맡은 일을 성실히 해내는 게 진정한 '내 떡 썰기'다.** 석봉이 어머니는 나 자신이 스스로 중심을 잡고 살아가면 주변에 있는 사람 역시 중심을 잡고 적절히 대처하게 된다는 이치를 잘 알고 있었다.

나 역시 자녀 교육에 있어서 석봉 어머니의 당찬 믿음과 배짱을 본받아 묵묵히 '내 떡 썰기'를 실천했다. 나는 과감하게 자녀들의 미래에 대해서는 자녀들이 결정하도록 모두 다 맡겼다.

이제 27살이 된 둘째 딸이 말한다.

"아빠! 우리 친구들 세대에도 기성 세대의 교육관에 대해서 분노가 있어요."

"무슨 뜻이지?"

"사실 아빠 세대도 그랬지만, 제가 고등학교 때도 별로 달라진 게 없었거든요. 선생님도 부모님도 '인생 제대로 살려면 명문대에 가야 한다. 그 실력이 안 되면 최소한 서울 소재 대학 정도는 가야 앞날이 보장돼'라고 말씀하셨죠."

"그러게 말이야. 요즈음은 좀 달라지지 않았을까?"

"글쎄요. 조금 달라지고 있는 듯해요. 하지만 아직도 입시 위주의 풍토는 여전하다고 해요. 아무튼 친구들은 그 말대로 열심히 공부해서 대학에 가고 직장을 잡았어요. 그런데 그렇게 꿈을 이뤘지만 별로 행복하지 않다고 해요. 다시 또 경쟁하는 상황에 놓이게 되고 이젠 이런 현실에 꽤 분노하고 있어요."

"그렇구나. 그럼 우리 딸은?"

"저야, 뭐 학창 시절 아쉽지 않을 만큼 실컷 놀았잖아요. 호호. 그래서 그런 분노는 없죠."

둘째 딸은 중·고등학교 시절 학교는 열심히 다녔지만, 성적에는 전혀 신경 쓰지 않았다. 딸은 방과 후 학원에도 가지 않았다. 공부 대신 유튜브 예능 프로그램을 열심히 시청했다. 그리고 고등학교 졸업과 동시에 학창 시절을 마감했다.

그렇게 고등학교 졸업 후, 둘째 딸은 내가 대표로 있었던 제천시 한방자연치유센터에서 1년여를 보냈다. 센터는 산속에 있었기 때문에 힐링 프로그램이 없는 시간에는 무료했다. 나는 그런 무료함이 필요하다고 생각했다. 역시나 딸은 심심풀이로 유튜브 영상을 만들면서 자기의 무료함을 달랬다. 그러다가 영상 편집이 취미가 되었다. 딸은 유튜브 전문 편집자로부터 편집 기술을 배우게 되었고, 나는 학창 시절에 딸이 입시 학원에 다니지 않아 지원하고 싶어도 지원할 수 없었던 개인 레슨비용을 6개월간 지원했다.

어느 날, 당시 120만 명 이상의 구독자를 확보한 우리나라 최고의 모뷰티 유튜버 중 한 명이 영상 편집자 모집 광고를 냈다. 수백 명이 지원했는데 딸이 뽑혔다. 둘째 딸은 바로 상경하여 서울에 자취방을 얻고 직장 생활을 시작했다. 첫 직장이었는데, 딸은 자기의 역량을 인정받으면서 참 행복해했다. 그리고 그 후, 한 번의 이직을 거쳐서 3년쯤 회사 생활을 하다가 현재는 프리랜서로 독립했다.

"우리 세대 친구들 대부분은 어른들이 시키는 그대로 했죠. 학창 시절 밤마다 학원에 가고, 대학에 가서 괜찮은 직장을 잡았는데, 행복하지 않다는 거죠."

"그렇구나. 소중한 청춘을 미래를 위한 공부 시간으로 채운 거지. 그러다가 그것에 상응하는 보상 심리만큼 행복이 오질 않으니 분노가 올라올 만해. 아빠가 보기에는 지금이라도 전혀 늦지 않다고 생각해. 오늘부터라도 내일을 위해 오늘을 희생하는 삶을 접고 먼저 놀고 즐기는 삶을 선택해도 된다고 생각해. 그런데 우리 딸은 지금 생활에 만족하는 거야?"

"글쎄요. 괜찮긴 한데요, 사실 그리 만족스럽기만 한 건 아니에요. 제가 최근 제가 깨달은 사실이 있는데요. 나는 영상 편집을 좋아했고 지금도 좋아하잖아요. 하지만 이 일을 사랑하지는 않더라고요. 그래서 내가 사랑하는 일이 뭔지 찾아 다녔어요."

"그랬구나. 그러면 사랑하는 일을 찾았어?"

"네. 맞아요. 그 일을 찾았어요."

"아, 진짜? 그게 뭐지?"

"영상 편집은 제가 좋아하는 일임에는 틀림없어요. 그런데 나를 발전시키는 데는 한계가 있더라고요. 나는 내 삶에 대한 영상을 찍고 싶거든요. 그건 모두가 차곡차곡 내 것으로 쌓이는 거잖아요. 단지 좋아하는 것을 넘어서 내가 성장할 수 있게 만들려면 사랑이 있어야 할 것 같아요. 내가 일을 사랑할 수 있다면, 그건 이야기가 다르잖아요. 그리고 이미 일이든 무엇이든 사랑하게 된다면 비록 성장이 멈추고 손해를 볼지라도 상관없다는 생각마저 들어요."

"아하, 그렇구나. 어떤 계기가 있었어?"

"제가 M-net 채널의 '스트릿 우먼 파이터'라는 예능 프로그램을 보고 있었거든요. 그 사람들은 워낙 춤추기를 사랑해서 일에 대한 자부심이 정말 대단하더라고요. 서바이벌 같은 경기에서도 지고 이기는 것에 의미를 두지 않고요. 서로 존중하는 모습이 너무 아름답더라고요. 경쟁을 즐기면서도 승부에 집착하지 않는 걸 보면서 제가 무릎을 '탁' 치게 됐죠. '바로 저거다!'라고 느낌이 왔던 거예요.

그래서 저도 '사랑하는 일을 찾으면 저렇게 될 수 있구나'라고 생각하면서 주변을 찾아보았죠. 그게 바로 풋살이었어요. 공을 차보니까. 너무너무 좋더라고요."

"뭐가 그리 좋았지?"

"그냥 공을 차는 거 자체가 재미있어요. 왜 이제야 이렇게 좋은 취미를 알게 되었는지 후회될 정도예요. 최근 '골 때리는 그녀들'이란 프로그램이 있잖아요. 여자도 축구를 하게 되면 다 그렇게 빠지게 되거든요. 그런데 풋살 경기를 위해서는 전용 경기장도 가야 해요. 사람들도 모여야 하고 걸핏하면 부상이 잦아요. 아빠도 아시다시피 제가 지금 다리근육 부상으로 수개월째 게임을 쉬고 있잖아요. 그러다 보니 풋살 역시 제가 좋아하는 취미가 되었지만, 마음껏 사랑하기에는 제한이 많더라고요. 그러다가 결국 찾아낸 게 바로 프리스타일 축구에요. 나는 이제 내 일과 취미를 잘 접목해 보려고 해요."

"아, 그랬구나. 정말 축하해. 하하."

강박 심리로 공황장애까지 앓았던 내 학창 시절의 잿빛 경험은 나 혼자로 충분했다. 이제 나는 자신의 인생을 사랑함으로써 더욱 활력 있게 살아가는 딸의 철학을 역으로 배워가는 중이다.

✍ 무슨 소리?
한석봉 어머니의 교육 방침을 '내 떡 썰기'로 정의해 보았어.

✍ 그래서?
자녀를 훈육할 때 '내 떡 썰기'하면서
모든 것을 믿고 자녀에게 맡겨 보는 거야.

✍ 뭐가 좋지?
자녀들로부터 감동적인 결과를 보게 돼.

홀로 서면 안 외롭다

40여 년을 살아온 어떤 부부에게 문제가 발생했다.

"남편이 몇 년 전부터 내게 차마 입에 담아서는 안 될 욕설을 해요. 한 두 번도 아니고 늘 반복합니다."
"부인은 지금 남편에게 심한 욕설을 듣고, 지배를 당하면서라도 그렇게 살아가는 이유가 있을 거예요."

내 삶의 기쁨보다 남이 나를 바라보는 시각에 관심을 두는 사람들이 적지 않다. 그분들은 내 몸과 마음이 아프더라도 남들의 평가에 목숨을 건다. 심지어 내 마음을 남에게 전달하기 위해서라면 자살마저도 두려워하지 않는다. 그 정도로 나에 대한 남의 시선은 강력하고도 매혹적인 끌림이 있다.

그러나 그러한 남의 시선 역시 안정적이지 않다. 남들이 내가 안정적으로 살고 있다고 속아주는 기간은 그리 오래 지속되지 않는다. 결국은 얼마 지나지 않아 나의 위선을 알아차리고 입바른 소리를 꺼낸다. 그러면 그때 가서 또다시 남의 시선을 맞추기 위해 내 삶을 남들의 기준에 맞춰야 할까?

내가 당나귀를 끌고 가든, 아들이 타고 가든, 아버지가 타고 가든, 당나귀를 이고 가든, 남들은 이러쿵저러쿵 말이 많은 법이다. 심지어 내가 정신을 바짝 차리고 내 인생을 살아도 누군가는 이렇게 저렇게 간섭하며 말들이 많다. 자기 주변을 돌며 남의 일에 간섭하는 사람들은 도처에 널려 있기에 누구라도 이런 저런 평가를 들을 수밖에 없다.

홀로 선다는 건 내가 최소한 해야 할 바를 스스로 해내는 주체적인 상태로 혼자가 되는 것과는 다르다. 그렇기에 그 자신감으로 자기 삶에 대한 평가를 타인에게 구걸하지 않는다.

오히려 홀로 되었을 때, 본래 '하늘'과 더 탄탄하게 접속이 되어 있음을 실감할 수 있다. 홀로서기를 하는 이곳, 이 순간이 본질계로서의 '신'이라고 부를 수 있는 '참나'를 만나는 자리이기 때문이다. 나만의 묵상, 명상, 진실한 기도는 홀로 서는 대표적인 몸짓이다. 우리는 이러한 **홀로서기를 통해 내가 더는 혼자가 아님을 더 명료하게 깨칠 수 있다.**

나는 위 부인에게 말했다.

"남편을 변화시킬 수 있고, 변화한다면 좋은 일이지요. 하지만 아무리 가깝다고 하더라도 내가 아닌 누군가를 변화시키는 건 쉬운 일은 아니잖아요. 그 전에 부인께서 먼저 변화하겠다고 결심해 보는 건 어떨까요?"
"어떤 결심인가요?"
"홀로 서 보겠다고 마음 먹는 거예요."

내가 내 삶의 주체가 되지 못하면 삶의 여정에 즐거움이 없다. 내 삶이라는 자동차의 운전대는 내가 잡아야 사는 맛이 난다. 아주 특별한 경우, 예를 들어 내가 아플 때는 그 운전대를 남이 잡아 줄 때도 있지만, 언제까지나 그럴 수는 없는 일이다. 어느 시점에서는 반드시 내 삶의 주체가 되어야 한다. 아니 항상 그렇게 되어야 살맛이 난다. 부모로부터 홀로 서고 배우자로부터 홀로 서고, 자녀로부터 홀로 서야 내 삶의 주인이 되는 일상을 찾을 수 있다.

그렇다면 주변 사람으로부터 의존과 의지를 끊어야 할까?

의존은 의식주에 관계된 부분이라면, 의지는 심리적 부분이다. 가족이나 친구, 지인에게 얼마든지 먹을 것을 의존하고, 심리적으로 의지하고, 그럴 수밖에 없다. 우리는 이미 땅과 하늘에 의존하고, 사람과 신에게 의지하고 있다. 그렇게 세상 그 누구라도 의존과 의지 없이는 단 한순간도 살아갈 수 없다. 그건 어쩔 수 없다. **홀로서기란 최소한 내가 맡은 일 정도는 해내는 상황**이다. 한석봉 어머니가 했던 것처럼 '내 떡 썰기'가 그러하다. 그래야 서로 아름답게 의존하고 의지할 수 있다.

외로움과 단절감 역시 역설적으로 홀로 서지 않고 하늘의 무한 사랑을 모르는 마음이 일으킨 심리적 착각에서 비롯된다. 타인과 불필요하게 형성된 과다한 의존을 끊고 홀로 서 보면 이러한 무지와 착각에서 바로 벗어날 수 있다.

묘하게도 우리는 말 그대로 그 누구라도 '우리'인 동시에 철저히 '혼자'일 수밖에 없다. 아무리 타인들과 같이 살더라도 나는 늘 혼자다. 어디를 가더라도 나 홀로 존재한다. 사랑하는 사람도 나를 완전히 이해하지 못하며, 가족들이 나를 둘러싸고 있을지라도 나는 지금 이곳에 늘 혼자로 살아가는 모습을 보게 된다. 그런데 **내가 혼자임에도, 그 혼자임을 버티게 해주는 하늘의 무한 사랑은 어느 한순간도 그친 적이 없다.**

그러므로 혼자라고 느낄지라도 이미 그 느낌 자체로 혼자가 아니다. 혼자라고 느끼기 위해서는 혼자임을 받쳐주는 하늘과 우주 자연이라는 베이스가 필요하기 때문이다. 이처럼 우리는 구조적으로 결코 혼자일 수 없다. 그것은 마치 하늘이 혼자 있어도 땅이 있기에 혼자가 아니며, 땅이 혼자 있어도 하늘이 있기에 혼자가 아닌 것과 같다. 내 몸도 하늘과 땅, 공기와 물, 음식을 통해 이미 우주와 연결되어 있다. 무엇보다도 우주 자연의 본체인 하늘이 늘 나와 함께 있다. 이 순간도 나는 하늘의 사랑으로 숨 쉬고, 하늘의 사랑으로 내 심장이 뛰고 있고, 하늘의 사랑으로 기혈순환이 일어난다. 어찌 내가 혼자일 수 있겠는가.

홀로서기란 나와 하늘의 독대다. 더는 다른 사람의 눈치를 볼 필요가 없다. 이제 혼자가 되어도 그 자체가 이미 혼자가 아님을 깨우친 우리는 홀로서기를 두려워할 이유가 없다. 앞에서 언급한 부인도 '한방심성계발'이라는 마음 공부를 통해서 이러한 이치를 깨닫자 이제 더는 혼자될까 봐 두려워하지 않게 되었다. 혼자 된다는 건 세상에 존재하지 않는 허상이니까.

뭇사람들의 평균치와 보편적인 삶이 내 삶이 될 수는 있으나 항상 그렇게 될 필요는 없다. 내 삶에는 나만의 고유한 삶의 궤적이 존재하기 때문이다. 홀로서기란 이러저러한 시각으로 타인들이 내 삶에 대해 이런저런 잣대를 들이대며 왈가왈부하더라도, 이에 흔들리지 않고 내 삶의 어떤 달동네도 용서하고 품어주겠다는 의연한 마음 자세를 지니는 걸 말한다. 이러한 마음 자세는 하늘의 무한 사랑이 나와 내 삶을 받쳐준다는 믿음이 있기에 가능하다.

홀로 선다면 그것이 가진 특유의 매력으로 인해서 얼마든지 새로운 친구를 만나고 사귈 수 있다. 기존의 관계 역시 구속과 애증이 부를 수 있는 단절이 아니라, 우정과 성장이란 관계로 재편성된다.

홀로서기에 도전하는 건 '내 삶의 주인공은 내가 되겠다'라는 결연하고 아름다운 결정이다. 홀로 서면 안 외롭다. 홀로 서면 누구와도 더불어 살아갈 수 있다.

✍ 무슨 소리?

우리는 혼자이지만 혼자일 수 없어.

✍ 그래서?

홀로서기를 해보면 이 사실을 깨우치게 돼.

✍ 뭐가 좋지?

절대로 외롭지 않아.

꼰대와 호구

꼰대의 사전적 의미를 살펴보면 다음과 같다.

권위적인 사고를 하는 어른이나 선생님을 비하하는 학생들의 은어로 최근에는 꼰대질하는 사람을 가리키는 의미로 사용되고 있으며, 어원에 대해서는 영남 사투리인 '꼰데기'와 프랑스어 '콩테(Comte)'에서 유래됐다는 주장이 있다. 최근에는 기성세대 중 자신의 경험을 일반화해서 자신보다 지위가 낮거나 나이가 어린 사람에게 일방적으로 강요하는, 이른바 꼰대에서 파생된 '꼰대질'하는 사람을 가리키는 의미로도 사용되고 있다.

출처: [네이버 지식백과] 꼰대 (시사상식사전, pmg 지식엔진연구소)

꼰대는 '원카드'다. 오로지 내 생각만 옳다고 주장하면서 상대의 단점만을 꼬집는다. 그래서 일을 배배 꼬이게 만든다. 그렇게 꼬이게 만들기에 '꼰대'라는 호칭이 붙었을지도 모를 일이다. 꼰대는 문제가 없거나 문제가 될 수 없는 상황에서도 기어코 문제를 만들어내고야 만다. 자신도 인격자가 아니거늘 상대에게 완벽한 인격자이기를 강요한다. 옛 사람들은 이런 사람을 '소인'이라고 부르며 인격자인 '군자'와 대비했다.

"너는 왜 그러니? 방 청소도 안 하고 설거지도 안 하고 거기다가 공부도 하지 않고, 커서 도대체 뭐가 되려고 그러는 거야? 아빠 엄마는 네 나이에 모든 살림을 도맡아서 했어."

만일 자녀에게 이렇게 말하면 즉시 꼰대로 당첨된다. 이 말속에는 '너는 못난이다'라는 부정적 단정이 숨어 있다. 그러나 그 아무도 나에 대해 못났다고 말하는 상대를 좋아하지 않는다.

"당신이 나를 단 한 번이라도 제대로 챙겨 준 적 있어? 도대체 언제 정신을 차릴 거야?"

그런데 상대가 형편없다고 말하면서 그 형편 없는 사람과 붙어사는 사람은 과연 형편이 있는 사람일까? 오히려 정신을 차릴 사람은 상대가 아닌 본인 자신일 수 있다. 그러므로 이렇게 말하는 사람 역시 거의 꼰대 당첨이다.

꼰대는 자기의 잘못을 성찰할 줄 모른다. 게다가 있지도 않은 남의 잘못을 억지로라도 만들어 낸다. 그리고 그렇게 가공한 남의 잘못을 용서할 줄 모른다. 결국 우리 사회에서 스스로 소외될 수밖에 없다.

한때, 분명한 꼰대지만, 꼰대를 감히 꼰대라고 부를 수 없는 시절도 있었다. 나는 어린 시절 학교 선생님은 대소변도 보지 않는 줄 알았다. 그냥 완벽한 인격체였고 거의 신이었다. 그 시절에는 교육의 절대 권력자였던 선생님으로부터 체벌 받지 않은 학생은 없었다.

당시 학부모들은 자식보다 선생님을 더 신뢰했다. 행여 학교에서 매를 맞고 돌아온 아이들이 하소연이라도 하면, "야! 이 녀석아. 네가 얼마나 잘못했으면 선생님께서 매를 드시겠니? 너 아직 정신을 못 차렸구나. 몇 대 더 맞아겠다"라고 말하면서 오히려 더 크게 혼내는 경우도 있었다.

선생도, 부모도 꼰대였던 그 시절은 지나갔고, 잘못된 관행은 사라졌다. 전체적으로 교육 풍토가 민주화되고 선진화되었다. 학생들 앞에 군림하는 교사들은 교단에 설 수 없다. 오히려 지금은 교권이 지나치게 축소된 상황이다. 다시 선생님들에게 교권을 신장시켜야 한다. 이크, 이것이 곧 현시대의 흐름을 읽지 못하는 꼰대 발언이다.

요즘이 어떤 시대인가?

생활에서 권위가 빠져나가고 있다. 젊은이가 귀하고 여성이 귀하고 자녀가 귀하고 제자가 귀한 시대다. 또 종업원이 귀하고 고객이 왕이며, 신이 하찮은 시대다.

지금은 여성을 배려하지 않는 어떤 사업도 성공하지 못한다. 어떤 집에 방문해도 어른이 먼저 그 집 자제에게 따뜻한 인사를 건네야 한다. 인터넷과 유튜브 시대에서 살아남기 위해서는 젊은이의 감각을 익혀야 한다. 대학교수마저도 신입생을 받아들이기 위해 천 리 길을 마다하지 않는다. 회장이라고 종업원을 무시하면, 뭇 여론의 몰매를 맞는다. 고객 감동을 넘어서 고객이 행복으로 졸도할 정도로 서비스를 해야 비즈니스에서 살아남는다. 신의 권위를 내세우고 인간을 비하하는 어설픈 신학으로는 씨알이 먹히지 않는다. 이러한 현실을 인정할 때 비로소 유행에 뒤처지지 않고 정상적인 삶이 가능하다.

요즈음은 나이가 들었다고 젊은이를 훈계하다가는 꼰대로 낙인찍히고 회복 불가능한 상태에 이를 수도 있다. 군 생활 자체도 이미 비권위적으로 탈바꿈한 시대다. 권위 자체가 실종되었다. 이제 권위는 전쟁을 수행하기 위한 명령 체계 외는 더 필요치 않다.

최근 인터넷 유튜브는 이런 시대의 속성을 매우 빠르게 잘 반영하고 있다. 모든 유튜버는 비권위주의적이다. 늘 친절하고 따뜻하며 유머가 넘친다. 지식도 풍부하며, 무엇보다도 네티즌과의 소통과 공감을 중시한다. 심지어 구독자들이 알찬 정보를 잘 섭취할 수 있도록 떠먹여 주는 수준이다.

　　꼰대가 되지 않는 좋은 방법이 있을까?
　　투웨이를 들면 된다. 만일 내가 부모라면, 자녀를 가르치기만 하려는 원카드를 내려놓고 자녀에게서도 배워볼 수 있는 투웨이로 나아가는 건 어떨까? 그 방법의 하나가 자식들이 들려주는 말에 귀를 잘 기울여 보기다.

　　나는 최근 내 개인 유튜브 채널을 활성화 중에 있다. 그냥 내 방식대로 찍어서 내 마음대로 올렸다. 그러자 둘째 딸이 말했다.

　　"아빠. 그렇게 하면 구독자들이 모여들어도 결국 모두 가버릴 수 있어요. 일관성이 있어야 하고요. 콘텐츠 위주로 가야 해요. 아빠가 쓴 책도 있고 콘텐츠가 있는데, 그냥 생활 이야기로만 올리거나, 그것이 위주가 되면 채널의 특성이 없어져서 발전할 수가 없어요."

　　그래도 나는 일주일 동안 개선하지 않고 있었다. 여전히 생활 영상 위주로 몇 편을 더 올렸다. 꼰대의 길이었다. 그런데도 딸은 화를 내지 않고 기다릴 줄 알았다. 그리고 구독자가 자주 찾는 유튜브 채널을 소개하면서 다시 친절하게 말해 주었다.

　　"아빠. 여길 보세요. 이분을 보면, 개인적인 생활 이야기는 하지 않잖아요. 알찬 콘텐츠로 가득 채워져 있어서 구독자들이 떠나질 않아요. 유익한 정보로 가득 차 있으니까요. 생활 영상을 올리려면 또 다른 방법이 있어요. 채널을 하나 더 추가해서 그쪽에 올리면 되거든요. 그러면 아빠의 사생활이 궁금한 분들은 그리로 찾아와요. 그리고 '좋아요'와 '구독'을 눌러달라고 요청하는 것도 장기적으로는 좋지 않아요. 그냥 누리꾼들이 편하게 선택하도록 놔두는 게 더 낫다고 봐요. 어떤 말로도 부담을 주는 것은 좋지 않거든요."

딸의 합리적인 설명에 나는 꼰대의 길을 더는 고집할 수 없었다. 만일 상대의 단점을 꼬집어 잔소리하면, 그 상대는 자기의 존재가 부정당하는 기분이 들고 극한의 미움이 일어나 관계가 악화되는 이치를 딸은 잘 파악하고 있었다.

잘 살아가기 위해서라면 누군가는 가르쳐야 하고, 누군가는 배워야 한다. 그러나 가족이든 친구든 뭔가를 알려주고 가르쳐주고자 할 때, 직설적으로 지적하는 건 비효율적이다. 그렇다고 바른 소리를 하지 않을 수는 없다. 이때는 직설적인 잔소리보다 친절과 위트라는 또 한 장의 카드가 필요하다.

예를 들어서 지하철에서 누군가 내 발등을 밟았다고 치자. 꼰대는 상대의 잘못을 지적하면서 버럭 화를 낸다. 그런데 인격자는 "선생님. 죄송합니다. 제 신발이 선생님 신발 밑에 들어가 있군요"라는 위트로써 친절하게 대응하며 자칫 심각해질 수 있는 상황을 누그러뜨린다.

자녀가 마땅히 해야 할 최소한의 자기 책임을 하지 않을 때에, 꼰대가 되지 않으면서도 설거지, 청소, 세탁 등을 잘 실천토록 권고할 수 있는 방법은 많다. 그중 하나, 자녀가 실천해야 할 사항에 대해 매 건수만큼 포인트를 적립한 후에 용돈으로 정산해 준다면 잔소리 없이도 얼마든지 자녀에게 좋은 습관이 들게 할 수 있다.

만일 상대가 과다한 요구를 해도 상대의 마음을 맞춰주려고만 노력한다면 꼰대에서 벗어날지라도 '호구'가 될 수 있다. 그러므로 예절(禮節)이 필요하다. **'예(禮)'는 존중이며, '절(節)'은 끊어주기다.** 내 입장을 정확히 전하면서 들어줄 수 있는 건 들어 주되, 못하는 상황이라면 '못한다'라고 말하는게 '절'이다. 예와 절을 적절하게 응용하면 꼰대나 호구라 부를 수 있는 소인에서 벗어나 인격체로 불리는 군자가 될 수 있다.

이제 꼰대의 시대는 저물었다. 그렇다고 호구가 돼서 살 수도 없다. 꼰대와 호구는 불행의 행복이나 짝퉁 행복을 추구한다. 물론 그래도 된다. 하지만, 인격자의 길을 선택해서 일상의 행복을 누리는 것만 하겠는가. 요즘 시대에는 꼰대와 호구들의 목소리는 점점 줄고 인격자들이 설 땅이 점점 넓어지고 있다.

아, 참 다행스러운 일이 아닐 수 없다.

🖋 무슨 소리?

언제까지나 꼰대나 호구로 살아갈 수는 없어.

🖋 그래서?

친절함과 위트, 예와 절을 중시하는 인격자의 길은 어때?

🖋 뭐가 좋지?

타인에게 부담을 주지 않으면서 내 삶의 주인공이 될 수 있어.

실패의 달인

    삶의 문제들은 크게 경제적 빈곤, 대인 관계 갈등, 심신의 질병 등으로 분류할 수 있다. 이러한 문제들은 잠시 방심하면 자연스럽게 발생하는 삶의 달동네다. 만일 이를 해결하지 못하면 불안, 우울, 두려움들을 넘어 삶이 피폐해지면서 큰 고통에 처할 수 있다. 나는 이를 풀기 위해 다음 세 가지 단계를 설정했다.

    첫째, 현실을 인정하기.
    둘째, 적절히 대처하기.
    셋째, 오늘을 누리기.

    이 중 가장 중요한 관건은 현실 인정이다. 현실은 해동네와 달동네 그 둘뿐이다. 흔히 해동네는 우리가 원하기에 누구라도 인정하고 좋아한다. 그런데 우리가 원하지 않고 내 마음에 들지 않는다는 이유로 달동네를 또 하나의 현실로 인정하지 않으면 다툼의 상황이 계속 지연되면서 문제의 실마리를 찾지 못하게 된다.

달동네를 인정하지 않는다는 건 달동네가 주는 순기능을 인식하지 못하기 때문이다. 그렇기에 현실 인식이 먼저다. 달동네에 처하면 겸허함을 얻을 수 있고 내적으로 성장할 수 있다는 장점이 있다. 이를 주시하면 달동네 역시 해동네처럼 '또 다른 하나의 삶'으로 인정되면서 그 즉시 문제가 사라지거나 사라지지 않더라도 적절한 대처법을 통해 얼마든지 이를 극복할 수 있다.

다음은 우리 삶의 달동네를 만났을 때 이를 어떻게 바라보고 대처했는지에 대한 필자와 주변 사람들의 이야기 몇 편을 예거해 보기로 한다.

하나,

아마도 2007년쯤으로 기억한다. 나는 이 시절 마음병 환우만을 전담해서 치료했다. 그 당시 내가 돌보는 한 젊은 여성이 누군가와 좋지 않은 관계로 엮이고야 말았다. 나는 당연히 상대를 끊고 새롭게 살아가기를 권고했다. 그리고 며칠 후 알 수 없는 한 남성으로부터 전화 한 통이 걸려왔다. 그는 내게 다짜고짜 고압적이고 신경질적인 목소리로 거친 욕설을 퍼부으며 말했다.

"당신 도대체 뭐 하는 사람이야. 이 XX가! 네가 선생이면 다야? 네가 뭔데 개소리를 해? 내가 누군지 알아? 당장 나와. 내가 우리 애들 데리고 나갈 테니까. 너 이 자식 혼 좀 나야겠어."

직감적으로 동네 불량배이거나 그 이상의 조폭일 수도 있다는 판단이 들었다. 적절한 대처가 필요했다.

"선생님. 장소만 말씀하세요. 제가 나가지요."
"이 자식이 미쳤나. 내가 당장 너 있는 곳으로 갈 테니까 죽을 각오해!"

"근처에 와서 전화주세요."

나는 한 남성으로부터 거친 욕설을 듣는 내 상황을 나의 달동네로 인정했다. 그는 당시 기세등등했지만, 오늘까지도 아직 아무런 연락이 없다. 내가 위처럼 편안하게 대할 수 있었던 것은 대한민국 경찰이 있었기 때문이었다. 그 결과 달동네 상황과 다투지 않고 적절히 대처하여 문제를 해결하였고 그 후 그 환우와 커피 한잔의 여유를 누릴 수 있었다.

둘,

내가 2009년부터 2013년까지 구세군과 중독자 치유 사업에 심리상담 서비스로 참여할 때 당시 50대 초반의 '노자'라는 필명을 가진 심리치유 지도자 한 분을 알게 되었다. 다음은 그분과 나눈 대화이다.

"하는 사업마다 실패했고요. 40대 초반에 의류 공장을 했는데 불이 나서 크게 실패했어요. 그래서 횟집 식당을 열었는데, 전염병이 일어나서 문을 닫을 수밖에 없었죠. 어쩔 수 없이 회사에 취직했는데, 그 회사도 부도가 나버렸어요."

"에구. 크게 상심하셨겠네요."

"그랬죠. 결국 아내와 이혼을 할 수밖에 없었어요. 결혼도 실패한 거죠. 그런데 실패는 계속 이어졌어요. 그 후 같은 일에 세 번 도전했지만 다 실패했죠."

"어떤 일이었죠?"

"이혼 후 가족은 해체되었고 술에 찌들어 살았죠. '이렇게 살아 뭐하나'라는 생각에 숱하게 자살 시도를 했어요. 목을 매달았는데 줄이 끊어지더군요. 연탄불을 피웠는데 불이 꺼지고요. 높은 데서 떨어져 죽으려고 올라갔더니, 무서워서 뛰어내릴 수 없었어요. 그렇게 세 번의 대실패 후에 크게 깨달았어요. 죽는 것보다 사는 것이 쉽다는 사실을요. 하하"

"아, 실패도 나쁜 것만은 아니었군요."

"네. 저는 사는 게 힘들 줄 알았죠. 하지만 제가 죽으려고 노력하면서 그 노력이 내 삶을 힘들게 했다는 사실을 알아차렸습니다. 그 후로 저는 저를 실패의 달인으로 인정했어요. 심지어 자살마저도 세 번씩이나 실패했으니까요. 그랬더니 오히려 살아갈 만해지면서 갑자기 평화가 찾아왔어요. 다만 술이 문제였죠. 그래서 이곳 재활치료센터에 입소하였는데요. 마음이 편해져서 그런지 놀랍게도 여기 프로그램에 참여하면서 술을 끊을 수 있었죠. 실패를 인정하자 제 인생에도 성공이라는 손님이 찾아오더군요. 저는 지금은 이곳에서 저의 경험을 되살려 지도자 생활을 하고 있답니다. 덕분에 잃어버린 가족과도 다시금 연결되었습니다. 지금은 누구보다도 제 삶에 감사하고 만족하며 살아가고 있습니다."

노자님은 실패라는 달동네로 인정하였고 금주라는 적절한 대처법을 선택해서 생활을 업그레이드하면서 자신의 삶을 누리며 살아가고 있었다.

누구라도 달동네보다 해동네를 드러내기를 좋아한다. 따라서 **타인의 해동네는 잘 보이지만 그의 달동네는 잘 보이지 않는다.** 그래서 나의 달동네와 남의 해동네를 비교하면서 그를 부러워하고 자기비하에 빠지는 경우가 발생할 수 있다. 한때 대기업 회장을 보필했던 남동생은 어느 날 그분이 고백했던 말을 내게 들려주었다.

"황과장님은 하루 일이 끝나면, 귀가 후 편히 쉴 수 있잖아요. 나는 그러하지 못해요. 하루도 제대로 쉰 적이 없어요."

내 동생은 회장님을 부러워하고 있었지만, 회장님은 내 동생을 부러워하고 있었다.

만일 지금의 내 삶이 힘겹다면, 나만의 생각에 파묻혀서 달동네란 현실과 대적하면서 내 삶에서 소중한 시간과 에너지를 낭비하고 있는지 생각해 볼 때다. 행여 우리가 문제를 해결하지 못하고 헤맬지라도 그것마저도 문제로 삼지 않고 그냥 '그럴 수 있다'라고 인정하면 된다. 그러면 설령 힘겹더라도 단지 힘겨울 뿐, 더는 그 힘겨움이 증폭되지 않고 견딜 만해진다. 그래서 남는 시간과 에너지를 활용하여 얼마든지 새로운 대처법을 찾아낼 수 있으며 오늘을 누리는 여유로 나아갈 수 있다.

때로는 '달동네 인정하기'만으로도 '골칫거리로서의 삶의 문제'는 홀연히 사라지기도 한다. 그것은 **그저 달동네일 뿐, 결코 삶의 문제가 아니었기** 때문이었다. 달동네라는 현실이 주는 순기능을 인식하면서 일어나는 달동네 인정하기. 이것은 삶의 모든 문제를 근본적으로 해결하기 위한 출발점이자 완결점이다.

🖋 무슨 소리?

삶의 세 가지 문제에 대한 해결책을 제시해 봤어.

🖋 그래서?

그 핵심은 현실 속의 달동네 인정이야.

🖋 뭐가 좋지?

모든 문제가 즉시 해결 돼.

해결사, 소쩍새

2013년에 나는 삼성동에서 한의원을 운영하고 있었다. 그러나 그곳은 다양한 심리치료 프로그램을 수행하기에는 부족함이 많았다. 그래서 나는 더 좋은 자연환경에서 마음병 환우를 위한 치유프로그램을 실현할 수 있는 장소를 찾는 중에 분당에서 천연 약초를 활용하여 건강한 음식을 제공하는 '식의(食醫)' 한 분을 만날 수 있었다.

나는 그에게 한약재로 약선음식을 개발할 수 있도록 아낌없는 조언을 주면서 의형제를 맺을 정도로 가까워졌다. 그 당시 나는 그의 소쩍새였다. **소쩍새는 해결책을 제시하는 것을 넘어서 바로 해결해 준다.** 그렇게 나는 아우에게 도움을 주는 존재였다. 그러나 그 후 아우는 내가 힐링 센터를 운영해 나가는 과정에서 여러 가지 경영상의 조언을 주면서 오히려 나의 소쩍새가 되어 주었다.

그리고 그 당시에 아우가 운영하는 식당에서 8살 위의 일명 '두서비' 형을 만나게 되었다. 형은 군인 신분으로 한의대에 편입하였다고 말했는데, 알고 보니 나의 모교 3년 후배였다.

두서비형은 주중에는 국군수도병원에서 진료하고, 주말에는 형이 직접 지은 세종시 금병산에 있는 힐링센터로 내려간다고 말했다. 형과 좀 더 이야기를 나눠보니 서로의 치유 철학이 같다는 사실을 알 수 있었다.

"내가 세종시에 힐링 센터를 지어 놓았는데, 뜻이 좋다면 누구라도 함께 나누려고 해요."

"아. 그래요? 제가 바로 그런 장소를 찾고 있었어요. 그 장소를 사용해도 될까요?"

"그렇게 해요."

두서비형은 그렇게 나의 소쩍새가 되어 주었다. 그래서 나는 2013년 여름, 한의원을 접고 세종시 금병산 숲속에 있는 힐링 센터에서 내가 평소 그토록 원했던 치유 공동체를 시작할 수 있었다.

나는 그곳에서 이삼십 대의 젊은 환우들과 함께 틈틈이 성현의 말씀을 읽고 쓰고 외우고 토론하면서 이해형 심성계발 프로그램을 진행했다. 다행히 센터 앞에는 넓은 텃밭이 있었다. 그래서 환우들과 함께 농사도 짓고 밥하고 반찬 만들기, 설거지, 빨래, 청소 등 기존의 한의원에서 할 수 없었던 실천형 심성계발 프로그램을 마음껏 진행할 수 있었다.

그 외에도 '저녁 식사 후 밤길 걷기' 프로그램이 있었다. 이 프로그램의 목적은 **치유 공동체가 주는 안정감과 평화로움을 맛보게 하기 위함**이었다. 우리는 깜깜하고 낯선 밤길을 함께 걸으며 무언의 대화를 통해 진한 동질감을 느끼며 지극히 마음이 편안해지는 시간을 누릴 수 있었다.

이러한 목적 외에 또 다른 잇점도 있었다. 센터와 연결되는 금병산의 임도는 가도 가도 끝이 나오질 않는다. 걷고 또 걷다 보면 환우들을 괴롭힌 망상마저도 한계치를 드러낸다.

"선생님. 너무 많이 왔어요. 이제 우리 그만 돌아가요"

"아. 그럴까? 그렇게 하자."

환우들의 망상이 아무리 길더라도 그보다 더 길고 길었던 금병산의 임도는 환우들로 하여금 현실 세계로의 눈을 뜨게 해주기에 충분했다.

나는 이런 좋은 환경을 제공해 준 두서비형이 참 고마웠다. 나는 그 고마움에 보답하기 위해서라도 형이 필요로 할 때마다 형이 돌보는 환우 분들의 심리상담을 해주면서 형의 소쩍새가 되어 주었다.

그러나 금병산 센터는 형이 곧 전역 후에 상주하면서 형의 뜻을 펼칠 곳이었다. 나는 내 뜻을 펼칠 또 다른 장소가 필요했다. 그러던 이듬해 2월쯤, 나는 제천시가 자연치유센터를 짓고 있다는 사실을 알았고, 그 후 위탁자 모집을 위한 현장 설명회에 참석하였다. 놀랍게도 그곳은 바로 내 고향 마을 윗동네에 있었다.

'와. 이거 꿈에 본 그 풍경이네.'

나는 첫눈에 이 센터가 맘에 들었다. 현장 설명회가 끝났지만, 나는 다시금 시청 담당 부서로 찾아갔다. 때마침 현장에 계셨던 과장님과 담당 팀장님이 면담에 응해 주셨다.

"저는 아까 현장 설명회에 있었던 한의사입니다. 제가 궁금한 게 있어서 이렇게 다시 찾아오게 되었습니다."

"네. 그렇군요. 말씀해 보시죠?"

"제천시는 예전부터 한약초 집산지이었기에 여러 가지 한방 사업을 추진하는 것으로 알고 있습니다. 그런데 이런 사업을 추진하면서 어려운 점은 없었나요?"

"아, 네. 저희가 세계 한방엑스포도 개최했고 한방 산업단지도 조성하는 등 여러 일을 해왔지만, 제천 시민들이 아직 이 혜택을 체감하지 못하는 점이 아쉽습니다."

"아하. 그래요. 그 점은 제가 해결해 드리겠습니다. 저는 한방 심리 치유 전문가입니다. 양질의 한방 서비스로써 시민들에게 그 혜택을 반드시 체감시켜 드리도록 하겠습니다."

시청 담당 부서의 과장님과 직원분들은 나의 적극성에 환한 미소로 나를 반겼다. 우리는 그렇게 서로에게 필요한 소쩍새로서 첫발을 내딛게 되었다.

우리가 뭔가를 간절히 원한다면 소쩍새라는 해결사를 만날 수 있다. 그런데 정말 내가 원하는 그대로 모든 것이 다 해결이 되는 걸까?

나는 그 원하는 마음에 선함이 있을 때만 하늘이 소쩍새를 보내준다고 생각한다. 여기에는 또한 최소한의 노력도 필요하다. 이 노력이 곧 '내 떡 썰기'이다.

그런데 만일 내가 간절히 원할지라도 그 일이 뜻대로 되지 않는다면, 그것 또한 내게 좋은 일이다. 나도 모르게 선하지 않은 일을 하늘에게 구할 수도 있기 때문이다. 이는 마치 자식이 마약이 좋다고 떼써도, 그 요청을 들어주는 부모가 없는 것과 같다.

나 역시 내가 원하는 일들이 속속 이뤄지는 경우가 많지는 않았다. 오히려 내 뜻대로 안 되는 일들은 너무도 많아서 기재하기 어려울 정도다. 그건 하늘이 판단하기에 선하지 않은 일이었거나, 나 자신이 '내 떡 썰기'에 게을러 하늘의 감응을 스스로 팽개쳤다고 볼 수 있다.

따라서 **내가 무슨 일을 도모하면서 소쩍새들을 만나지 못했다면, 내가 '선한 의도'를 가지고 있는가의 여부와 '내 떡 썰기'에 소홀한 것은 아**

니었는지에 대한 점검이 필요하다.

그런데 내가 진실로 선하다면 어찌 '내 떡 썰기'를 하지 않겠으며, 이미 '내 떡 썰기'를 시작했다면 어찌 선한 마음이 아니겠는가. 고로 '선한 의도'와 '내 떡 썰기' 둘 중 하나만 제대로 된다면, 둘이 모두 될 수밖에 없다는 결론에 도달한다.

그러므로 누구라도 선한 일을 도모하면, 소쩍새들의 출현은 하늘의 필연적인 결정이며 그 결정은 가장 적절하고 확실하게 이뤄진다. 하늘은 공평무사하기에 누구에게나 소쩍새를 보내준다. 예전에도 지금도.

🖋 무슨 소리?

어디서나 해결사 소쩍새가 존재해.

🖋 그래서?

'내 떡 썰기'를 하면서 선한 마음으로 소망하면
하늘이 내게 소쩍새를 보내 줘.

🖋 뭐가 좋지?

원하는 일을 이룰 수 있어.

믿음은 앞으로, 걱정은 뒤로

나는 제천시청과의 면담으로 한방힐링 협력을 위한 첫발을 내디딘 후, 경쟁 입찰을 통해 센터 위탁 운영자로 최종 선정되었다. 그렇게 제천시와 위·수탁 계약을 맺은 후, 2014년 11월경부터 본격적으로 치유센터에서의 생활이 시작되었다.

제천시와의 위탁 조항에는 '첫째는 제천시가 자연치유 도시로 발전하는 데 있어서 그 위상을 공고히 한다. 둘째는 지역사회의 경제 활성화에 이바지한다'라는 명확한 목표가 있었다. 이 일은 내가 좋아하는 일이고 할 수 있는 일이었다. 얼마든지 즐겁게 할 수 있었다.

'그런데 기존에 돌봐 왔던 마음병 환우들은 어떡하지?'

이 역시 문제가 아니었다. 함께 이곳에 데려와서 센터의 스태프 인력으로 배치하면 해결되는 문제였다. 일하면서 현실 감각을 익힐 수 있으니, 도랑 치고 가재 잡는 격이었다.

그러면 이제 힐링 프로그램을 위한 전문 인력 배치가 문제였다. 그러나 이 역시 내게는 문제 거리가 아니었다. 그냥 믿는 대로 살아가면 모든 것이 해결되는 경험을 누차 체험했었기 때문이었다.

일단 센터의 음식을 담당하기에 매우 적절한 인력이 있었다. 일명 '장금쌤'으로 불리는 나의 오랜 벗 '부처님'이었다. 그녀는 한국전통음식연구소에서 전통음식 조리법을 배웠기에 한방 약선음식을 담당하기에 부족함이 없었다.

센터 운영에 필요한 다른 인력도 속속들이 배치되고 있었다. 그 모든 사람은 하늘이 보낸 전령사이자, 천사라고도 부를 수 있는 소쩍새들이었다. 물론 그렇게 만난 귀한 인연인 나의 **소쩍새들은 자신의 위치에서 자신의 역할을 충실히 해내면서도 나를 도와준다는 생각조차 하지 않는다.** 또 그렇게 생각해야 나 역시 부담스럽지 않아서 좋다. 각자가 알아서 각자 일을 하지만, 내게 고마운 존재라는 사실은 변함이 없었다.

한방자연치유센터를 오픈한 지 수개월 후, 제천시의 연요리 음식점 대표가 센터를 방문해서 인사를 나누게 되었다.

"이OO이라고 합니다."
"저는 황웅근입니다."

헉!
그렇게 소개하자마자, 우리는 서로의 얼굴을 빤히 쳐다볼 수밖에 없었다. 그는 다름 아닌 내 초등학교 동창생이었다. 동창생들 사이에서는 그가 죽었다는 소문이 돌고, 행방이 묘연해져서 연락이 끊긴 친구였다. 그간의 사연을 들어보니 10여 년 전 버스 추락 사고로 하반신을 심하게 다쳤고 장기간의 투병 생활로 인하여 생겨난 헛소문이었음을 알게 되었다. 친구는 다행스럽게도 오랜 투병 끝에 건강을 되찾은 모습이었다. 나는 마치 다시는 못 볼 줄 알았던 친구를 만난 기분에 정말 기뻤다.

당시 친구가 센터에 함께 모시고 온 분이 있었는데 체구는 작아도 합기도, 태권도, 궁중무술, 활쏘기 등에 능했고 오랫동안 자연치유 운동을 연구하고 보급해온 재야의 실력자였다.

"저는 선생님이 필요합니다. 센터에서 운동 치유를 전담해 주실 수 있을까요?"
"저도 그런 마음으로 이곳에 방문했습니다."

이심전심! 더 이상의 말이 필요치 않았다. 나는 하늘이 나와 함께 하고 있음을 실감했다. 필요한 사람을 상상하면 적임자가 나타났다. 내가 바라고 생각만 하면 모든 일이 다 이뤄졌다.
말도 안 된다고?
아니다. 말 된다. 예를 들어보자. 광막한 우주라는 시공간에서 내가 태어날 확률은 과연 얼마일까? 지구마저도 처음에는 생명체가 살아갈 환경이 아니었다. 수많은 생명체의 탄생과 멸종이 되풀이되었다. 이후 웅장하게 등장했던 공룡마저도 약 2억 년 전쯤에 나타나서 1억 3,000만 년이라는 기간 동안 생존하다가 6,600만 년 전쯤에 멸종되었다. 그리고 한참이 지난 후에 비로소 인류가 나타났다. 길게 잡아도 1,000만 년도 안 된다. 그리고 우리는 지금 인터넷과 유튜브가 돌아가는 이 세상에서 잘도 살아가고 있다.
이건 말이 되는가?

이처럼 확률적으로 가능치 않은 일들이 우주 공간에서는 아무렇지도 않게 일어난다. 그렇다면 그냥 내가 원하고 바라는 일들이 척척 일어나는 것은 어쩌면 평범한 확률일 수 있다.

다만, 반드시 하늘과의 접속이 전제되어야 한다. 그래서 나는 하늘을 믿고 하늘이 바라는 대로 항상 선하게 마음먹고자 노력하면서 '내 떡 썰기'에 힘쓴다. 그러면 저절로 걱정이 멀어진다. 이것은 '믿음은 앞으로, 걱정은 뒤로' 두는 전법이다.

나는 율곡형과 퇴계형으로부터 배운 이 전법으로 '숲 치유', '명상', '국악 힐링'을 지도하는 선생님과 센터에 최적화된 간호사를 찾았고, 센터 관리사님과 주방 선생님 등 최적의 힐링 멤버를 갖출 수 있었다.

첫 한방힐링워크숍을 열기 위해 우리 팀원은 전국 관련 부서에 힐링 프로그램을 안내하는 편지와 이메일을 보냈고 전화도 걸었다. 그러는 과정에서 첫 팀으로 소방관님들이 연결되었다. 소방관님들은 우리의 안전을 지키기 위해 최전방에 근무하시는 분들이기에 어떤 직업보다도 피로감이 누적될 가능성이 커서 힐링이 절실한 분들이었다. 첫 한방힐링워크숍의 반응은 뜨거웠다. 그분들은 이구동성으로 우리의 힐링 프로그램을 응원해 주셨다.

어찌 고맙지 않겠는가.

센터 오픈 후 2년이 지나자 프로그램이 안정되었고 3년이 지나자 센터 운영이 활성화되었다. 당일형, 1박 2일형, 2박 3일형의 힐링 프로그램도 제대로 세팅되었다.

나는 이즈음에 제천시민들을 상대로 매년 400명씩 1박 2일 '한방힐링 프로그램'을 가동하였다. 그 덕분에 위탁사업 초기에 관련 부서에 찾아가 제천 시민들에게 한방 힐링의 혜택을 체감시켜 드리겠다는 시청과의 약속도 잘 지켜낼 수 있었다.

그러나 일반인 힐링에 힘쓰면서 환우 치료에 대해서는 상대적으로 미비했다. 나는 그냥 이 부분마저도 내려놓았다. 이 역시 또 다른 심의가 이 역할을 하리라고 믿었고 더는 걱정하지 않았다.

그렇게 4년, 5년, 6년이 무탈하게 지나가고 있었고 센터는 계속 성장했다. 전국의 공무원, 교사, 농업기술센터에 소속된 생활개선회, 각 지역의 자원봉사센터에서 근무하는 봉사자들과 직원분들은 차별화된 힐링 프로그램을 사랑해 주었고 내게 참 괜찮은 해동네가 펼쳐지고 있었다.

그러나 좋은 일만 계속될 수 없는 게 우리의 인생사가 아닌가. 모든 것이 좋았지만 전혀 예상치 못한 일이 발생하고야 말았다. 바로 2020년에 터진 코로나19가 그것이었다. 집합 힐링 교육을 진행했던 우리 센터는 전국에서 오시는 방문객으로부터의 감염 확산을 방지하기 위해서 모든 프로그램을 자발적으로 중단할 수밖에 없었다. 나의 한방자연치유센터는 교육 인원이 제한되고 사회적 거리두기로 인하여 속수무책에 놓이게 되었다.

그러나 달동네 역시 우리네 삶의 하나다. 그래서 나는 이 기간을 활용하여 다시금 제천시청 담당 부서에 찾아가서 방문객들이 좀 더 쾌적한 장소에서 힐링할 수 있도록 대규모로 시설을 보완토록 요청했다. 여러 진통이 있었지만, 다행스럽게도 나의 제안이 받아들여졌고, 2022년 5월 말일을 끝으로 나의 센터 운영은 위탁 기간 만기가 도래되면서 사업이 종료되었다. 나는 향후 센터의 대규모 리모델링이 끝나고 다시 심사에 참여해서 재선정되기를 기대하고 있다. 이런 나의 바람이 잘되면 잘돼서 좋다. 안 돼도 괜찮다. 하늘이 내게 더 큰 기회를 주실 테니까.

지난날을 되돌아보면 내가 초인적인 의지를 갖췄을지라도 일의 효율이 따르지 않는 경험이 참 많았다. 그것은 아마도 운동선수가 운동할 때 쓸데없이 어깨에 힘만 잔뜩 들어간 상황과 같다고나 할까. 그러면 나는 투웨이를 적용한다. 나의 또 다른 카드 한 장인 하늘에 대한 믿음을 앞세우고 걱정일랑 뒤에 둔다.

그러니 일이 잘되지 않을 수 없다.

이제 일이 잘되든, 잘되지 않든 아무런 문제가 될 수 없다.

해동네도 좋고, 달동네도 괜찮으니까.

🖋 무슨 소리?

한방자연치유센터를 운영하면서 일어난 일들을 적어 봤어,

🖋 그래서?

믿음은 앞세우고 걱정은 뒤에 두는 거야.

🖋 뭐가 좋지?

일이 척척 진행돼.

가스라이팅과 품라이팅

지금으로부터 아주 먼 옛날, 내가 한의대 예과 2학년 시절이었다. 서울 광화문 근처에서 신농백초 한의원을 개업하고 계셨던 금오 선배님께서 여름방학을 맞이하여 한의대생을 대상으로 사암침법 40일 무료강좌를 열었다. 강좌는 매주 평일 아침 7시부터 2시간 가까이 진행되었다. 첫 시간에 금오 선배님이 말씀하셨다.

"여러분! 남자와 여자가 100m 달리기 시합을 했어. 대개 남자가 먼저 골인하지만 그런데 이날은 여자가 먼저 골인했지. 왜 그랬을까?"

선배님의 생뚱맞은 질문에 우리는 참으로 황당했다.

'아니 지금은 침술 강의 시간이 아닌가? 이런 질문이 침법과 무슨 상관이 있지?'

아무도 대답하지 않자, 선배님이 입을 여셨다.

"왜긴? 남자는 X빠지게 뛰고 여자는 X나게 뛰었던 거야."

첫 강의가 걸쭉한 음담패설로부터 시작되었다. 우리는 머리에 지진이 일어나는 듯 황망했다. 그렇게 당황스러워하는 우리에게 선배님들은 다시금 한 말씀 더 하셨다.

"침을 잘 놓으려면, 마음을 알아야 해. 그러기 위해서는 너희들의 고정된 정신부터 깨져야 해. 그래야 새로운 세계가 보여."

우리는 모두 크게 한 대 두들겨 맞은 기분이었다. 그리고 그날 첫 강의가 끝날 무렵 화두 하나가 던져졌다.

만 가지 법이 하나로 돌아가는데, 그 하나는 어디로 돌아가는가?
(萬法歸一 一歸何處)

벽암록의 45번째 화두다. 조주라는 선승에게 어떤 제자가 와서 위 질문을 하니, "내가 칭저우에 있었을 때 삼베 적삼 하나를 만들었다. 그리고 그 무게가 7근이었지"라고 선승이 대답했다고 한다. 이 뜻을 깨닫게 되면, 나 금오 선배에게 인가를 받으라고도 말씀하셨다.
나는 이 화두를 풀려고 부단히 노력했지만, 40일 강좌가 끝나도록 그 어떤 것도 잡히는 게 없었다. 그러다 한의대를 졸업하고 수년이 지난 어느 날, 드디어 이 화두가 타파되면서 구름 한 점 없는 맑은 경지에 이르렀다. 그런데 화두를 풀고 보니, 허무하게도, 정말 아무것도 아니었다.
그러면 나는 당연히 금오 선배님을 찾아가 인가를 받아야 했다. 그러나 나는 선배님을 찾아가지 않았다. 화두가 너무나 명료하게 풀렸기에 선생의 인가를 받을 필요조차 없었기 때문이었다. 물론 찾아가도 된다.

그때는 확인하기 위함이 아니며, 노닐러 가는 상황이다. 그러면 선생은 어떤 답변에도 틀렸다고 말할 것이다. 그러면 내가 선생의 귀를 잡아당기면서 넌지시,

"자기. 왜 그래? 우리 사이에 말이야. 하하."

라고 말할 터.

훗날 누군가 내게 물었다. 그렇게 명료하면 그 답을 말해 보라고. 그런데 화두는 답을 말하면 실례다. 하늘이 노해서 천벌을 받는다고 한다. 그러나 나는 이 관례를 깨고 아주 친절하게 답해 보기로 한다. 왜냐면 시대가 변했기 때문이다. 지금은 선생보다 학생, 스승보다 제자의 시대다. 화두 좀 푼다면서 어쭙잖은 인문학 실력을 감추는 것이 미덕이라고 내세우다가는 우리 사회에서 꼰대로 인식되면서 즉시 소외된다. 또한 이미 나는 '꼭 그래야만 한다'에서 벗어난 투웨이 철학을 가지고 있지 않은가. 그러므로 나는 다음처럼 답해 본다.

"어떤 녀석이 떠벌렸는데?"

그런데 묘하게도 선문답은 그 답을 알려 줄지라도, 아는 사람은 알고 모르는 사람은 모른다. 그래서 이 선에서 더 나가면, 화두에 대한 예의가 아니다. 그러므로 나 역시 이 정도 선에서 그치는 게 바람직하다고 생각한다.

가스라이팅!
대개 한 사람이 또 한 사람의 의식을 세뇌하여 철저히 그의 삶을 지배하는 모습을 형용한 단어다. 단지 인간관계뿐만 아니라, 요즈음은 특정한 종교, 철학, 이념 등에 이끌려 자기중심을 잃을 때도 '가스라이팅 당했다'라고 그 의미를 확대해서 적용하는 편이다.

나는 평소 환자분이나 일반인들에게 늘 성현의 말씀을 존중하고 권고했다. 그럼 내가 뭇사람들에게 성현의 말씀을 내세워서 가스라이팅했던 것은 아니었을까?

그러나 나는 성현의 말씀은 가스라이팅이 아닌, **'품라이팅'**이라고 생각한다. 왜냐면 성현님들은 항상 주체성을 가지고 살라고 가르쳐 왔기 때문이다. 여기서 품라이팅이란 '품 마을' 공동체를 이끄는 내 친구 용만이와의 대화 중에 그가 처음 말했고, 내가 정립한 신조어다.

'품 마을' 공동체에서는 구성원들 모두가 각자 가지고 있는 선한 재능을 마음껏 발휘할 수 있는 '품'을 가지도록 권고하고 응원한다. '품'에는 '품는다'라는 뜻과 따뜻한 사랑이 흐르는 '사람의 품'이라는 뜻이 있다. 나는 이에 근거해서 다음과 같이 '품라이팅'을 정의해 보았다.

나의 품과 너의 품이 만들어 낸 따뜻한 사랑의 에너지를
우리 사회에 전파하는 작업

화두나 성현의 말씀은 '품라이팅'에 충실하다.

그런데 성현의 말씀마저도 자의적으로 왜곡하여 가스라이팅하는 경우는 국가적 프로젝트에서마저도 빈번하게 발생했다. 예를 들어 유학에서 중시하는 '충(忠)'은 본래 내 마음의 중심을 잡고 살아가라는 멋진 뜻이었다. 하지만 한때 국가 교육 시책에서조차 '부모에 효, 나라에 충'이라는 이데올로기로 대중들을 가스라이팅하였다. 그러나 지금은 개인이 국가를 위해 희생해야 한다는 논리는 더는 통용되지 않는다. 지금은 투웨이가 적용되는 민주화된 사회에 살고 있기 때문이다.

'만법귀일 일귀하처' 화두처럼 그 어떤 녀석이 말했더라도, 그것이 내 삶에 유익하면 가져다 쓰면 된다. 그 어떤 분이 말씀하셨더라도, 내 삶에 무익하면 버리면 된다. 그 녀석이 그냥 무심코 툭 던진 말에 왜 내가 일

일이 신경 써야 한단 말인가.

내 인생은 내가 결정하는 법. **자기의 삶을 주체적으로 사는 사람은 그 자체로 충분히 매력적**이다. 그렇게 '만법귀일 일귀하처' 화두는 내 인생의 중심에는 내가 있어야 한다는 아름다운 메시지로써 품라이팅을 하고 있었다.

안타깝게도 금오 선배님은 수년 전 지병으로 작고하셨다. 그렇지만 나는 선배님으로부터 한의사의 패기를 배웠고 그것에 상응하는 학문의 빚을 졌다. 그 빚을 내가 선배님에게 직접적으로 갚을 수 없었지만, 선배님도 이를 원치 않을 것이다. 그저 내 삶의 주인공이 되라고 천상에서 묵묵히 응원하실 터.

나 역시 다행스럽게도 선배님에게 진 빚을 한의대 학생들에게 한국 정통 심리치유 분야라고 부를 수 있는 '한방 심성계발' 강좌를 통해 갚을 수 있었다. 내게 배운 나의 후학들 역시 각자가 자기 삶의 주도권을 가질 수 있도록, 지금 이 순간에도 화두와 성현의 말씀으로 또 다른 후학들에게 품라이팅하면서 이 아름다운 전통을 이어나가고 있다.

🖋 무슨 소리?

가스라이팅도 있고 품라이팅도 있어.

🖋 그래서?

상대로부터 가스라이팅 당하지 말고 품라이팅을 해보는 거야.

🖋 뭐가 좋지?

상대를 성장시켜 주면서 내 삶의 주도권도 가지게 돼.

깨달음 시트콤

현재 마라톤 세계 신기록은 케냐의 켈빈 킵툼(23)이 2023년 10월 8일에 23세의 나이로 시카고 마라톤에서 수립한 기록으로 2시간 00분 35초이다. 곧 2시간 안으로 들어올 태세다. 정말 대단하다.

경제계에서는 2023년 현재 프랑스의 LVMH 경영자인 베르나르 아르노와 테슬라의 일론 머스크가 각기 265조와 250조의 순자산으로 톱 순위를 다투고 있다. 이 역시 참 대단한 사람들이다.

그런데 대단하다는 사연을 빼보면 그 역시 별일 아니다. 그들 역시 나와 똑같이 하루 3끼만 먹고, 하루는 24시간만 주어진다. 특히 생로병사라는 자연의 섭리 앞에서는 완벽히 평등하다. 크게 보면 큰 차이가 아니며, 기죽을 일이 아니다.

깨달음 영역은 어떨까?

성철형은 8년 동안 누워 잔 적이 없고, 10년 동안 묵언 수행하신 기록을 보유하고 있다. 자타가 공인하는 대단한 수행 기록이다. 형은 옛 선사들이 '세수하다가 코 만지는 것만큼이나 쉬운 게 깨달음'이라는 말에 동의하면서 '산은 산이요, 물은 물이다'라고 말했다. 산에 수많은 수식어를 붙여서 마치 산이 아닌 것처럼 포장하거나, 심지어 현란한 언어로 '산이 곧 물'이라고 증명할지라도 산은 산 그대로 있을 뿐, 특별할 게 없다는 뜻이다. 더 나아가 부처와 극락 역시 특별한 그 무엇으로 포장해서 대단한 것으로 떠받들고 있지만, '평범한 한 개인이 모두 부처이고 지금의 이 현실이 곧 극락이다'라고 극명하게 까발리셨다.

이것으로 이미 충분하지 않을까?

대개 **깨달음은 '도통한다', '거듭난다', '지극한 행복', '속박 없는 자유', '완전한 박애' 등의 의미가** 있다. 지극한 선이자, 환희이며, 인류 지성의 최고봉이라는 수식어도 뒤따르면서 대중들의 관심을 불러 모은다. 그런데 과연 그런 경지가 따로 있을까?

물론이다. 그러나 그런 경지는 저 먼 곳 히말라야 고봉이 아닌 바로 우리 곁에 있다. 이미 우리가 다 가지고 있다. 너무 평범하고 흔해서 아무것도 아닌듯하고 당연한 일상사들이 바로 그것이다. 우리는 이러한 일상의 일들을 당연한 것이라고 여긴다. 전기와 수돗물의 소중함을 잊고 살아간다. 그러다가 정전이나 단수가 되어 화장실을 못 쓰고 냉장고도 멈추고 밥도 지을 수 없을 때, 그것들이 얼마나 소중한 건지 알게 된다.

깨달음 역시 이와 같다. 너와 나는 오늘 일상에서 밥 먹고 일하면서 살아가고 있다. 이런 일을 거뜬히 수행하는 내 몸을 보자. 내 몸은 오장육부(五臟六腑)와 근골(筋骨)과 혈맥(血脈)으로 꽉 차 있지만, 기혈의 순환이 원활하게 이뤄지는 것을 보면 그만큼 텅 비어있다는 증거이기도 하다. 꽉 차 있음과 텅 비어있음이라는 모순이 내 몸에 양립한다. 이 얼마나 경이로운 일이 아닌가. 이토록 누구나 가지고 있는 내 몸의 놀라운 가치에 눈을 뜨는 것은 마라톤 세계 기록이나 세계 최고 부자가 지닌 막대한 부, 장좌불와 8년보다도 더 엄청난 기적이며, 이 사실을 알아차리는 것이 곧 깨달음이다.

그러므로 남의 대단한 능력에 현혹될 이유가 없다. 나는 2023년 현재 59세의 나이에 매일 아침 15개 이상의 턱걸이 운동을 한다. 나름 적은 개수는 아니다. 그러나 누군가가 턱걸이 15개를 하지 못하면 내가 그 사람보다 뛰어날까? 나도 그렇게 생각하지 않으며, 상대가 그렇게 생각할 이유 역시 없다. 이건 그저 내게 있어 지극히 평범한 일상사일 뿐이다.

그러므로 **진정한 깨달음은 뛰어난 수행 능력과 아무런 상관이 없다.** 그 깨달음은 만인이 공감할 수 있는 것이어야 그 보편성으로써 만인의 소유가 된다. 만일 깨달음마저 특정 수행자의 능력이라면, 그 깨달음의 가치가 대중들에게 무슨 소용이 있겠는가.

따라서 깨달음을 굳이 정의해 본다면 곧 '일상의 가치를 찾는 순간'이거나, '그것을 알아차리는 각성'이라고 정의할 수 있다.

어떤 독자분이 내게 물었다.

"황 작가님. 당신은 깨달았나요?"
"물론이죠."
"깨달아 보니 어떤 상황이죠?"
"별 차이 없습니다."
"별 차이가 없다면 깨달아서 뭐 하겠다는 거죠?"
"그러게 말입니다. 제가 하고 싶은 말입니다. 하하하"

깨달았다고 딴 나라에 살지 않는다. 깨달아도 밥을 먹어야 하고 잠을 자야 하고 대소변을 봐야 한다. 아무것도 변한 게 없다. 일상의 생활 그대로다.

그렇다면 그렇게 별 차이가 없는 깨달음이 무슨 필요가 있겠는가 싶겠지만, 그렇지 않다. 깨달음 후 겉모습은 차이가 없지만, 상황에 대한 인식 면에서 큰 차이가 있다. 깨달음 후에는 죽음을 적대시하지 않기에 마음이 평화로워진다. 일상의 가치에 눈을 뜨면서 차별감이 해소되고, 열등감과 위축 심리에서 벗어나 자부심과 자존감이 확립되어 대인 관계가 원만해진다. 이러한 상황은 내 삶에 활력이 생겨나는 엄청난 변화다. 따라서 깨달음은 필요하다.

그런데도 혹자들은 이와 같은 진실을 외면하고 질병과 죽음으로부터 전혀 불안을 느끼지 않고, 두려움이 전혀 없는 상태에 도달코자 한다. 와우. 정말 대단한 도전이다. 하지만, 그 역시 필요한지는 잘 모르겠다. 나로서는 일상의 소중함을 아는 정도로 충분하기에 더는 나아가고 싶지 않다. 그것은 내가 턱걸이 15개로 만족하는 것과 같다. 100개 이상 턱걸이를 달성해야 직성이 풀린다면, 그렇게 하는 것이 좋다. 그러므로 누군가 깨달음의 지고한 경지로 무심이든 무아를 추구한다면 나름대로 이유가 있겠고 참으로 대단한 일이지만, 누구나 그렇게 해야만 한다는 법은 없다. 그리고 나는 특히 거기까지 마음을 두고픈 생각이 없다. 지금 이대로의 삶, 즉 적절한 불안과 두려움을 느끼는 삶이야말로 정말로 대단하다고 생각하기 때문이다.

더 나은 세계, 더 많이 가지려는 마음, 더 완벽하려는 생각이 '깨달음'이라는 환상의 세계를 창조한다. 그리고 그 세계를 달성하려고 달려가는 그 사람은 여전히 심리적 궁핍감에 빠져있다. 그런데 이 좋은 세상에 무엇이 그리 부족한 걸까?

단지 착각이 아닐까?

새는 여전히 창공 위로 높이 날고 태양은 언제나 눈부신 자태를 뽐낸다. 아직 나는 숨 쉴 수 있고, 그대가 부르는 노래도 들을 수 있다. **이미 충분하다. 그런데도 궁핍감에 빠져 열 일을 제쳐두고 깨달음에 매진한다**

면, 높은 기대치가 만들어낸 소위 '깨달음 병'일 수 있다. 이 병은 계속해서 깨달음을 향해서 달려가는 이상 그 깨달음을 구할 수도 없고, 깨달음 병 또한 치유되지도 않는다.

사실 깨달음은 개인의 주관적인 표현에 불과하기에 그 누구라도 깨달음을 선언할 수 있다. 그 선언은 타인들로부터 인정받을 수도 있고 아닐 수도 있다. 다만 자기가 속한 일상에서 평범함이 주는 놀라운 가치를 깨달아서 행복을 누리고 있다면 스스로에게나 타인에게나 깨달음에 대한 평가나 인정을 받을 필요가 없어진다.

강박 심리에 시달리고 있는 한 여성분이 울분을 터뜨리며 말했다.

"아니, 도대체 그 남자가 내게 그럴 수 있나요? 내가 그토록 열정적으로 사랑했는데 도저히 용서할 수 없어요."

"부인께서는 지금 본인 생각이 맞는 것으로 생각하시죠?"

"당연한 거 아닌가요?"

"그런데 그렇게 바르고 당연한 생각이 본인을 괴롭힌다면, 그 생각마저도 버리는 것은 어떨까요?"

"뭐라고요? 그게 말이 돼요?"

"그럼 계속 그 생각을 부여잡고 언제까지 자신을 괴롭힐 작정이시죠?"

"……."

내 마음의 평화에 도움이 된다면 비록 철석처럼 믿는 나의 바른 생각일지라도 이를 버릴 줄 알고, 남이 틀렸다고 생각되는 견해마저도 받아들일 줄 아는 자세가 필요하다. 이러한 유연성을 얻는다면, 이것 역시 깨달음이라고 말할 수 있다. 이로 인해서 내 심리가 안정되면서 걷고 말하고 먹는 등의 평범이 주는 위대한 생활을 누릴 수 있기 때문이다.

그러므로 나는 굳이 깨달음을 정의한다면 다음과 같이 말하고 싶다.

오늘 너와 내가 함께 숨을 쉬고 산책하면서 수다 떠는 즐거움을 누리고 있다면, 당신은 확실히 깨달은 사람이다.

뛰어난 능력자가 낼 수 있는 엄청난 기록, 즉 마라톤 최고 기록이나 최고의 부자는 그래봤자 한 사람의 몫밖에 되지 않는다. 그러나 일상의 일들은 지구에 생존하는 80억 인구가 다 누릴 수 있는 일이다. 어느 한 사람만이 먹을 수 있는 거대한 빵 한 개가 위대한가, 80억 모두가 동시에 먹을 수 있는 작은 빵들이 위대한가?

후자야말로 대단한 능력보다 더 대단한 일이 아닐까?

그렇기에 **일상의 평범한 일들이 주는 가치와 소중함을 알아차리는 것이 곧 진정한 깨달음이다.** 더도 없고 덜도 없다.

무슨 소리?

대단한 것과 깨달음은 아무 상관이 없어.

그래서?

지금 일상에서 일어나는 평범한 일에 관심을 가져 봐.

뭐가 좋지?

대단한 것보다 더 대단한 것을 찾게 돼.

스님이 고양이의 목을 베다

동양의 모든 철학과 사상은 위트와 유쾌한 코미디, 장난기로 가득 차 있다. 깨달은 현자에게는 어떤 심각함도 보이지 않는다. 가장 화려한 선의 절정기에 있었던, 남전 선사와 그의 제자 조주 선사의 이야기를 통해 동양의 유쾌했던 구도 모습을 들여다보기로 한다.

남전형과 조주는 처음 만날 때부터 그 자체가 화두가 되어 전해지고 있다. 남전형은 당시 누운 자세로 있었고 자기 절에 찾아온 어린 조주에게 다음처럼 대화를 나누었다.

"너는 어디에서 왔느냐?"

"서상원(상서로운 코끼리 동네)에서 왔습니다."

"그러면, 너는 상서로운 코끼리를 보았느냐?"

"상서로운 코끼리는 못 보았지만, 지금 누워 있는 부처는 보고 있습니다."

남전형은 어린 나이에도 한눈에 자신을 알아보는 조주를 보자 정신이 번쩍 들었다. 그래서 몸을 바로 일으켜 세운 후 다시 물었다.

"너는 스승이 있느냐?"

"스승님! 날이 춥습니다. 건강 조심하세요!"

남전형은 조주의 재치있는 응답에 반해서 그를 제자로 삼고 절에 거주시켰다. 조주가 스무 살 무렵, 스승 남전형에게 물었다.

"진리가 뭔가요?"

"평상심이지."

"어떻게 얻을 수 있나요?"

"얻으려는 노력은 지금 이곳 일상을 벗어나 그 뭔가를 찾겠다고 결심하는 일이기에 결코 얻을 수 없어."

"그러면 어떻게 해야 합니까?"

"이미 여기 일상에 다 있어. 진리는 그런 거야. 너무 명확해서 어떤 의심도 일어나지 않아."

조주는 이 문답으로 모든 것을 알아차렸다. 일상의 가치를 알아차리는 것, 그리고 그 명확한 자신감으로 어떠한 분별에도 흔들리지 않는 '항상 그러한 마음'이 평상심이다. 그러나 어떻게 마음이 흔들리지 않겠는가. 흔들려도 된다. **흔들릴지라도 다시 일상으로 복원되는 그 마음이 진정한 평상심이요, 진리다.** 일상에 살면 평상심이 생겨나고 평상심을 얻으면 일상에 머물게 된다. 이 둘은 서로 연결되어 있기에 투웨이의 구조라고 말할 수 있다.

이번에는 두 사제 간에 벌어진 기이한 화두를 소개해 보기로 한다. 바로 남전형이 고양이의 목을 벤 사건, 일명 '남전참묘(南泉斬猫)'다. 그 내용은 다음과 같다.

어느 날, 남전 선사의 절에서 마음공부를 하는 동쪽 집의 제자 스님들과 서쪽 집의 제자 스님들 간에 고양이 새끼 한 마리를 놓고 각자가 자기의 소유라면서 다투는 일이 벌어졌다. 한쪽에서는 키운 점을 강조하였고, 또 한쪽에서는 데려온 점을 주장했다. 이 광경을 지켜 본 남전 선사는 고양이 새끼를 치켜들고 칼을 빼 들었다. "그대들이여! 이 상황에서 제대로 된 한마디를 이르면 고양이를 살려주고 그 한 마디를 이르지 못하면 이 고양이의 목을 베겠다"라고 하였다. 그런데 한 사람도 대꾸가 없자, 남전 선사가 칼로 고양이의 목을 베어버렸다. 밤늦게 남전 선사의 수제자인 조주가 외출했다가 돌아오자 남전 선사가 낮에 있었던 일을 들려주었다. 그러자 조주는 아무 말 없이 자기 짚신을 벗어 머리 위에 얹고 방을 나가버렸다. 그런 조주의 행동을 바라본 남전 선사는 "저 녀석이 있었더라면 고양이 새끼를 구할 수도 있었을 텐데"라고 말했다.

위 화두에는 다음 세 가지 의문이 존재한다.

첫째, 남전이 바라는 고양이를 살릴 수 있는 그 한마디는 무엇일까?
둘째, 살생이 금지된 절간에서 남전은 왜 고양이의 목을 베었을까?
셋째, 조주가 머리에 신발을 얹고 방을 나간 이유는 무엇일까?

조주형과 남전형은 이 화두로써 무려 1천 년 이상 대중에게 의아심을 불러일으켰다. 나도 역시 그랬었다.

'도대체, 절에서 대낮에 살생이 일어나다니, 어떻게 그런 일이 일어날 수 있단 말인가! 혹, 공부하지 않고 쌈박질이나 하는 제자 스님들에게 일벌백계로써 고양이의 목숨을 희생시켜 본보기라도 보여주기 위함이었을까?'

하지만 이러한 생각으로는 내 머릿속이 시원치 않았다. 본래 화두가 타파되면 구름 한 점 없이 맑은 경지를 본다고 하는데, 이런 나의 해석은 내 머릿속에 짙은 먹구름만 잔뜩 드리우게 할 뿐이었다. 그러던 어느 날, 고심 끝에 잡히는 생각이 있었다.

'절에서 살생이 일어났다면 절에서의 일상이 무너진 거잖아. 이게 말이 돼? 그건 아니잖아. 그렇다면 뭐지? 아하! 바로 그거로구나.'

드디어 화두가 타파되면서 푸른 하늘이 드러났다. 내게는 당시의 상황이 마치 영화를 보는 듯 눈앞에 펼쳐졌다. 나는 위 세 가지 의문에 대해 바로 답할 수 있었다.

1번 답: "당신은 결코 고양이 목을 벨 수 없소."
2번 답: 고양이의 목을 베지 않았다.
3번 답: 일상을 벗어난 우스꽝스러운 농담에 역시 일상을 벗어난 위트로 응대했다.

남전형은 고양이의 목을 베지 않았다. 벨 수가 없었다. 왜냐하면 자기 수양을 하는 공간에서 계율을 깨면서까지 일상을 무너뜨릴 수는 없었기 때문이다. 그래서 이제 나는 당시의 제자들이 서로 다투면서 시끌벅적했던 상황을 재구성해보기로 한다.

제자들의 소란스러운 풍경을 본 남전이 말한다. "야! 이 녀석들아. 하라는 공부는 하지 않고 사소하게 고양이를 데리고 쌈박질을 할 때냐? 그럼, 좋다. 너희들이 공부를 다 해서 논다고 보고, 내가 문제를 하나 낼 테니 풀어보거라"라고 말하면서 남전이 갑자기 고양이를 잡아채더니 다른 한 손으로는 칼을 빼 들었다. 제자들은 흠칫 놀라면서 감히 나서는 자가 없었다. 남전은 "자, 이제 이 고양이는 목숨이 바람 앞의 촛불과 같다. 이 고양이를 살릴 수 있는 '제대로 된 한마디'를 일러 보거라. 만일 제대로 이르지 못하면 나는 고양이의 목을 베겠다"라고 제자들에게 화두 한 구절을 던졌다. 그런데도 그 누구도 나서는 자가 없었다.

"이제 너희들이 아무도 말하지 못했으니, 내가 지금 고양이를 죽여야 하겠느냐? 아니면 재차 정신들 차려서 공부에 매진하겠느냐?"라고 물으니 제자들은 이구동성으로 "저희가 마음을 다잡고 공부하겠으니 고양이만큼은 살려 주십시오"라고 말했다. 남전은 "좋다. 그렇게 하겠다. 하지만, 그렇다고 하더라도 너희들이 문제를 풀지 못했을 경우에는 내가 고양이 목을 베겠다고 말했으니 고양이는 이미 죽은 것과 다름없다. 그러니 이 일을 기록하려거든 고양이가 죽었다고 쓰거라. 나는 스스로 뱉은 내 말에 얽매여서 아무런 죄도 없는 고양이를 참수할 생각이 전혀 없다. 나는 너희들의 다툼을 끝내려는 목표와 함께 너희들의 공부 의지를 재차 확인한 것으로 만족하겠다"라고 말하며 제자리로 돌아갔다.

남전형에게는 애초부터 '고양이의 목을 베겠다는 생각'이 아예 없었다. 고양이의 목은 제자들의 나태함이었다. 형은 그 나태함을 벤 것으로 충분했다.

본래 모든 화두에는 유쾌한 속임수가 등장한다. 이 화두에도 고양이를 죽였다는 속임수가 제목에 한 번, 본문 내용에 두 번, 모두 세 차례 등장한다. 후학들은 '고양이를 죽였다'라는 속임수에 얽매여서 '왜 죽였을까?'라고만 생각한다. 만 가지 답을 내더라도 모두가 오답일 수밖에 없다.

저녁에 절로 돌아온 조주는 스승으로부터 '고양이가 죽었다'라는 이야기를 들었지만 바짝 깨어 있는 그였기에 남전 스승의 속임수에 걸려들지 않았다.

"에구, 스승님! 말 같은 소리를 하셔야지 믿죠. 제가 짚신을 머리로 신는다고 말씀드리면 믿을 수 있겠습니까? 하하하"

조주는 익살스런 퍼포먼스로써 스승의 속임수를 해체했다.

일상에서는 수많은 게임이 존재한다. 우리는 어릴 적 숨바꼭질 놀이, 오징어 게임, 고무줄 놀이를 하다가 게임에서 졌을 때 "너 죽었어"라고 표현했다. 이 말은 실제의 죽음 상황과 아무런 관계가 없다. 남전 역시 이처럼 지적 게임에서 진 제자들을 향하여 "고양이가 죽었다"라고 말했을 뿐이다. 조주는 남전형의 이야기를 듣자, 그것은 스승이 벌인 게임이었음을 정확히 알고 있었다.

만일 남전형이 정말 고양이를 죽였다면, 그는 스스로 자기의 말에 이끌린 사이코패스 환자일 뿐이다. 그가 어떻게 조주의 선생이 되고, 선가의 큰 스승이란 말인가. 그것은 일상을 벗어난 해괴망측한 일이다.

유쾌한 속임수로서의 화두는 우리나라의 경허(鏡虛, 1849~1912) 선사(禪師)에 이르러 절정을 이룬다. 다음은 경허형의 기행(奇行) 중의 하나이자, 화두다.

어느 날 경허 선사는 제자 승려에게 절에 '단청(궁궐이나 절 등의 목조건축 기둥, 천장에 그린 화려한 문양) 불사'를 해야겠으니 중생들로부터 시주를 받자고 말했다. 이에 경허는 제자와 함께 탁발하면서 시주받은 돈이 모이자 그 돈으로 주막에서 술을 사서 마셨다. 이를 본 제자가 "스님은 지옥에 떨어질 것입니다"라고 말하면서 항의했다. 그러자 경허는 "술을 마신 내 얼굴이 붉으락푸르락하는 게 절의 단청과 무엇이 다르겠는가? 너는 법당의 죽은 나무에 칠해진 단청뿐만이 아니라 살아있는 얼굴이라는 법당에 칠해진 단청을 보라"라고 말했다.

경허형은 본질과 실체를 꿰뚫고 현상과 격식에 얽매이지 않았다. 형은 비록 **현상에 속아주긴 했어도 현상에 속지는 않았다.** 최고의 선승으로 시대를 주름잡았으나, 그렇게 얻은 화려한 명예와 권위마저 다 던져버리고 다시 환속하여 평범한 소시민으로 일상을 누렸다.

'남전참묘'나 '경허단청'은 배보다 배꼽이 커지는 현상을 직시했다. 이두 개의 화두는 종교가 진지함을 넘어 심각해지는 상황을 바로 잡아 일상의 의미를 깨칠 수 있게 도와준다. 대륙의 남전형도, 반도의 경허형도, 형들만의 유쾌한 화두를 통해 **일상을 깨뜨림으로써 깨지지 않는 일상의 가치를 역설적으로 찾아주고 있었다.**

🖋 무슨 소리?

화두를 통해 일상의 참된 가치를 알 수 있어.

🖋 그래서?

기이한 사건일수록 오히려 평범하고 상식적인 시각으로 바라보는 거야.

🖋 뭐가 좋지?

현상에 속지 않고 본질을 보게 돼.

사주 명리학의 쓰임새

내 사주는 다음과 같다.

시	일	월	년
丁 卯	己 丑	乙 酉	乙 巳

　나는 사주명리학을 좋아하지만, 집착하지는 않는다. 태어난 일시와 나의 운명이 아무런 상관이 없기야 하겠느냐마는 그렇다고 그것이 인생을 좌우할 만큼 위력적이라고 볼 어떤 근거도 없기 때문이다. 또한 그렇게 집착하지 않기 때문에 누구보다도 사주명리학을 자유롭게 활용한다.

　스마트폰에서 만세력 앱을 설치하면 누구라도 자기 사주를 볼 수 있다. 위 도표의 위 천간(天干)과 아래 지지(地支) 두 글자를 한 기둥으로 보면 모두 네 개의 기둥이 보인다. 따라서 네 개의 '기둥[주(柱)]'이라는 뜻에서 '사주(四柱)'라고도 말하며, 글자가 총 8개라서 팔자(八字)라고도 말한다. 즉, 4주와 8자는 같은 말이다. 명리학에서의 주성(主性)은 하늘이 내게 부여한 개성적인 성품을 말하는데, 누구라도 다음 열 가지 중 하나에 속하게 된다. 주성은 년, 월, 일, 시 중에서 일주(日柱)(네개의 기둥 중 '일'에 해당하는 기둥) 중 천간을 말한다. 나는 기존 명리학 이론에 수양학적인 관점을 보완하여 다음과 같이 주성을 요약해 보았다.

주성 (主性)	자연계	특징	장점 (수양시 발현)	단점 (미수양시 발현)
갑목(甲木) 양	큰 나무	선각자 추진력	의지가 굳세고 도전 정신이 매우 강하다.	뒤를 돌아보지 않기에 때론 파괴적이다.
을목(乙木) 음	수풀	재주꾼 응용력	예술성이 풍부하고 재능이 특출하다.	교만과 게으름에 빠지기 쉽다.
병화(丙火) 양	태양	절대자 자립심	자존감이 투철하고 생활력이 강하다.	독단적 이기심에 빠질 수 있다.
정화(丁火) 음	장작불 (촛불)	주도자 명랑함	친절하고 따뜻하여 분위기를 이끈다.	가벼운 언행으로 인해 실수하기 쉽다.
무토(戊土) 양	큰 산 (대지)	모범생 인내력	항상 안정적인 성품 이며 늘 평화롭다.	변화를 거부하여 소통하기 어려울 수 있다.
기토(己土) 음	논 (밭)	중재자 화합력	융통성이 발달하였고 계획이 치밀하다.	자기의 정체성을 상실할 수 있다.
경금(庚金) 양	큰 바위 (무쇠)	해결사 결단력	자기 소견이 명확하고 일 처리가 간결하다.	자기 방식을 앞세우 다가 다툴 수 있다.
신금(辛金) 음	보석	멋쟁이 독창력	창의성이 뛰어나고 독특한 매력이 있다.	깐깐하고 예민하여 상처를 받기 쉽다.
임수(壬水) 양	호수 (바다)	인격자 포용력	타인에 대한 이해심이 깊고 여유롭다.	지나치게 자기를 희생시킬 수 있다.
계수(癸水) 음	시냇물	지성인 통찰력	생각이 유연하고 행동이 민첩하다.	자칫 비현실 주의에 빠질 수 있다.

위 도표에서 볼 수 있듯이 수양하면 장점이, 수양하지 않으면 단점이 발현된다. 필자의 주성은 '기토(己土)'다. 자연으로 비유하면 논밭이다. 내가 수양하면 융통성이 발달하고 치밀한 계획을 지닌 사람이 된다. 주변

의 여러 가지 난제를 중재하고 화합으로 이끌 수 있다. 지금 내가 하는 일과 잘 부합된다. 그러나 내가 수양하지 않으면 나의 정체성을 잃고 망상에 빠져 뭐가 뭔지 모르는 상태에서 헤맬 수 있다. 수양인의 관점을 놓치면 나 역시 자주 이런 상태에 머무른다.

누가 수양인인가?

본성에 마음을 두기, 하늘의 뜻대로 살기, 내 마음의 평화에 힘쓰면서 너와 내가 함께 유익할 수 있는 길을 모색하면서 항상 내 마음의 때를 씻어내고 있다면 그가 진정한 수양인이다. 수양인은 내 의견이 언제라도 틀릴 수 있으며, 상대 의견이 항상 맞을 수도 있다는 가능성을 열어둘 줄 안다. 내 의견을 피력하기 전에 상대 의견을 먼저 경청할 줄 안다. 나의 장점이 곧 단점이 될 수 있으며, 타인의 단점을 보면 그것이 내게 없는지를 깨어서 살필 줄 안다. 내가 수양인의 시각을 가지면 나의 주성은 장점으로 발현된다.

나의 지지(地支) 4가지 중에는 묘유(卯酉)가 있어 충(衝)이다. 12개의 지지를 시계라는 원 안에 시간별로 배속해 보면 '묘'는 4시, '유'는 10시가 되어 서로 정반대를 향하고 있기 때문이다. 이는 삶의 진폭이 크다는 의미로 해석할 수 있다. 즉 내 인생이 평탄하기보다는 역동적으로 흐를 가능성이 크다는 뜻이다. 실제로 내 삶이 그러했다. 성격이 무모해서 극과 극으로 자주 이동하면서 굳이 겪지 않아도 될 일들을 참 많이 겪었다. 애정도 경제도 건강도 그러했다.

내 일주(日柱)의 지지(地支)는 축(丑)이다. 이는 화개살(華蓋煞)에 해당한다. 요즘 언어로 '의리파'란 뜻이다. 여기서 살(煞, 殺)의 뜻은 '죽다'라는 뜻이 아니다. 한문이 가진 직역의 의미에 얽매여 엉뚱하게 해석하면 명리학은 원카드에 사로잡혀 자칫 살벌한 분위기가 연출될 수 있다. 여러 정황상 이때의 살은 '특징'이라는 의미로 해석함이 바람직하다.

일주(日柱)의 지지(地支) 특징은 크게 세 부류로 나뉜다. 나는 이를 현대적으로 재해석했다. 일주 지지(地支)가 '역마살(驛馬煞)'인 '인사신해(寅申巳亥)'면 '활동파'다. '도화살(桃花煞)'인 '자오묘유(子午卯酉)'는 '사교파'다. '화개살(華蓋煞)'이면 '진술축미(辰戌丑未)'로 '의리파'다. 역마살은 언제나 계속 이동하려는 성품이며, 도화살은 항상 사람들과 함께하려는 성품이고, 화개살은 한번 가면 끝까지 가는 성품을 지녔다는 뜻이다. 뭐 이 정도까지만 파악하면 좋다. 이 정도로도 충분하다. 내 삶의 중심을 잡고 사주명리학의 유쾌한 해석을 통해서 나와 타인과의 관계에서 좀 더 다양한 이해를 구할 수 있는 수준이 좋다.

더 이상의 명리학은 명리학에 매료돼서 이를 더 많이 사랑하고픈 사람들의 영역이다.

다만 명리학의 해석 방법인 오행(五行) 중에서 상생(相生)과 상극(相剋)의 의미가 왜곡되게 해석되는 경우가 많아서 이 부분을 살펴보기로 한다.

옆의 오행 도표를 보자. 상생은 목생화, 화생토, 토생금, 금생수, 수생목 그리고 다시 목생화로 돌아간다. 상극은 목

오행상생상극도

극토, 토극수, 수극화, 화극금, 금극목에 이어서 다시 목극토로 이어진다.

이 그림은 마치 자전거 휠과 같은 모양새다. 상극은 이 휠을 가로지르는 쇠살(spoke)과 같다. 쇠살이 없으면 둥근 바퀴(rim) 모양이 유지될 수 없다. 상생하기 위해서는 상극이 절대적으로 필요하다. 따라서 **상생은**

그저 친화적인 관계이며, 상극은 발전적인 관계로 보는 게 합리적이다. 상생은 좋은 것, 상극은 나쁜 것으로 해석하는 것에는 어떤 논리적 근거도 없다.

어떤 청춘 남녀가 사주를 보았더니, 둘의 궁합이 맞지 않아서 결혼하면 죽는다는 이야기도 심심치 않게 들린다. 이 역시 전혀 근거가 없다. 명리학을 구실로 삼은 전형적인 가스라이팅이다. 보지도 말고 듣지도 않는 게 상책이다.

나는 내담자가 각종 삶의 문제로 내게 상담을 요청하면 사주명리학을 적절하게 활용한다. 특히 가족 관계, 동료 관계, 회사에서의 인간관계를 설명하고 풀어가기에는 좋은 수단이 될 수 있다. 이때 사주명리학은 서로 익히 알고 있는 고정된 선입견을 타파하는 데에 좋은 역할을 한다. 다만 반드시 품라이팅으로 접근할 때는 확실한 쓰임새가 있고 서로에 대한 이해심을 높이기 위한 목적으로 매우 실용적으로 적용하는 것이 바람직해 보인다.

어느날, 다섯 명의 가족이 가족 관계의 어려움으로 내게 온 적이 있었다. 나는 그날 그분들의 사주를 모두 볼 수 있었다. 그리고 다음처럼 말했다.

"호오, 둘째 아드님이 이 집에서는 윤활유와 같은 존재군요. 아버지는 가장이지만 실재적인 주권이 없는 편이고요. 남편과 부인은 처음 만나는 그 순간에 바로 호감이 있었나 봐요. 부인께서 좀 더 적극적으로 대시하셨군요. 첫 대면 할 때 전혀 낯설지 않았죠? 사주를 보니 막내딸이 집안에서는 분위기 메이커로서 좋은 역할을 하고 있네요."

"헉. 선생님 족집게시네요. 마치 거울로 우리 집을 들여다보는 듯합니다."

나는 그저 가족 구성원의 주성(主性)에 오행의 상생과 상극 원리를 적용하여 이야기를 풀었음에 불과했지만, 방문한 가족들은 내 말에 탄성을 자아낸다. 그러나 나는 사주명리학을 통해 첫 대면에서 어색하고 경직된 상황을 풀었을 뿐이다. 그런데 가족 구성원들은 모든 것을 털어놓는다. 이때부터 본격적인 상담이 시작된다. 나는 이제 **명리학이라는 수단은 허공으로 날려버리고 이내 본성에 근거한 투웨이 철학을 꺼내서 자기 수양의 세계로 이끈다.** 그 결과 상담은 합리적이고 보편적인 궤도를 찾는다.

사주는 이야기를 풀어가는 매개체로서는 매우 유익한 수단이다. 또한 사주를 통해서 내가 보지 못한 상대의 장점을 알아차릴 수 있다면 인간 관계 개선에 많은 도움이 된다. 그러므로 내 마음이 기쁘고, 내 생활에 즐거움을 줄 수 있다면 사주를 적절하게 채용하되, 관념에 얽매여 배보다 배꼽이 커지지 않도록 경계할 필요가 있다.

일상의 행복이 주인이며 사주명리학은 종이다. 그러므로 누군가가 내게 본인의 사주를 의뢰한다면, 나는 품라이팅을 하기에 내게서 그 어떤 기분 나쁜 이야기도 들을 수 없다. 내게 있어 사주명리학은 얕은 수작으로 상대를 겁박하는 수단이 될 수 없다. 오직 우리 일상의 삶을 맛깔스럽게 도와주는 양념으로만 사용되기 때문이다. 이 역시 그저 유쾌한 구라, 재미있는 수다일 뿐이다.

🍃 무슨 소리?

사주명리학의 쓰임새를 간단하게 살펴 봤어.

🍃 그래서?

본인과 상대의 주성이 뭔지 한번 알아 봐.

🍃 뭐가 좋지?

서로에 대한 이해의 폭을 넓힐 수 있어.

우연은 곧 필연, 주역점

태어난 날을 기준으로 내 삶의 전체 그림을 이해해 보는 방편이 명리학이라면, 변화무쌍한 현재를 진단하고 이해하면서 적절한 활로를 찾을 수 있는 방편도 있을까?

놀랍게도 여기에 부합하는 최적의 솔루션이 있으니 바로 주역이다. 주역(周易)에서의 주(周)는 '두루', 역(易)은 '바뀐다'라는 뜻이다. 주역은 두루두루, 시시각각 변화하는 삶에 대해서 64종류의 괘(卦)로 나누고 각 괘마다 6개의 효(爻)를 붙여서 384가지 경우의 수로 세분하여 현재의 상황을 해석하고 적절한 대처법을 기술하고 있다.

퇴계, 율곡형이 이기론(理氣論)을 통하여 밝힌 하늘의 무한 사랑이 구체적으로 기재되어 내 삶에 용기와 격려, 냉정한 지침을 주는 응용서가 바로 주역이다.

'아, 하늘의 목소리를 직접 들을 수 있다니. 이 얼마나 감동적이고 신나는 소식인가.'

그래서 나는 환우와 일반인을 상담할 때 주역을 애용한다.

최근 직장에 6개월째 다니고 있는 한 직장인이 향후 어떻게 처신하는
게 좋은지에 대한 견해를 물었다. 주역 산대를 뽑게 했더니 43번 택천쾌
(澤天夬 ䷪)를 잡았다. 6효(爻)중 하나를 선택하기 위해 주사위를 던지니
6번째 효가 나왔다. 여기에 대해서 주역은 다음과 같이 서술하고 있다.

- '쾌(夬)'괘: 결단할 때다. 왕의 조정에서 선한 결심을 발표한다. 하지만
  그렇게 미덥게 호소해도 위태로움이 있을 수 있다. 먼저 솔
  선수범하되 군사를 일으키는 것처럼 무리수를 쓰면 이롭지
  않고, (순리대로) 나아갈 바를 두면 이롭다.
  (夬, 揚于王庭 孚號有厲. 告自邑, 不利卽戎 利有攸往.)
- '6'효: (악행은) 호소해도 소용없다. 결국 저절로 끝나리라.
  (上六, 无號 終有凶.)

나는 그녀와 회사와의 관계나 추가적인 정보에 대해 어떤 소식도 듣
지 못했지만, 위 주역의 괘와 효를 참조하여 다음처럼 대화할 수 있었다.

"본인이 마음의 중심을 단단하게 잡아야 할 때라고 봅니다. 다만 지금
이대로 회사가 요구하는 만큼은 성실하게 일하는 게 좋겠습니다. 급하게
승부를 내려고 하면, 다칠 수도 있으니 하늘은 조금 더 기다리라고 전하고
있습니다. 그렇게 한 템포 늦춰서 일하면 누군가 본인을 모함할지라도 그
사람은 저절로 도태됩니다. 본인이 지금 결단한 바를 잘 지키시면 좋겠습
니다."

"앗! 맞아요. 제가 그러고 있거든요. 저를 힘들게 하는 누군가가 있어
요. 그래도 퇴사하지 않고 중심을 잘 잡아나가겠다고 생각했거든요. 제 결
단을 잘 지키라는 뜻이군요. 제 결정에 힘을 실어주는 조언이군요."

"네. 좋습니다. 위 내용은 저의 조언이 아니라 하늘의 조언이에요."

주역 상담에서는 설문조사나, 복잡한 캐묻기가 필요하지 않다. 상담자에게 자기의 복잡한 사연을 다 말하지 않아도 된다. 내담자는 하늘에게 궁금한 상황을 말하며 그냥 산통에서 산대를 뽑으면 된다. 그러면 **하늘은 지금의 상황을 말해 주고, 현 상황에서 어떻게 하는 것이 최적의 방책인지를 말해 준다.** 이때 하늘은 사람을 무한히 사랑하기에, 언제나 따뜻하게 격려하고 힘차게 응원한다. 다만 조심할 점이 있다면 냉정한 충고도 곁들인다. 이렇게 단순하고 명쾌한 방법이 또 있을까?

여기서 잠깐, 주역점은 그냥 산통의 산대를 우연히 뽑는 건데 그게 어떻게 현실적일 수 있겠느냐는 의문이 든다. 나 역시 그렇게 생각했었다. 그러나 다시 생각해 보자. 우연이란 우연이 아닐 수 있다. 그대와 나도 우연히 생겨났다. 그러나 그 우연은 필연이었다. 그렇지 않다면 어떻게 우연히 생겨날 수 있겠는가. 그러므로 **우연히 일어나는 모든 일은 수많은 필연이 만나서 이뤄진 결과라고 말할 수 있다.** 단지 '하늘'의 화려하고 섬세한 손놀림으로 우리 눈에 우연으로 보일 뿐이다.

나는 내 마음이 여태껏 우연을 경시했음을 크게 반성했다. 우연이 결코 우연이 아니었음을 인정하자 즉시 주역이 바로 내 가슴속 깊이 파고들었다. 그리고 투웨이 시야가 확 트였다.

주역에서는 점을 치기 위해 산통 속에 산대를 넣고, 이를 무작위로 뽑기 때문에 상담자나 내담자의 생각이 개입할 틈이 생기지 않는다. 나는 효를 선택할 때는 주사위를 활용한다. 이 역시 생각이 개입할 수 없다. 나는 우연히 잡히는 산대와 주사위를 통해서 역설적으로 숨겨진 필연의 이치를 더 정확히 들을 수 있다고 믿는다.

사전에서는 '점(占)치다'의 뜻을 '길흉과 화복을 판단하기 위하여 점괘를 내어 보다' 혹은 '앞일을 내다보아 미리 판단하다'라고 적혀 있는 바 미래 예측 기능을 위주로 말하고 있다. 그 종류도 무수히 많아서 무속인이 귀신의 도움으로 점을 치는 것, 쌀알을 굴리는 법, 엽전을 활용하는 법 등 매우 다양하다.

주역 점 역시 길(吉)과 흉(凶) 등을 말하며, 미래 예측에 관한 기술이 적지 않다. 그러나 주역은 결코 미래를 단정하지 않으며, 바르게 살도록 권고하는 내용이 대부분이다. 나는 후자 쪽을 주시한다. 주역은 점서(占書) 형식이고, 그래서 점을 쳐볼 수 있지만, 괘를 설명하는 문장을 보면 **매우 훌륭한 수양서(修養書)의 기능을 갖추고 있음**을 누구라도 바로 알아차릴 수 있다.

주역은 학자들의 시조 격인 옛 현자들이 고안했다. 8괘는 복희라는 황제가 그렸고, 괘사는 주나라 문왕이 썼고, 효사는 문왕 혹은 주공 단이 썼다는 설이 있지만, 이 역시 기술된 인물들마저도 실제로 존재했다고 보기 힘든 상황이기에 주역의 기원에 대해 정확히 고증할 수는 없다.

다만 수천 년간 생존하였고 아직도 빛을 발하고 있기에, 이것만으로도 이미 세상에서 충분히 검증되었다는 확실한 증거라 볼 수 있다. 그러므로 수많은 세월 동안 검증된 주역에 대해서, 단지 우연을 중시하는 이유로 그 허망함을 주장한다면, 그러한 주장 자체가 오히려 더 허망해 보인다.

역사적으로 퇴계형이나 다산 형도 주역을 무척 사랑했다. 이순신 장군의 난중일기에서도 결전을 앞두고 주역점을 쳤다는 기록이 보인다. 왜 그랬을까?

단지 미래를 예측하려고?

결코 아니라고 본다. 나는 이분들이 현재 상황에 대한 **하늘의 뜻을 살피면서 자신의 주관적인 견해에 빠지지 않으려 치열하게 고민하고 노력한 흔적**이라고 생각한다.

현대 과학은 생명 현상에서 유전자 지도를 파악하면서 사람을 포함한 모든 생물체에 치밀한 신의 설계도가 있다는 사실을 알게 되었다. 이처럼 현대 과학의 발달로 인류는 오히려 신의 숨결에 더욱 가깝게 다가갔다. 하지만 신의 설계도를 해석하기 위해서는 그 이상의 논리적 확장을 요청받는 아이러니에 처해 있다. 주역은 이러한 추세에 맞게 이미 64괘와 6효라는 정교한 논리 체계를 가지면서 잘 부합하고 있다. 그 내용은 굵직하고 힘이되는 윤리를 말하는 동시에 한편의 시와 같으면서도 때로는 전혀 생뚱맞은 화두나 암호 문자와도 같은 문구가 등장한다. 이것이야말로 복잡한 세상과 인간사의 변화과정을 역동적이고 세심하게 묘사하고 있다는 반증이 아닐 수 없다. 그 결과 인지력이 향상된 현대 사회에 풍부한 사고의 젖줄이 돼주기에 충분하다.

주역을 누구보다도 사랑한 중니 형은 64괘의 진행 순서를 추론하고, 괘와 효에 수양학적 견해를 첨부하여 주역에 십익(十翼), 즉 10개의 날개(翼)를 달아주었다. 그 설명의 간결함과 정밀성이 워낙 뛰어나서 후대 학자들은 주역의 원문만큼이나 형의 견해를 중시해 왔다. 형의 이러한 노력 덕택에 **주역은 한낱 점을 치는 책이 아닌 인격을 수양하는 최고의 지침서로 다시 태어날 수 있었다. 그러므로 주역점은 미래의 길흉보다, 현재 내가 처한 상황에서 하늘과 민주적으로 소통하면서 내 생각을 정리할 수 있다는 점에서 더 큰 의미를 찾을 수 있다.**

주역이 미래 점만을 구한다면, 주역의 가치는 크게 퇴보한다. 한번 생각해 보자. 오늘 점치는 1년 후의 상황과 내일 점치는 1년 후의 상황은 늘 다르게 나온다. 그것은 당연하다. 미래는 오직 현재의 미래로만 존재한다. 과거 역시 현재의 과거로만 존재한다. 현재 속에 미래의 기대가 반영되어 있고 과거의 경험이 녹아있기 때문이다. **시간은 늘 현재에서 현재로, 또다시 현재에서 현재로 흐른다.** 따라서 오늘 점을 친 나의 미래상은 내일 점치면 또 달라진다.

주역의 뒷글자인 '역(易)'은 계속 바뀐다는 뜻으로 변화무쌍한 현실 세계를 반영하고 있음을 암시해 주고 있다. 그래서 점을 치면서 내 생각을 끊임없이 수정하고 보완하는 과정이 중요하다. 그렇게 하늘과 소통을 하다 보면 일정한 방향이 잡힌다. 그러면 그대로 추진하고 나아가면 된다. 그러다가 다시 어려운 일을 만나면 그때 다시 점을 치면서 하늘과 대화를 하면서 풀어가면 된다. 그러므로 주역점을 꼭 한 번만 보는 것으로 그칠 필요가 없다.

나 역시 같은 사건에 대해서도 날이 바뀔 때마다 자주 하늘의 의견을 물어본다. 당연히 날마다 다르다. 오늘은 따끔한 충고를 준다면, 내일은 위로를 주고 모레는 내 삶을 응원한다. 길흉을 말하면서도 조건을 제시하면서 수양하면 길하고 그렇지 않으면 흉할 수 있다고 말하는 내용이 대부분이다.

물론 미래가 궁금하면 미래를 점쳐도 좋다. 다만 오늘 점친 미래를 내가 예상한 미래 시점에서 틀리느냐 맞느냐를 검증한다는 것은 시간의 흐름에 대한 이해 결여로 일어나는 난센스다. 따라서 오늘 점친 미래를 미래의 그 시점에서 동일시하면서 점괘가 맞았다느니 틀렸다느니 하는 것은 현실 인식에 있어 중대한 오류다.

나는 내년 1월 1일에 대해서 3일간 주역점을 쳐 보았다. 당연히 결과는 같을 수 없다. 첫날은 54번 뇌택귀매(歸妹 ䷵)괘에 3효, 둘째 날은 55번 뇌화풍(豐 ䷶)괘에 6효, 셋째 날은 19번 지택림(臨 ䷒)괘에 4효가 뽑혔다. 자, 그렇다면 내년 1월 1일은 어디 괘에 기준을 두고 맞춰야 할까?

이것은 오로지 현재 상태에서 바라보는 미래일 뿐, 우리가 예상한 미래가 아니다. 그러므로 점을 쳐서 미래를 예측한다고 치더라도, 실제 미래의 그날과 전혀 무관하다. 그날이 오면, 그날 역시 미래의 오늘일 수밖에 없다. 그러므로 미래를 점치는 것은 가벼운 사안일 뿐, 결코 심각하게 접근할 문제가 아니다.

그러므로 **주역점은 '현재 내가 살아가는 일상에서 일어나는 일들에 대해 어떤 상황인지, 그리고 이 상황에서 어떻게 적절하게 대처할 것인가'에 대한 다양하고 명쾌한 하늘의 견해를 경청하는 것으로서 충분한 의미가 있다.** 그렇기에 주역을 존중하면 삶을 대하는 시각이 대폭 넓어지면서 투웨이의 진수를 맛볼 수 있다. 따라서 어떤 상황에서도 적절하고 합리적인 대처법을 찾을 수 있다.

🖋 무슨 소리?

우연 속 필연의 이치로서 하늘의 견해를 들어볼 수 있는 게 주역이야.

🖋 그래서?

주역을 통해 내 삶에 다양한 시각을 가져보는 건 어때?

🖋 뭐가 좋지?

문제가 생길 때 현 상황을 폭 넓게 이해하고 적절한 답을 찾게 돼.

마르지 않는 우물

조선 시대 태종은 수도를 한성에서 개경으로 다시 옮겼다. 그리고 또 다시 개경에서 한성으로 옮기려는 시점에, 종묘에서 동전을 던지며 점을 쳤다. 결국 그 점에 의해서 다시금 도읍을 한성으로 옮겼다. 그 후 현재까지 한성은 600년간 수도의 자리를 굳건히 지키고 있다.

"그 중요한 일을 점을 치고 결정하다니!"

라고 반문할 수 있지만, 이미 두 개의 선택지가 엇비슷해서 점을 치는 거지, 판단하기에 현격한 차이가 난다면 무엇 때문에 점을 치겠는가. 그러므로 나는 설령 개경을 수도로 정했다고 하더라도 큰 문제가 발생하지 않았으리라고 생각한다.

물론 점이 아니더라도 상황을 객관적으로 인지하고 대처하면서 자기 수양의 시각에서 과감하게 판단을 내릴 수 있다. 꼭 점을 쳐서 결정할 이유는 없다. 내 판단으로 먼저 결정한 뒤, 주역점을 치면서 하늘이 내 상황을 어떻게 해석하는지, 그리고 어떤 조언을 주는지를 물어도 문제가 될 수 없다. 오히려 하늘은 그런 주체성을 더 사랑할지도 모를 일이다.

20대 후반의 어떤 여성 분이 결혼에 대한 견해를 물었다. 내게 물은 게 아니라 하늘에게 물었다. 나는 그녀 앞에 산통을 놓았다.

"자아. 그럼, 겸허한 마음으로 정성스럽게 산대를 뽑아 보시죠."

그녀에게는 42번, 풍뢰익(風雷益-☴☳)괘에 1번 효가 다가왔다.

- '익'괘: 가는 바가 이롭다. 큰 강을 건너면 이롭다.
     (益, 利有攸往, 利涉大川.)
- '1'효: 크게 움직임이 이롭다. 본래 길하며 허물이 없다.
     (初九, 利用爲大作, 元吉. 无咎.)

나는 여기에 기준을 두고 그녀와 다음과 같은 대화를 나눴다.

"현재 사귀는 분이 있는가요?"
"아직 없어요."
"그래요? 그럼 기회가 되면 적극적으로 나서 보는 건 어떨까요? 그리고 큰 목표, 즉 결혼까지 나아가겠다는 마음으로 사귀는 것도 좋을 듯합니다. 행여 결혼으로 골인하지 않더라도 아무런 문제가 없으리라고 하늘께서 말해 주시네요."
"아하. 네, 참고할게요."

한자로 복잡하게 얽힌 주역 괘사와 효사에 적혀 있는 텍스트들을 자기 수양의 시각으로 비춰보면 바로 합리적인 해석이 가능하다. 그러면 내담자의 대부분은 거의 대체로 수긍한다.

그런데 만일 주역점을 수긍하지 못하는 경우가 있다면?

그때는 다시 한번 물어보면 된다. 그래도 '하늘'은 무한히 인내하면서 전혀 화내지 않는다. 또 다른 방법으로 설명하고 응원하고 충고할 뿐이다. 그러니 주역점을 볼 때는 부담스러워 하거나, 겁낼 이유가 없다. 주역점은 그저 하늘과 나누는 유쾌한 토론이요, 민주적인 협의이기 때문이다.

한 친구가 며칠 전 내게 주역점을 부탁했다. 지금 다니는 회사에 대한 견해를 물었고 어떻게 대처하는 게 최적인지를 하늘에게 구했다. 친구는 48번 수풍정(水風井 - ䷯)에 6효를 뽑았다.

- 정괘: 고을은 바꿔도 우물은 바꿀 수 없다. 잃는 것도 없고 얻는 것도 없다. 오고 가는 이가 모두 우물물을 마신다. 거의 이르렀는데 두레박줄이 우물에 닿지 못하거나 두레박이 깨지면 낭패다.
  (井, 改邑 不改井. 无喪无得 往來 井井. 汔至 亦未繘井 羸其瓶, 凶.)
- 6효: 우물물을 긷고서 뚜껑을 덮지 않으니, 믿을 만하고 본래 길하다.
  (上六, 井收勿幕 有孚. 元吉.)

"마르지 않는 우물이네. 좋아. 다만 두레박줄이 끊어지지 않게끔 관리를 잘하고, 특히 일부러 우물 뚜껑을 덮지 않으면 참 좋다는 하늘의 견해가 있네"

"그럼 두레박줄 관리와 뚜껑을 덮지 않는 것이 뜻하는 바가 뭘까?"

"건강 관리 아닐까? 또 하나는 바르지 않은 지시를 따르거나, 혹은 상도덕에 어긋나는 행위는 삼가라는 이야기라고 생각해.

사실 위의 이야기는 누구에게나 통용되는 이야기다. 너무나 평범해서 '이런 이야기를 듣자고 상담을 구하는가'라고 의문이 들 정도다. 역설적으로 **이처럼 평범하고 특이하지 않은 주역점이기에 오히려 세상 속으로 깊이 스며들면서 자리를 잡을 수 있지 않았을까?**

주역점의 이야기는 결코 상식 바깥으로 겉도는 법이 없다. 어떻게 하늘의 목소리가 우리를 불행으로 이끌겠는가. **하늘은 사람을 지극히 사랑하기에 따뜻한 위로와 격려, 냉정한 충고를 전한다.** 매우 보편적인 이야기이고 워낙 평이해서 받아들이지 못할 바가 없다.

그러므로 누군가가 주역점을 보았는데, 그 후에 일상의 행복으로 이어지지 않는다면, 상대로부터 가스라이팅 당한 것이 분명하다. 심지어 부정적인 이야기를 늘어놓고 그 점이 미래에 맞아떨어지면, 자기의 신통력을 자랑하는 사람도 있다. 그것은 심리적 범죄다. 부정적인 미래의 예언을 들은 심약한 사람은 그 말을 기억하다가, '생각 끌어당기기' 법칙에 따라서 현실에서 부정적인 상황에 처할 수 있다. 그러므로 주역점을 보는 사람이 그대에게 누군가가 부정적인 단정을 한다면, 그와는 즉시 사회적 거리 두기를 단행할 필요가 있다.

주역 괘를 구성하는 효(爻)는 '원 포인트 레슨'에 해당한다. 여기에 흉(凶)함이 등장한다면 하늘의 뜻은 무엇일까?

하늘이 "자네 참 앞으로도 고생길이구먼"이라고 말해 준다며 해석해야 할까? 물론 그리 해석해도 된다. 그런데 항상 늘, 그렇게 해석할 필요는 없다. 그러한 해석은 매우 고압적이고 내담자에게 부정적인 의식을 심어줄 수 있어 적절치 못하다. 그래서 아름다운 충고, 좋은 경계심을 가질 수 있을 정도가 적절하다. 더 나아가 하늘의 선한 속성에 근거하여 "이제껏 참 고생 많았구먼" 이라는 과거형 해석도 유추해 볼 수 있다.

주역의 텍스트를 해석함에 자기 수양의 관점을 배제하면 주역을 주역답지 못하게 만든다. 자기 수양이란 자연의 섭리와 하늘의 이치를 보면서 자신의 무지와 착각을 갈고 닦아 내 안의 아름다운 본성이 발현하게끔 하는 마음공부다. 주역의 대가 중 한 분인 '정이천' 선생 역시 이 점을 중시했다. 형은 주역을 '때'와 '의로움'으로 요약했다. 때를 알아야 의로움을 펼칠 수 있고, 의로움을 펼치는 데는 때를 알아야 한다는 뜻이다. 하지만, 투웨이의 관점에서 이를 좀 더 유연하게 해석해 보기로 한다.

내가 오늘 지금 의롭게 생각한다면, 오늘이 바로 일상의 행복이 시작점이다.

만일 내가 의로움, 즉 선한 의도를 일으키지 않는다면 어떤 날에도 일상의 행복을 만날 수 없다. 그러므로 오늘이 중요하다. 내가 오늘 지금 선한 의도를 지니면 하늘은 즉시 나를 응원한다.

주역의 지침 중에 가장 많이 등장하는 문구가 리정(利貞), 즉 '올바름은 지키면 이롭다'이다. **올바름이란 너도 좋고 나도 좋은 길로 나아가는 마음이며, 이는 수양인의 핵심 덕목이다.** 이처럼 주역에서의 길흉화복은 결국 수양하느냐, 하지 않느냐가 결정한다고 말해 주고 있다. 주역 31번 택산함괘(澤山咸, ䷞) 역시 수양의 중요성은 섬세하게 표현하고 있다.

> • 함괘: 남자가 여인을 얻으니 길하다.
> (亨, 取女, 吉.)

함괘는 위가 연못, 기쁨, 소녀(少女)에 해당하며 아래가 산, 멈춤, 소남(少男)에 해당한다. 함(咸)이라는 글자에 마음 심(心)을 붙이면 느낄 감(感)자가 되는데, 그래서 '함괘'는 '느낀다'는 의미로 해석되고 있다. 그렇다면 과연 무엇을 느끼고 있단 말인가?

연못의 물은 아래를 향하고, 산의 기세는 위로 솟구친다. 어떻게 느낌이 없겠는가. 남녀의 잠자리 상황 그대로다. 이보다 더 야할 수 없다. 천지를 말하는 상경(上經)과 달리 인간사를 묘사하는 주역 하경(下經)의 첫번째 괘로서 적나라한 생명 탄생의 메시지를 담고 있다. 남자가 여자를 얻고, 여자 역시 남자를 얻으니 길할 수밖에 없다.

그럼 각 효의 진행을 살펴 보기로 한다. 1효에서는 '엄지발가락에서 느껴진다(咸其拇)'라고만 말하고 있다. 신체의 끝단까지 사랑의 느낌이 와야 남녀의 거사가 출발할 수 있다. 남녀가 육체적인 사랑을 할 때 일종의 전희로써 그 느낌이 엄지발가락부터 시작해서 위로 올라오는 과정이다. 그런데 2효에서는 '종아리에서 느끼는데, 흉하다. 거(居)하면 길하다(咸其腓, 凶, 居, 吉)'라고 표현했다. 종아리를 애무해도 상대가 감흥이 없다면 마음을 싣지 않았기 때문이다. 그래서 '거(居)하라', 즉 '사랑하는 마음을 두라. 그러면 다시 감흥하고 길하다'라고 조언하고 있다. 이것이 곧 수양이다. 주역에서는 수양하지 않으면 흉하고, 수양하면 길하다는 내용을 남녀의 통속적 연애 상황에 해학적으로 빗대어서 간결하고 분명하게 말하고 있다.

주역의 64괘 중에서 감괘(坎卦), 비괘(否卦), 곤괘(困卦), 송괘(訟卦), 둔괘(屯卦), 건괘(蹇卦) 등은 흉한 괘라고도 말하지만, 이 역시 적절치 못한 해석이다. 이러한 괘들이 잡히면 우리에게 경계심을 가지고 살라는 하늘의 정성스럽고 냉정한 충고로써 수양의 관점을 중시하고 있을 뿐이다.

주역의 마지막 64번에 해당하는 미제괘(未濟卦)는 평생을 노력해도 우리의 일상은 불완전할 수밖에 없음을 시사해 주고 있다. 그렇게 **불완전해야 사람답고 불완전해야 수양하고 사랑할 수 있음을. 그래야 너와 내가 살아가는 일상이라는 공동체가 건강해질 수 있다고 주역은 결론내렸다. 결국 생각하기에 따라 길흉이 정해지니, 우리가 주체적으로 수양한다면, 지금 당장이라도 내 인생을 화려하게 꽃피울 수 있다고 주역은 말해주고 있었다.**

공평무사한 하늘은 결코 타인의 인생에 대해 물으면 답하지 않는다. 물론 어떤 의뢰인이 누군가에게 점괘를 뽑아 달라고 위임한다면 제삼자가 그 위임으로 산대를 뽑아서, 의뢰인에 대한 하늘의 견해를 전할 수 있다. 그러나 의뢰하지도 않은 제삼자나, 어떤 특정 단체에 관하여 자의적으로 점을 친다면, 하늘의 선한 마음에 반하는 것으로 주역점의 본질에 크게 어긋나는 일이기에 반드시 삼가야 한다.

나는 주역을 사랑한 이후로 낯선 동네로 왕진할 때 침통과 뜸 기구 외에도 산통과 주사위를 준비한다. 아, 또 하나 있다. 기타 치며 노래하고 웃음과 해학으로 상대의 마음을 열어간다. 이 모습을 보고 누군가 다음처럼 말하기도 한다.

"점쟁이가 와서 우리 마을에 굿하나 보네."

뭐, 어때!
괜찮다.
나는 하늘의 무한 사랑을 전하면서 환우를 치유하는, 일명 '내 떡 썰기'에 집중하면 되니까.

✒ 무슨 소리?
주역에는 하늘의 친절하고도 따뜻한 마음이 담겨 있지.
그러면서 늘 수양을 계도하지.

✒ 그래서?
하늘의 힘찬 격려, 따뜻한 위로, 냉정한 충고를 잘 들어보면서 잘 수양해 보자고.

✒ 뭐가 좋지?
삶이 쉽고 재미있게 다가와.

돈, 돈, 돈

　돈은 우리 몸의 피와 같다. 우리 몸에 피가 흐르지 않으면 '동맥경화'에 걸리듯, 우리 사회에 돈이 돌지 않으면 '돈맥경화'가 온다. 돈은 잘 돌아야 하며, 끊임없이 돌기 때문에 돈이 되었다는 말도 있다.

　돈은 곧 욕망이다. 돈이 있으면 내가 하고 싶은 모든 걸 누릴 수 있다. 돈은 곧 사랑이다. 돈을 많이 가진 사람은 그 자체로 매력적이라 그런 사람과 여행을 가고 싶고 사랑하고 싶어진다. 돈은 곧 생명체다. 졸다가도 돈 이야기만 나오면 눈이 번쩍 뜨인다. 돈이 들어오면 우울증마저도 단박에 낫는다. 돈은 신과 같은 존재다. 타인 앞에 우뚝 서서 존재감을 드높이면서 군림할 수도 있다. 돈은 해결사다. 돈이 있으면 가족의 어려움을 챙길 수 있고, 각종 애사와 경사를 찾아다니면서 사람 구실을 할 수 있으며, 소송과 다툼도 끝낼 수 있다.

　그러니 너도 돈이 필요하고 나도 돈이 필요하다. 돈이라면 세상 모든 일을 할 수 있다고 말하는 사람들을 비판하는 이들마저도 그 비판을 통해서 돈을 벌려는 속셈이 있다.

　나는 돈에 대하여 '우리가 필요한 욕구를 충족시키기 위한 도구로서 우리 사회가 그 가치를 보증하기로 약속한 숫자'라고 나름대로 정의해보았다. 그 숫자는 우리가 '돈'이라고 부르는 특수한 종이 위에 새겨질 수도 있고, 예금통장, 주식, 채권, 부동산 등기, 비트코인 등에도 기록될 수 있다. 또한 그 숫자는 철학, 사상, 문화, 예술, 종교에도 정형화되지 않은 상태로 스며들어있다. 물론 무엇보다도 사랑이라는 속성, 즉 우리의 마음에 그 숫자는 매우 깊이 관여하고 있다.

돈이 마음이라는 사실을 아는 것은 그리 어렵지 않다. A씨의 경험도 그러했다. 그녀는 50대 중반에 직장을 잃고 공과금을 내지 못할 정도로 궁핍해졌다. 그리고 비교적 부유한 60대의 남자를 만나게 되었다. 그는 과거에 수백 억을 벌었다고도 말하면서 필요한 현금을 가볍게 쏴 주었다. 그때의 돈은 그녀에게 있어 그의 따뜻한 마음이었다. 그 계기로 둘은 뜨겁게 사랑했다. 그는 그녀에게 별도 달도 모두 따 준다고 말했다. 그러자 그녀는 그에게 다음처럼 제안했다.

"당신이 내게 1억만 빌려줄 수 있을까요?"

그녀는 그 남자의 사랑을 믿었기에 자기의 제안을 들어줄 것으로 예상했다. 그러나 그녀가 제안한 그날부터 그 남자는 더는 그녀 앞에 나타나지 않았다.

'별도 달도 따 준다더니 사랑은 무슨 사랑.'

A씨는 퍼뜩 정신이 들었다. 그녀의 사랑은 돈으로 시작했고, 돈 이야기로 끝났다. 이제 그녀는 분명하게 알게 되었다. 돈이 그녀의 마음을 움직였다는 점과 더는 그 사람을 사랑할 수 없다는 사실에 대해서. 그렇게

돈에는 위력도 있었고 한계도 있었다. 또한 그녀는 돈은 사랑과 맞물려 움직인다는 사실도 명확하게 깨쳤다고 말했다.

본래 돈이란 주로 예금통장에 찍힌 금액 외에도 주식, 채권 등을 말하지만 땅이나 건물과 같은 부동산과 각종 기술을 보장하는 자격증, 그리고 이러한 자산을 끌어당길 수 있는 사회적 명예와 권력도 포함시킬 수 있다. 또한 다수의 사람들이 필요로 하는 특허권과 같은 무형의 가치들 역시 마찬가지다. 여기서 조금 더 나아가 친구와 가족과의 원만한 대인 관계, 내 청춘, 건강 상태, 건전한 철학까지 확장할 수 있다.

항간에서는 '돈을 잃는 것은 적게 잃는 것이요, 명예를 잃는 것은 많이 잃는 것이요, 건강을 잃는 것은 전부를 잃는 것이다'라고 말한다. 은행 예금통장에 돈이 있더라도 난치병에 걸렸을 때, 그 돈이 해줄 수 있는 일은 값비싼 치료를 받을 수 있는 것이 전부다.

그런데 난치병이 낫기 위해서는 돈으로 구한 의료진의 기술 이외에도 철저한 생의 의지와 우주의 근원에 대한 믿음, 휴머니즘 등이 더욱 필요하며, 이것은 결코 돈으로 살 수가 없다. 그러므로 그 경우에는 비록 통장 잔고가 많더라도 건강을 지키기 위해서 선행하는 자산들을 능가할 수는 없다.

이렇듯 **자산의 크기는 여러 요소를 적용해야 그 규모를 가늠할 수 있다. 어쩌면 산속에 오두막집을 짓고 살아가는 사람이 겉으로는 초라할지라도 그가 가진 정신적 자산이 우주만큼 클지는 아무도 예측할 수 없다.** 그러므로 누군가가 부동산이나 예금자산의 숫자 크기가 높더라도 그런 것들을 보유하지 못한 사람들을 폄하한다면 자산에 대한 폭 넓은 인식, 가치에 대한 유연한 판단력과 같은 정신적 자산이 빈곤하다는 사실을 자랑하는 일이 될 수 있다.

조선 후기 박지원의 '허생전(許生傳)'에는 돈보다 더 아름답고 건전하고 풍요로운 철학이 숨어 있다. 다음은 허생전(許生傳)의 줄거리다.

남산 묵적골에 한 선비가 살았다. 그의 이름은 허생이다. 늘 책을 가까이하였으며 항상 글을 읽고 썼다. 상대적으로 먹고살기 위한 가사에는 관심이 적었다. 어느 날, 삯바느질로 겨우 살림을 이어가던 아내가 더는 참지 못하고 "이제 책 그만 읽고 돈 좀 벌어오시오!"라고 훈계했다.

허생은 "내가 너무 글공부만 했나? 이제 글공부를 접고 세상에 나가야겠어"라고 말하며, 한양의 최고 부자 변 씨를 찾아가서 배짱 좋게 1만 냥의 큰돈을 빌렸다. 요즘의 화폐가치로 보면 약 2억 정도라고 한다. 허생은 그 돈으로 장사를 해서 거부가 되었고 전주에게 빌린 돈을 10배로 갚아주었다. 그리고 도적질을 일삼는 사람들에게는 자비로 그들을 교화하여 자립시켰다. 또한 남은 돈으로 무인도를 개간하여 가난한 사람들에게 삶의 터전을 마련해 주는 등, 사회적 모범이 되었다.

이 이야기는 박지원의 『열하일기(熱河日記)』 중 「옥갑야화(玉匣夜話)」에 수록되어 있다. 들은 이야기를 적었다고도 하고, 실존 인물인 허호(許鎬)의 삶을 과장되게 표현했다고도 전한다.

당시 조선시대에는 사농공상(士農工商)이라 하여, 상인들을 하대했다. 그러나 그 시절에도 돈을 벌기 위해서는 장사가 필요했고, 허생은 그런 현실을 잘 이해하고 있었다. 허생은 한양 부자에게 돈을 빌린 후, 대중들이 꼭 필요로 하는 물건이나 농작물들을 미리 충분히 매입했다. 그리고 품귀해지는 시점에서 구매가 대비 훨씬 높은 가격에 내놓았다. 요즈음의 주식, 채권, 부동산 투자와 같다.

허생 선비가 투자의 세계를 이해해서 갑부가 되었고, 그렇게 잘 살았다고 이야기를 종료하면 허생답지 않다. 허생은 오랫동안 수행한 선비답게 개인의 지나친 부의 축적은 생태학적으로나 윤리적 측면에서 문제가 될 수 있음을 인식했다. 돈이 분배되지 않는 사회는 '돈맥경화'에 걸린 병든 사회임을 알았기에 돈을 움켜잡지 않고 부의 재분배를 통해 돈을 돌게 했다.

허생은 사람이 가진 이기심을 따라서 돈을 벌기 위해 크게 질러 보았다. 그러나 그곳에는 잠시의 행복만 있었을 뿐, 계속 행복할 수는 없었다. 그럴 수밖에 없다. 우리 사람의 마음이란 아무리 부유하더라도 곧바로 적응하여, 그 역시 하나의 평범한 일상이 되어버리기 때문이다. 솔로몬도 싯다르타도 화려한 부와 명예를 누렸지만, 그것을 좇아가면 '헛된 인생'임을 깨달은 바와 다르지 않았다.

허생은 고민했고 **자기의 존재감을 드러내는 부의 집착은 오히려 그 무게감이 주는 피로감으로 인하여 자신에게도 이롭지 않다**는 사실을 알게 되었다. 그래서 그는 역설적으로 지극히 이기적인 삶의 극치인 이타주의를 선택했다. 그것은 남을 행복하게 해서 내가 진정 행복해질 수 있는 최고의 선택이었다.

허생전에 나타난 허생 선비의 행로는 이 소설의 작가인 연암 박지원의 실학 정신 그대로다. 연암형은 단순히 이기심을 버리고 선하게만 살아야만 한다는 경직된 사고관에서 벗어나 있었다. 따라서 연암형은 사람이 가진 이기적인 마음을 인정하여 선비 역시 상업과 같은 진취적인 경제 활동으로 나설 것을 독려했다. 또한 이기심에만 집착하지 않고 마음의 평화와 일상의 행복을 찾아가는 이타적인 솔루션도 제시하였다. 형에게는 그렇게 투웨이 철학이 펄펄 살아 숨 쉬고 있었다.

돈에 묻은 마음, 돈을 대하는 마음이 어떤가에 따라 돈의 가치와 효용성이 달라진다. 칼도 범죄자가 사용하면 흉기가 되지만, 요리사가 쓰면 맛난 음식을 만들 수 있고, 외과의가 잡으면 생명을 건질 수 있다. 이와 마찬가지로 **선한 목적으로 지향하는 사람, 선한 목적을 가진 사람에게 있어 돈이란 세상을 밝히는 가장 아름다운 도구로서 큰 힘을 발휘**한다. 그래서 내가 지금 선한 마음을 가지고 있다면 돈에 대해서 다음처럼 자신감 있게 한번 질러볼 수 있다.

"돈, 돈, 돈아! 어서 내게로 오라."

🖋 무슨 소리?

건전한 경제 철학을 지닌 허생 선비의 이야기는
우리에게 좋은 본보기가 될 수 있어.

🖋 그래서?

제대로 한번 질러서 부를 모아 보기도 하고
아낌없이 내놓아 보기도 하자고.

🖋 뭐가 좋지?

이타주의가 주는 행복을 누리게 돼.

투병보다 치병

이미 병든 상태를 다스리기보다 병들지 않은 상태를 다스린다.
(不治已病治未病)

– 황제내경

이미 병들었다면 낫기 쉽지 않은 법. 위의 구절처럼 예나 지금이나 '건강할 때 건강을 지키는 것이 중요하다'라는 인식은 똑같았다.

대개 우리 몸에서 증상이 발현한 이후에 건강을 되찾으려면 만만치 않은 치료 과정과 경비가 필요하다. 그래서 예방 의학적 가치인 병들기 전 섭생을 잘하는 일이야말로 경제적 측면에서도 매우 효율적이다. 그러므로 **만병의 근원이 되는 스트레스를 근원적으로 해소하기 위해서 필요한 내 마음의 평화는 그 어떤 일보다 앞서야 하는 인생 최고의 가치가** 아닐 수 없다.

그런데도 우리는 늘 방심한다. 병이 든 이후에야 건강의 소중함을 느낀다. 심지어 죽기 직전까지 몰린 후가 되어서야 비로소 건강의 가치를 제대로 알아차리기도 한다.

누구라도 갑작스럽게 암 진단을 받을 수 있다. 암은 우리 삶에 늘 찾아오는 반갑지 않은 손님이다. 이미 한국 여성의 1/3, 한국 남성의 1/2이 암으로 사망한다. '나는 환자가 아니야. 나는 예외야'라고 말하기에는 질병은 너무도 가까운 곳에 와 있다.

만일 나와 내 가족이 암과 같은 중병에 걸리면, 그 병에 대한 정확한 정보를 얻기 위해 각종 유튜브 건강 채널을 검색하게 된다. 그런데 여기에는 '자기 논리가 맞고 상대의 논리는 틀렸다'라는 극단의 주장이 난무한다. 각자가 자기의 논리에 대해서는 뚜렷한 치료 성공 사례를 예시하면서 권장하되, 자기와 다른 논리에 대해서는 그들의 심각한 치료 실태 사례를 예시하며 그 경고의 수위를 매우 높여서 공격한다.

한쪽에서는 "당신 병원에서 항암 치료하면 죽어!"라고 말한다. 그리고 또 다른 쪽에서는 "당신 한방 치료든, 자연 치료든 그렇게 치유하다가는 죽어!" 라고 말한다. 과연 어떤 치료법이 옳을까?

정답은 없지만, 적절한 대처법은 존재한다. 바로 **증상 완화 요법과 원인 해소 치유의 적절한 조화다. 즉, 면역기능을 훼손하지 않을 정도의 적절한 항암 요법을 받으면서 불안감과 증상을 완화하여 원인 해소 치유의 기회와 시간을 벌 수 있다. 그리고 심리치유를 중시하면서 한방치료나 자연치유 요법을 보완하여 병의 원인을 개선하는 근본치료에 도전하면 된다.** 전자는 투병(鬪病)에 해당하며, 후자는 치병(治病)에 해당한다.

투병이란, 병을 물리쳐야 한다는 시각으로 증상을 없애거나 완화하려는 모든 노력을 말한다. 다만 투병(鬪病) 시각만 가지면 암과 같은 질병이 올 때마다 싸워야 한다. 그러다 보니 그나마 있던 생활 에너지가 소진되면서 일상의 행복을 잃는 경우가 적지 않다.

그래서 투웨이를 적용하여 치병(治病)이라는 관점으로 보완하는 게 좋다. **치병이란, 병에 걸리더라도 병을 적대하지 않고 삶의 동반자로 받아들이는 과정을 말한다.** 그래서 치병하는 환우분들은 병이 있더라도 일상의 행복을 먼저 중심에 두고, 그 병을 통해서 나를 성찰하고 내면의 성장을 꾀하는 데 힘쓴다.

또한 치병에 관심을 둔 의료인들은 마음을 중시하면서 양방 치료든, 한방 치료든, 자연 요법이든 이를 적절하게 운용할 줄 안다. 특히 심리 치유에 대해서만큼은 치료의 성패를 가늠하는 가장 중요한 영역으로 받아들이고 있다.

최근에는 우리가 일상의 행복을 누리면서 제대로 먹고 기쁘게 살면 유전자가 변화하여 병이 치유된다는 후성유전학이 암을 위시한 생활습관병 영역에서 점점 주목받고 있다. 후성유전학에서는 음식 절제나 운동 생활뿐만이 아니라, 스트레스 등과 관련된 마음 상태를 중시한다. 생각이 변하면 마음 습관이 변화하고, 마음 습관이 변화하면 생활 습관이 변화하고 유전자도 변화하여, 그 즉시 자연치유력이 증대된다는 사실이 밝혀진 후 마음 치유에 대한 중요성은 날로 증대되고 있다.

혹자는 말한다.

"그렇지만, 지금 당장 아파 죽겠는데 어찌 내 마음을 기쁘게 하면서 행복을 누릴 수 있겠소?"

물론 만만치 않다. 그렇지만 이러한 시각을 적용하여 병이 있음에도 일상의 행복을 누리는 데 주저하지 않는 분들이 늘어가는 추세다. 80후반 고령의 나이에 암 질환을 선고받은 우리나라의 대표적인 사회 철학자였던 한 분은 투병하지 않고 친병(親病)했다. 친병이란, 병을 친구로 삼아서 함께 살아가는 치병(治病)의 한 부류다. 당신께서는 소천하기 전날에도 출판사와 원고 수정 작업을 할 정도로 지극히 정상적인 생활을 영위했다.

또한 모 수녀님은 암질환을 가지고 있는 상태지만, 소위 '명랑 투병'이라는 말로 투병 아닌 치병을 하면서 여전히 일상에서 감사함과 행복을 챙기며 현재까지 건강을 유지해오고 있다. 기타 수많은 환우가 증상의 경중과 상관없이 긍정심리를 가지면서 오늘을 누리는 생활을 통해 난치병이 완치된 예는 무수히 많다.

지금 비록 중증의 병이 있다고 할지라도, 얼마든지 마음을 다잡아 질병을 극복한 이후에 미래에서나 누리려고 했던 삶을 당장 현재에서도 누릴 수가 있다. 그러면 역설적으로 **내 생활에 기쁨이 충만해지면서 치유 유전자가 활성화되면서 최적의 치유**가 일어난다.

그러면 이제 바짝 깨어 있었던 옛사람들의 질병과 건강에 대한 지혜의 보고인 황제내경을 다시 한번 살펴보기로 하자.

아주 먼 옛사람 중에서 도를 아는 사람은 음양에 기준을 두고, 오행의 상생과 상극의 법칙에 화합했다. 음식은 절도있게 하고 생활에서는 평상심을 지키고 망상으로 피곤을 부르지 않았다. 그러므로 몸과 정신이 합치되어 주어진 천수를 끝까지 누리면서 100세를 넘겼다.
(上古之人 其知道者, 法於陰陽 和於術數. 食飮有節 起居有常 不妄作勞. 故能形與神俱 而盡終其天年 度百歲乃去.)

위 문장 중 가장 강조되는 부분이 '음양에 기준을 두는 삶'이다. 음양에 기준을 두면 술수에 화합할 수 있다. 술수(術數)란 음양이 어우러져 만물이 성장하고 변화하는 원리인 오행(五行)을 말한다. 음양은 기초이며 술수는 응용이다.

음양은 생명을 생명답게 해주는 무한히 순환하는 원초적인 에너지다. 음양에는 이분법으로는 이해할 수 없는 모순(矛盾)이 양립한다. 이분법으로 보면 '모(矛)[창]'와 '순(盾)[방패]'이 만나 부딪힌다면 균형이 깨지면서 질병이 발생한다고 볼 수가 있다. 그러나 순환론에서 바라보는 건강이란 음양이 다투지 않고 적절한 거리에서 대립하면서 생명의 에너지가 발현하는 상태로 이해한다.

예컨대 식물을 포함한 모든 생명체는 중력에 저항하면서 항상 위로 솟구친다. 즉, 강력한 중력이 무한대로 잡아당김에도 불구하고 식물은 위로 자라고, 동물도 키가 크면서 위로 자란다. 이 역시 일종의 원심력과 구심력으로서 모와 순의 관계다. 이때 일정한 거리를 유지하면서 두 사이에는 팽팽한 긴장감이 조성되며 생명이 유지되는 바, 내 몸에도 이와 같은 기전이 작용한다. 한방에서는 우리 몸의 내부를 구성하는 성분으로서의 영혈(營血)이라는 구심력과 외부를 감싸는 방어기전으로서의 위기(衛氣)라는 원심력의 조화를 중시한다.

이것은 마치 현대 의학에서의 부교감 신경과 교감 신경의 역할에 상응한다고 볼 수 있다. 자연계에서는 밤의 이완과 낮의 긴장감이 적절히 조화를 맺으면서 생명 활동이 이어지는 것처럼, 또 하나의 작은 자연계에 해당하는 우리의 인체도 이러한 리듬 속에서 건강을 유지할 수 있다.

구체적으로 근육량과 뼈의 밀도가 적절하면 위기가 충실한 것으로 볼 수 있으며, 오장육부가 제 역할을 하면서 적절한 영양소가 확보되고 노폐물이 잘 배설되는 등의 신진대사가 활발해지는 것은 곧 영혈이 충만해짐을 말한다. 전자를 위해서는 적절한 운동이 필요하며, 후자를 위해서는 알맞은 식생활이 중요하다.

그런데 이를 위해서 어떻게 하는 것이 좋을까?

일일이 머릿속으로 따지고 신경 쓰며 계산할 수는 없는 일이지 않은가.

이를 위해 황제내경에서는 다음처럼 말했다.

(내 몸이) 정신을 얻으면 살고, (내 몸이) 정신을 잃으면 죽는다.
(得神者昌 失神者亡)

여기서 '득신(得神)에서의 '신(神)'은 곧 '신명(神明)'이다. **신명은 곧 우주에 본래부터 존재하는 충만한 생명**력이다. 인문학적 견해로 본다면 앞서 말한, 기발이리승지(氣發而理乘之), 리발이기수지(理發而氣隨之)처럼 하늘의 무한 사랑과 만나는 지점이다. **득신이란 '사람'과 '하늘'의 온전한 접속이 이뤄줘서 건강에 대한 자신감이 병의 증상을 압도하는 상태**다.

그래서 나는 환우 치료에 있어 득신에 집중한다. 내가 심의로서의 역할을 중시하는 이유이기도 하다. 득신이 되면, 그날부터 질병은 급격히 멀어지고 건강이 회복되기 시작한다. 환우 본인이 알고 의료인 역시 이를 감지할 수 있다. 환우가 몰라도 의료인이 먼저 알 수도 있고, 의료인이 몰라도 환우 본인이 먼저 알 수 있다. 득신하면 음식조절도 잘 되고, 일상의 행복도 누릴 수 있고, 망상 따위에 휩싸이지 않게 되고, 몸과 마음이 모두 건강해진다.

그러면 득신이 먼저일까? 아니면 일상의 행복이 먼저일까?

그것은 선후의 문제가 아닌 동시적으로 발생한다. 득신하면 일상의 행복이 오고, 일상의 행복이 오면 득신이 된다.

득신(得神)이란 후성유전학에서 중시하는 생활 환경이나 생각의 변화 지점과 일치한다. 하늘의 무한 사랑을 본받아, 나 역시 내 몸과 내 삶과 타자, 우주를 사랑하며 살아가는 상태다. 사랑하는 상태에서는 칠정이 만들어내는 이기적이거나 자기 위주의 망령된 생각이 개입할 수 없다. 하늘과 접속이 되어 있기에 하늘이 다 알아서 다 관리해준다.

이때 내 몸에서는 영혈과 위기도 절로 조화가 맞춰지면서 면역력이 향상되면서 최적의 건강이 유지된다. 후성유전학자들은 이러한 변화가 발암 유전자를 비활성화하고 종양 억제 유전자를 활성화하여 암 질환의 예방과 치료를 할 수 있음도 증명해 냈다. 이처럼 옛사람의 혜안과 현대의 지성은 질병 치료 영역에서 같은 견해로 서로 만나고 있다.

따라서 나와 심의(心醫)들은 정통한의학이자, 구암 허준형이 제시한 그대로를 준수한다. 자기수양이라는 인문학적 토대에서 원인 해소에 초점을 맞춘 의료 기술을 접목하여 '득신(得神)'이라는 목표를 달성하기에 힘쓴다. 이를 위해 때로는 증상 완화를 위한 투병으로 때로는 원인 해소를 위한 치병으로 적절히 대처한다. 이러한 여정이 쉬울 수만은 없다. 그러나 의료인과 환우가 충분히 대화하면서 소통한다면 이 또한 어려운 길은 아니다. 치료의 기본을 지켜서 '득신'에 이르면 비록 난치성 질환이라고 하더라도 반드시 낫는다. 그러나 재난, 사고처럼 어쩔 수 없는 일들이 발생하듯이 모든 병을 고치고 모두가 100세 인생을 누릴 수 없는 것 역시 현실이다. 결국 생로병사는 하늘의 몫이다. 병이라는 달동네가 찾아오더라도 투병보다 치병에 관점을 두면서 오늘 하루 적절히 대처하면서 사랑하면서 살면 될 일이다.

🖋 무슨 소리?

질병 치료에는 투병과 치병이 있어.

🖋 그래서?

병이 찾아오더라도 먼저 일상의 삶을 살아보는 거야.

🖋 뭐가 좋지?

최적의 치유가 일어나게 돼.

이건 정말 아니잖아

물질적 풍요로움을 누리고 있는 우리나라는 현재 비만이 당뇨병, 고혈압, 고지혈증 등 생활습관병의 원인 인자로 떠오르면서 비만병으로도 불리고 있다. 최근에는 소아, 청소년들의 비만율도 급속히 높아지는 추세다. 나 또한 이러한 비만 문제로부터 자유롭지 못했다.

나는 20대에 61kg의 체중을 유지했다. 그런데 서른 살에 결혼하면서 생활 패턴이 바뀌자 체중이 점진적으로 늘어나면서 1년 동안 64kg에 도달했다. 그 후 4년이 지나자 66kg까지 늘었고 20여 년 이상 이 상태로 머물렀다. 그런데 작년, 2022년 봄부터 내 몸무게가 항상성을 깨고 움직이기 시작했다. 2kg이 증가하면서 68kg이 되었고 뱃살이 나오기 시작했다. 이때 산길을 걷다가 우연히 만난 두꺼비 한 마리가 내게 말했다.

"형! 반가워. 요즈음 뭐 좋은 일 있어? 형 배가 나랑 똑같네. 우리 친구 먹자!"

이건 아니었다. 정말 이건 아니었다. 나는 두꺼비와 친구가 되고 싶지 않았다.

나는 한의사이면서도 작가이자, 힐링 강사다. 내가 아무리 바른 건강 상식을 전한다고 하더라도, 내 배가 불뚝 나와있다면 청중들은 내 입보다 내 뱃살에 주목한다. 누군가는 내게 "어이~ 강사 양반! 당신 배부터 집어넣고 말씀하시지요"라고 조언할 게 분명하다. 뱃살이 두드러지게 나온다는 것은

"여러분, 저는 제 몸 관리가 안 되는 사람입니다."

라고 광고하는 것과 다르지 않다. 힐링 강사가 굳이 그런 광고를 할 필요는 없지 않은가. 내 마음 깊은 곳, 뼛속에서부터 자각이 올라왔다.

'이건 아니야. 차라리 잘 되었다. 나도 이참에 비만 치료를 체험해 보자.'

그럼 뭐부터 하지?

그야 뭐, 내가 비만 환우들에게 이야기했던 것과 크게 다르지 않았다. 나는 늘 내가 강조하고 추천했던 자연치유 다이어트에 돌입했다. 기존의 식생활, 운동요법, 마음 관리 등의 생활 전반을 재점검했다. 특별한 방법이 아닌 일상에서 할 수 있는 일부터 시작했다.

사실 비만 관리를 위한 프로그램들은 이미 차고 넘친다. 알토란 같은 정보들도 홍수처럼 범람해 있다. 그러니 여기서 내가 더는 방법에 대해 언급할 필요가 없다. 중요한 것은 **'이건 정말 아니잖아'라는 각성**이다. 그래야지 내 몸과 환경에 맞춰서 나만의 다이어트를 찾아낼 수 있다.

나는 간헐적 단식법부터 적용했다. 음식 섭취 시간은 오전 10시부터 오후 7시까지 9시간으로 잡았고, 나머지 15시간은 금식 시간으로 정했다. 가급적 1만보 이상은 걷기로 하되, 맨발 걷기 시간을 늘렸다. 평소하고 있었던 팔굽혀펴기 운동과, 턱걸이 운동 역시 내 몸에 맞춰 적절하게

그 강도를 조절했다. 평소 즐기던 군것질도 줄였다.

그러자 내 몸이 즉각적으로 반응했다. 3개월이 지나자 20년간 유지했던 66kg 선이 깨지고 결국 62kg 초반에 도달했다. 30년 전의 몸매로 복귀되었다.

이처럼 내가 다이어트에 성공할 수 있었던 것은 '이건 정말 아니잖아'라는 각성이 가져온 결과였다. 누구라도 명료하게 각성할 수 있다면 충분히 비만병에서 나을 수 있다.

그러나 이러한 각성은 심각할 정도의 몸매 붕괴, 비만을 부른 과식이 일으킨 또 다른 문제인 소화력 저하, 나쁜 콜레스테롤과 같은 노폐물질의 증가로 인한 협심증 등을 앓아야 비로소 생겨나기도 한다. 때로는 거의 회복할 수 없을 정도에 이르러서야 '이건 정말 아니잖아'라는 각성이 올라오는데, 이 시점에서 다시 건강을 회복하기 위해서는 뼈를 깎는 듯한 노력이 필요하다. 그래서 몸의 건강에 더 무너지기 전, 평소에 내 몸에 관한 관심이 필요하다.

그런데 대부분의 경우 비록 비만병이 해소되더라도 대부분 요요현상에 의해 제자리로 돌아가거나, 오히려 다이어트 시작 전보다 더 체중이 느는 경우가 다반사다. 그래서 **다이어트 성공 후 이것을 유지하는 일명 '유지어트'야 말로 다이어트의 진검승부**가 아닐 수 없다.

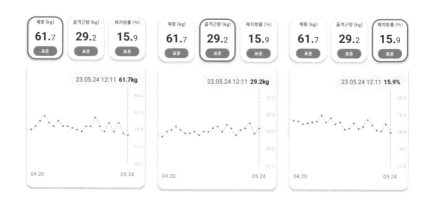

위의 도표는 최근 한 달 동안 내 신장 168cm에 근거한 나의 체중, 골격근, 체지방률의 변화다. 나는 거의 매일 내 몸 상태를 점검하는데, 바로 경계심을 잃지 않기 위함이다.

그래서 나는 건전한 경계심을 유지하기 위하여 '내 몸과의 연애'를 선택했다. 내 마음은 거짓말투성이지만, 내 몸은 매우 정직하다. 내가 관심을 가지는 만큼 정확하게 반응한다. 그래서 **내 몸과 연애를 하면, 내 몸은 내가 사랑하는 그만큼, 아니 그 이상으로 부응하며 그 어떤 실망감도 안겨주지 않는다.**

구체적으로는 내 눈으로 내 몸을 관찰하면서 관심을 주는 일명 '눈바디' 연애다. 수분과 근육이 빠지면서 체중이 내려가면 최악의 다이어트다. 그러므로 내 몸의 군살이 어디에 있는지, 운동 결과 체형이 어떻게 드러나는지 내 눈을 통해 직접 점검한다.

나는 매일 아침 눈바디 연애를 하면서 뜻이 맞는 동료들과 SNS 단톡방을 연결해서 서로의 정보를 주거니 받거니 했다. 그렇게 서로를 격려하다 보니 자연스럽게 효율적인 비만 관리가 가능했다.

이 외에 투웨이를 활용한 나만의 다이어트 방법도 적용했다. '포만감이 주는 행복함'과 '공복감이 주는 경쾌함'을 즐기기였다. 나는 점심때는 다소 충분히 먹으면서 '포만감'을 누렸다. 그리고 저녁 식사를 가볍게 하면서 그 후에 느껴지는 '공복감'을 활용했다. 공복감을 일정 시간 유지하면 노폐물이 해독되고 몸속에 과잉 저장된 영양분이 소모되면서 불필요한 체지방이 급격히 감소하는 등의 좋은 효과가 있다. 이러한 믿음이 있었기에 공복감 역시 즐길만했다.

혹자는 말한다.

"당신은 비만을 전혀 이해하지 못하는 사람이군요. 그건 쉬운 일이 아니에요. 비만 해소가 죽기보다 어렵다는 걸 알기나 해요?"

그러나 비만 치료가 죽을 만큼 어렵다고만 하면서 그 어려움을 핑계 삼아 비만 치료에 접근조차 안 한다면, 평생 비만으로 살면서 '불행의 행복'을 누리겠다고 결심하는 것과 크게 다르지 않다.

'이건 정말 아니잖아'라고 각성하면서 '내 몸과 연애'를 시작하면 내 몸매가 살아나고 이를 보는 내 눈도 즐거워진다. 여태껏 못 입었던 멋진 옷도 입을 수 있게 되며, 사람을 만날 때에 당찬 자신감이 올라오면서 일상의 행복이 시작된다. 이 맛을 알게 되면 다시금 삶의 질이 떨어졌던 옛 시절로 돌아갈 생각이 절로 사라진다.

그러면, 어떻게 내 몸과 연애를 시작할 수 있을까?

아침이든 저녁이든 샤워 시간을 활용해 보자. 일단 내 알몸 상태를 바라보면서 다음처럼 한마디 하자. 나르시스트가 되어도 좋다.

"내 몸아! 이제껏 나를 지켜줘서 고마워. 그런데도 내가 잘 챙겨주지 못하고 함부로 써서 정말 미안해. 지금부터는 내가 많이 아껴 주고 사랑할게! 내 몸아! 사랑해. 사랑해. 사랑해."

이렇게 말해 보면 기분이 좋아지면서 비만병 치료가 세수하다가 코 만지는 것 만큼 쉬워질 수도 있다.

다소 비만하더라도 먹는 즐거움을 누리기 위하여 그렇게 살고 싶다면 그래도 좋다. 하지만, 비만 이후에 찾아올 질병을 생각한다면 언제까지나 그렇게 살 필요는 없지 않은가. 그러므로 내가 비만해지기 시작했다면 이 시간을 활용하여 거울 앞에 서서 내 몸, 특히 내 뱃살을 주시해 보자.

혹시 아는가.

'아, 이건 정말 아니로구나.'

라는 생각이 올라올지도.
그리고 백 배나 더 즐겁고 건강한 일상으로 나아갈지도.

🖋 무슨 소리?
물질 풍요시대의 부산물인 비만병을 살짝 짚어 봤어.

🖋 그래서?
'이건 정말 아니잖아'라는 각성과 내 몸과의 연애가 필요해.

🖋 뭐가 좋지?
다시 청춘의 몸 상태를 만들 수 있어.

커피, 건강에 좋아? 나빠?

2018년 어느 날, 제천시 청풍면 읍내에 핸드 드립 커피 전문점이 문을 열었다. 나는 반가운 마음에 얼른 그곳으로 들어가서 핸드 드립 커피 한 잔을 주문했다. 근데 난생처음 마셔보는 커피 맛이었다.

"무슨 커피가 이렇게 맛있죠?"
"호호. 이 맛이 커피의 본래 맛입니다."
"그래요? 커피는 그냥 쓰고 떫고 뭐, 그런 거 아닌가요?"
"그렇지 않습니다. 달고 짜고, 신맛이 커피의 본래 맛이지요. 커피 맛의 비결은 특별하지 않아요. 좋은 원두를 선별한 후에 태우지 않을 정도로 적절히 볶은 다음, 알맞은 온도로 적절한 시간 내에 내리면 됩니다."

그곳의 주인장은 커피 맛에 대하여 정확하고도 쉽게 설명해 주었다. 그 후, 나는 그 전문점에 자주 드나들면서 자연스럽게 커피매니아가 되어가고 있었다.

커피는 어떤 성분으로 구성되어 있을까?

일단 잘 건조된 커피 열매의 성분을 보자. 커피에는 카페인 1%, 폴리페놀의 일종인 클로로겐산 1%, 트리고넬린 1%, 다당류 37~55%, 지질 11~13%, 시트르산과 같은 유기 아미노산 11~16%, 단백질 4~5%, 무기질 3~5%, 지방산 2% 내외 등이 함유되어 있다.

커피의 유해성에 대한 부분은 주로 카페인과 관련된 이야기다. 커피를 마시면 이뇨를 촉진해서 체액이 마르게 되고, 교감신경을 항진시켜 불면에 빠지게 한다. 심장을 자극하여 부정맥을 유발한다. 철 흡수를 방해하여 빈혈이 생길 수 있고, 칼슘을 배출시켜서 뼈를 약하게 만들 수 있다. 역류성 식도염을 일으키거나 신장 기능을 떨어뜨려 만성신부전도 일으킬 수 있다. 위산을 과다하게 분비하게 하며, 나쁜 콜레스테롤 수치를 상승시킨다. 종합적으로 말하면,

"당신! 커피 자꾸 마시면 곧 죽어!"

라는 이야기다.

자, 그럼 커피 애호가들의 이야기도 들어보자. 주로 폴리페놀과 관련한 이야기다. 중추신경에 작용하여 집중력이 향상된다. 항산화 효과가 있기에 노화를 예방한다. 세로토닌 분비를 촉진하여 우울증을 예방한다. 신진대사를 활발하게 하며 진통 효과가 있다. 치매를 예방하는 NMNAT2 효소가 함유되어 있어 알츠하이머, 파킨슨병 등을 예방한다. WHO 산하 국제암연구소(IARC)는 보고서를 통해 커피가 특히 자궁내막암과 간암의 위험을 낮춘다고 전하고 있다. 다른 의학저널 논문에서도 커피가 암 유발 단백질 결합을 막아 주기에 전립선암, 자궁내막암, 피부암, 구강암의 위험을 줄이고 전체 암 발생률의 18%를 낮춘다고 말하고 있다. 혈당 조절 능력을 향상하여 당뇨병을 예방하며, 다이어트나 구취 제거에도 도움

이 된다. 신진대사를 10% 높여서 동맥경화, 심근 경색, 심혈관 질환 예방에 도움이 된다. 종합적으로 말하면,

"커피 마시면 건강하게 오래 삽니다."

라는 이야기다.

두 주장 모두 과학적인 근거와 데이터를 가지고 말한다. 그러나 자기의 주장을 부각하기 위해 반대의견을 철저히 배격하고 있다.

결론적으로 말하자면, 둘 다 맞고, 둘 다 틀리다. **카페인 성분에 민감하지 않은 사람에 한정하여 내 몸에 맞춰 건강하게 마시면 도움이 되고, 내 몸이 감당치 못할 정도의 양을 마시거나, 해롭게 로스팅해서 마시면 건강을 잃는다.**

뭐, 당연한 이야기다. 아무리 커피가 좋더라도 바짝 태운 커피를 과하게 마시면 다이아세틸, 벤조피린, 아크릴아마이드 등의 발암물질이 생성된다. 그래서 미국의 어떤 주에서는 이런 이유로 한때 모든 커피 전문점이 커피의 암 유발 가능성을 표기하도록 지시하기도 했다.

실제로 커피를 고온에서 오랫동안 로스팅하면서 커피 열매가 황갈색을 넘어 짙어지면 카페인이 다량으로 추출된다. 그러나 황색 수준으로 가볍게 로스팅하면 카페인의 추출도 최소화되고 상대적으로 폴리페놀 성분이 높게 추출되는 장점이 있다. 물론 너무 약하게만 볶아도 아크릴아마이드와 같은 발암물질이 오히려 더 배출되기에 좋은 것만은 아니다.

그러므로 황갈색 범위에서 로스팅하고, 여과지를 통해 내려 마시면 해로운 지방 성분과 체내에서 칼슘을 배출시키는 카페스톨이라는 성분도 상당량 걸러지는 효과가 있다. 그러나 완벽하게 발암물질을 거를 수는 없다. 그러나 세상에는 발암물질이 이미 차고 넘친다. 만일 모든 발암 물

질을 제외한다면 먹고 마실 만한 음식은 손가락으로 꼽아야 할지도 모를 일이다. 어떻게 잘 마시느냐와 개인 체질의 수용 문제일 뿐, 커피 자체의 유해성을 객관적으로 규정하는 것은 무의미하다.

사실 커피의 핵심 성분인 카페인은 커피, 녹차, 홍차뿐만 아니라 탄산음료, 콜라, 에너지 드링크에도 다량 함유되어 있다. 그러면 카페인은 정말 나쁜 성분인가?

꼭 그렇지도 않다. 카페인 역시 적절한 양을 섭취하면 각성 효과를 주고 혈액 순환에도 도움을 준다. 다만 과함이 문제가 될 뿐이다.

또한 강력한 항산화 효과를 지닌 폴리페놀 성분은 무조건 좋은가?

그렇지 않다. 이 역시 과다하면 철 흡수를 방해한다.

우리나라 식품의약품안전처가 설정한 성인의 하루 카페인 섭취량은 400mg 이하이다. 커피 두 잔 분량쯤 해당한다. 그런데 인스턴트커피, 전문점 커피, 커피 장인이 내리는 핸드 드립 커피의 카페인 함유량은 천차만별이다.

그러므로 적정 섭취량 역시 내 몸의 기준에 맞출 수밖에 없다. 예컨대, 카페인 섭취가 과다하면 심장이 두근거리고 잠이 오지 않는다. 기분 전환을 넘어서 들뜬 정도라면 함량을 줄여야 마땅하다. 이러한 증상이 나오기 전까지가 바로 최적의 섭취량이다. 결국 개개인이 자기 몸의 변화를 보면서 알아차릴 수밖에 없다.

그러면 커피믹스는 어떤가?

커피믹스에는 해로운 첨가물들과 흰 설탕이 들어있다. 그러므로 절대 먹어서는 안 된다고들 한다. 그러나 이 역시 괜찮다. 극한의 상황이긴 하지만 얼마 전 지하에 갇혔던 광부 두 분이 커피믹스를 마시면서 당을 보충하고 잘 버틸 수 있었다. 허용치를 넘지 않으면 크게 문제될 것도 없다.

무조건 나쁘고, 무조건 독이 된다는 주장은 원카드다. 우리가 먹는 식품들 속 유해 요소들은 과하게 섭취하지만 않는다면, 내 몸이 스스로 해독하고 배출할 수 있다. 수은이나 납과 같은 백해무익한 물질들은 커피 믹스처럼 공식적으로 허가된 식품에는 어디에도 없다. 그러므로 인스턴 트 식품을 마치 독약처럼 취급하는 것은 바른 시각이 아니다.

커피가 몸에 좋은가 나쁜가의 논란은 현재 내 몸과 마음에 그 기준을 두면 답이 나온다. 무엇이든 내 몸이 감당하고 내 마음이 기쁠 수 있는 수준까지라면, 얼마든지 커피를 마셔도 좋다. 그것이 설령 강배전에 해당 하는 이탈리안 로스팅이든, 혹은 인스턴트 커피믹스라고 할지라도 상관 없다.

냉정하게 바라보면 커피에는 발암물질도 있고 항암물질도 있다. 이것 은 커피만의 문제가 아니며, 차나 약초에도 해당된다. 양자 물리학은 이 미 오래전에 미시 세계에서는 관찰자의 마음에 따라 소립자가 파동으로 도, 혹은 입자로도 그 모습을 달리한다는 사실을 발견하였다. 그렇다면 거시 세계도 그렇지 않을까? 그래서 나는 커피를 마시는 사람의 마음가 짐에 따라서 커피가 발암물질로 작용할 수도 있고, 항암 물질로 작용할 수도 있다고 추측한다.

나는 이러한 원리에 근거하여 기왕지사 커피를 마신다면 감사하고 기 쁜 마음으로 하루 한 잔에서 두 잔쯤 마시는 편이다. 대개 황갈색 정도로 로스팅한 커피를 구입하여 집에서 핸드 드립으로 마시고 커피믹스는 거 의 안 마시는 편이다. 그러나 시골 경로당으로 침 의료 봉사를 갈 때 어 르신들이 권하는 커피믹스는 아주 맛있게 마신다. 그건 사랑이니까.

어쩌면 커피가 좋은지, 나쁜지를 따지는 것은 당신이 좋은 사람인지 나쁜 사람인지, 이 세상이 천국인지 지옥인지를 묻는 것만큼 생뚱맞은 일일 수 있다. 그래도 내게 묻는다면,

"커피는 몸과 마음 건강에 유익하며, 이런 질문을 던지는 당신은 참 좋은 사람이다."

라고 말하겠다.

🍃 무슨 소리?

사람에게 장단점이 있듯이 커피의 이로움과 해로움을 제시해 봤어.

🍃 그래서?

결국 내 몸의 상태에 따라 마실지, 안 마실지를 결정해 보는 거야.

🍃 뭐가 좋지?

내 몸이 받아들인다면 커피 향과 맛을 마음껏 즐겨보자고.

'내 사랑'을 '내 사람'으로

'내 사랑'은 '내가 사랑하는 사람'이다. '내 사람'은 '나를 사랑해 주는 사람'이다. '내 사랑'이 나를 사랑하면 '내 사람'이 된다. 그렇게 '내 사랑'이 '내 사람'과 일치하면 참 행복해진다. 일상의 행복이라는 꽃이 활짝 피어나는 일이니까.

그런데 '내 사랑'을 '내 사람'으로 만들기가 녹록지 않다. 왜냐면 '내 사랑'의 마음이 변할 수 있고, '내 사랑'에 관심을 가진 이성이 나보다 더 좋은 매력 포인트를 내세우면서 끊임없이 '내 사랑'의 마음을 공략할 수도 있는 게 현실이기 때문이다.

내가 비록 '내 사랑'과 결혼하고 자녀까지 낳으면서 '내 사랑'의 마음을 꽁꽁 묶어놓을지라도, 계속해서 나의 매력 포인트를 발산하지 않으면 어느새 '내 사랑'은 '내 사람'이 아닌 '남의 사람'이 되어버리기도 한다.

나는 이와 같은 문제에 봉착한 내담자를 위해 주역으로 하늘의 의견을 물어보았다. 그 결과, 수없이 많은 '리정(利貞)'이라는 권고를 접하게 되었다. 단지 애정뿐만이 아니라 모든 삶의 문제에서 주역은 늘 리정을 언급하고 있다. 그러면 리정이란 무슨 뜻일까?

리(利)는 가을의 덕목인 '결실'을, 정(貞)은 겨울의 덕목인 '베풀기'를 의미한다. 이 두 글자를 붙인 리정(利貞)은 '올바르게 함이 이롭다'라는 뜻이다. 올바름이란 너에게도 좋고, 나에게도 좋은 것이다.

애정 관계에서도 사랑이라는 이름으로 자기를 희생하지도 않고 상대에게 희생을 강요하지도 않아야 '리정'이라 말할 수 있다. 그래야 내게도 좋고 네게도 좋을 테니까.

그러나 현실에서는 늘 불공평함이 난무한다. 평등과 정의보다 힘과 권력, 지식과 돈이 앞서기 쉽다. 물론 힘과 권력, 돈이 있으면 행복할 수 있고 건강할 수 있고 애정도 누릴 수 있다. 그러나 어느 정도 선까지만 그러하다. 참된 행복과 진실한 애정, 심신의 건강을 얻으려면 반드시 올바른 길을 가야 한다. 욕심과 욕구를 구분하여 욕심을 버리고 욕구를 추구하는 게 올바른 길이다.

나는 상대에 대한 보상 심리, 즉 기대치를 버릴 수 있다면 '내 사랑'을 '내 사람'으로 만들고자 하는 마음은 욕심이 아닌 건전한 욕구라고 생각한다. 기대치를 내린다면, 아무리 내가 욕구를 추구해도 상대를 부담스럽게 하지 않기 때문이다. 그러므로 이러한 욕구는 마음껏 추구해도 되며, 이는 누구에게나 적용되는 매우 공평한 룰이다.

그런데 그렇게 내가 최선을 다해서 '내 사랑'을 사랑하더라도 상대로부터 반드시 보상이 이뤄질 수는 없다. 오히려 상대는 내게 감사함을 표명하지 않을 뿐만 아니라, 자기 자신만 챙기거나, 심지어 다른 이성과 사귀며 나의 사랑을 배신할 수도 있다. 또한 그 정도를 넘어서 나를 미워하거나 원망할 수도 있다. 그러나 그때도 상대에 대한 모든 기대를 접고, 그냥 **'내 사랑'이 '그럴 수 있다'라고 인정하면 그걸로 그만**이다.

그럴 수 있다.

이것은 마음을 비우는 요결이며, 기대치를 내리는 화두요, 리정(利貞)의 길이다. 이것 하나로 나를 괴롭히는 모든 심리적인 문제는 그 즉시 완벽하게 사라진다.

비록 '내 사랑'이 내가 원하는 기대치에 못 미쳐서 내게 실망스러움을 주더라도 '그럴 수 있다'라는 생각으로 내 마음을 다 비우면 내 마음이 괜찮아진다. 심지어 도저히 내 마음이 괜찮아지지 않을지라도 다시금 그 감정에 대해서 '그럴 수 있다'라고 생각한다면 안 괜찮아지는 그 감정마저도 즉시 괜찮아진다.

대개 상대가 원하는 걸 들어주는 게 사랑이고, 들어주고 싶은 마음을 사랑으로 규정할 수도 있다. 그러나 상대가 원하는 것을 무조건 다 채워 줄 수는 없다. 그러므로 애정 전선에도 냉정함이 필요하다. 남녀의 사랑 역시 현실을 따르지 않을 수 없다. 현재 처한 상황에 따라서 내 마음과 달리 나의 사랑을 실현할 수 없는 경우가 더 많다. 시간과 돈도 여러 상황 중의 하나다. 내 상황이 허락지 않는다면, 아무리 상대의 요구가 간절하더라도 내가 그 소망을 들어줄 수 없다.

또한 나를 억지로 희생해서라도 상대의 요구를 들어준다면 보상 심리가 올라온다. 보상 심리는 거래일 뿐 사랑과 다르다. 그러므로 상대를 위해 나를 희생할 필요도 없으며 희생했다는 생각 역시 착각에 불과할 수 있다.

내가 '내 사랑'에게 희생하지 않았다고 상대를 사랑하지 않는 건 아니지 않은가. 그건 내가 사랑하지 않는 게 아니라, 사랑하지 못하는 경우일 뿐이다.

물론 희생이 아닌 넘치는 기쁨으로 '내 사랑'이 원하는 것을 척척 해결해 준다면 '내 사랑'은 '내 사람'이 될 수 있다. 그러나 상대의 핵심적인 요구를 들어주지 못하면 '내 사랑'도 나를 떠나가는 게 당연하고 떠나갈 수밖에 없다. 그래서 '내 사랑'이 다른 이성을 만나 원하는 걸 이룬다면 나쁘지 않다. 나 역시 '내 사랑'에게 뭔가를 해주지 못한 부담감을 떨쳐낼 수 있으니 괜찮다.

"그러다가 정말로 당신이 사랑하는 그 사람이 당신을 완전히 떠나면 어쩌려고 그래요?"

하지만 인생에는 역설이 작용한다. 풀어 주면 다가오고 잡아당기면 멀어지기 쉽다. 그러므로 마음을 비우면 결국 '내 사랑'을 '내 사람'으로 만들 확률이 가장 높다. 내가 더 크고 넓게 비우면서 상대를 사랑하고 있다면 어찌 '내 사랑'이 나를 쉽게 떠날 수 있겠는가.

내가 원하는 것을 상대가 들어주는 게 사랑이라면서 관습이나 법, 사회 통념을 들이밀면서 오직 나 외의 다른 이성을 배척하고 나만을 사랑하라고 강요한다면, 상대의 생태적 자연 욕구를 꺾는 심리적 폭력에 해당할 수도 있다. 어떻게 상대가 그런 나와 함께 인생을 누릴 수 있겠는가.

그러므로 또 다른 카드 한 장이 필요하다. 그것은 상대를 있는 그대로 사랑하기다. 상대가 나 외에 다른 이성에게 모든 마음을 모두 주더라도, 그런 상대마저도 사랑할 수 있는 배짱이 필요하다.

그렇지만 이런 나의 배짱과 상관없이 '내 사랑'이 나를 떠나서 다른 누군가를 사랑할 수 있다면 그것은 참 좋은 일이다. 왜냐면 '하늘'이 나를 사랑하는 것처럼 나 역시 상대를 간섭하지 않고 무한하게 사랑했음에도 '내 사랑'이 나를 떠나갔다면, '내 사랑'은 내가 펼치는 사랑보다도 더 큰 사랑을 또 다른 이성으로부터 받고 있거나, '내 사랑'이 다른 이성을 나보다 더 사랑하기 때문이다. 그렇다면 그것은 미워할 일이 아니라 오히려 축복해 줘야 할 일이지 않을까?

'내 사랑'도 더 잘 먹고 잘 살기 위해서 '내 사람'이 되기를 거부하고 다른 이성을 찾아 떠날 수 있다. 다만, '내 사랑'을 차지한 그 누군가가 나보다 더 '내 사랑'을 사랑하기는 쉽지 않다. 왜냐면 내 마음이 리정(利貞)에 근거하여 '내 사랑'에게 칠정의 소유욕이 아닌 본성의 무한한 포용으로 대하는 이상, 나의 사랑 크기가 그리 작지 않기 때문이다.

"나는 당신의 행복이 나로부터 비롯되었으면 좋겠지만, 타인이 당신을 진심으로 사랑하며 당신을 행복하게 해준다면 더욱 당신의 삶을 응원하겠습니다."

그 누군가도 나처럼 이와 같은 마음으로 페어 게임을 해서 '내 사랑'의 마음을 가져갔다면, 그것은 인정해 줄 만한 일이다. 그에게는 정말 멋진 수양인의 마음이 있을 테니까. 그렇다면 그는 '또 다른 나'임이 틀림없다. '나'를 떠나도 '나'를 찾아갔음이 분명하다. 그러니 그 무엇이 아쉽겠는가.

나는 이제껏 '내 사랑'이란 대상이 있었고 내가 주체적으로 사랑함으로써 충분하게 행복했다. 그렇다면 나는 '내 사랑'에게 평생토록 감사할 수 있다. 그 존재만으로도 혹은 그 추억만으로도.

'내 사랑'은 나 외의 다른 이성과의 사랑을 겪어 본 후에 오히려 내가 지닌 사랑의 가치가 얼마나 큰지를 뒤늦게 깨달을 수도 있다. 뭐 어떤가?

그래도 된다.

내가 이처럼 주체적으로 위풍당당하게 사랑하면 비록 지금 당장 '내 사랑'이 내 곁에 없을지라도 그 존재만으로도 충분히 만족할 수 있고 따라서 '내 사랑'의 행보와 상관없이 일상의 행복을 누릴 수 있다. 그렇다면 과연 그 누군가가 이런 내 마음의 크기를 따라올 수 있겠는가. 그러므로 두둑한 배짱을 지닌 나는 사랑에 관한 진정한 진검 승부사로서 '페어 게임'의 참된 승리자다.

'내 사랑'은 결코 이렇게 멋진 나를 외면할 수 없다.

결국 '내 사랑'은 내게로 오고 '내 사람'이 된다.

🖋 무슨 소리?

'내 사랑'을 '내 사람'으로 만드는 법을 말했어.

🖋 그래서?

보상 심리가 만들어 낸 과도한 기대치를 내리고 통 크게 사랑해 보자고.

🖋 뭐가 좋지?

이 게임의 최종 승리자가 돼.

우리 친구라며?

남자와 여자가 친구가 될 수 있을까?

참으로 해묵은 논쟁이지만 늘 흥미로운 주제다. 나는 당연히 친구가 될 수 있다고 생각한다. 그러나 남자와 남자, 여자와 여자라는 관계와는 달리 남자와 여자 사이에는 음양의 끌어당김이 존재한다. 따라서 통념적으로 잠자리를 할 수 있느냐, 할 수 없느냐로 연인이냐, 친구이냐를 구분한다. 친구는 편한 사이지만 연인은 애증이 교차한다. 소유욕과 질투심이 생겼기 때문이다. 그렇지만 수양하는 마음으로 질투라는 감정을 다스릴 수 있다면 연인으로 발전하였더라도 얼마든지 다시 친구로 사귀면서 우정을 나눌 수 있다.

그렇다면 친구와 돈거래를 해도 우정을 유지할 수 있을까?

흔히 친구와 돈거래를 하면 친구 잃고 돈 잃는다는 말이 있다. 오랜 경험에서 나온 삶의 지혜 같지만 좀 허접해 보인다. 가까운 친구일수록 더 조심하라는 선한 뜻도 있지만, 돈 문제에 대한 언급도 못하고, 그로 인한 도움을 주고받을 수 없다면 그런 친구와 어떻게 인생의 아픔을 논하고 어려움을 나눌 수 있겠는가. 정말 괜찮은 친구라면 돈거래를 하더라도, 얼마든지 더 좋은 우정을 나눌 수 있다. 다만, 그 정도로 견고한 우정을 나누기 위해서라면 역시나 둘 간에 하늘의 무한 사랑을 바탕으로, 깨져도 안 깨지는 믿음이 형성되어야 한다.

주역에서는 친구의 의미를 어떻게 파악하고 있을까?

주역은 1괘부터 64괘로 계속 이어지면서 끊임없이 변화하고 순환한다. 이때 11번에서 14번으로 이어지는 괘의 변화 과정에서 그 의미가 잘 드러나 있다.

우리 삶이 가장 어려울 때의 상황을 주역에서 찾아보면 12번 비괘(否 ䷋)에 해당한다고 볼 수 있다. 천지의 운행이 꽉 막힌 상태이다. 그런데 그 이전에는 11번 태괘(泰 ䷊)였다. 이땐 크게 통하고 있었다. 크게 통하고 잘나가면 교만함과 나태함에 방심할 수 있고 그것이 다시 막히는 흐름으로 나아갈 수 있음을 주역은 말해 주고 있다. 밤과 낮, 계절의 변화처럼 음이 극에 이르면 양으로 변하고, 양이 극에 이르면 음으로 변하는 이치 그대로다.

12번 '비괘'의 상황은 '사람이 아니다(否之匪人)', 즉 사람 구실도 못하는 상황이기에 친구가 있을 리 만무다. 기존 인간관계에서의 믿음이 깨진 상황이다. 이렇게 어려운 상황은 환경적으로도 내게 다가올 수 있으며, 내 실수로 만들어질 수도 있다. 중니형은 '비괘'를 해설하면서 "앞서 나서지 말고 차분하게 역량을 기르라!"라고 조언한다. 조용히 마음공부를 하면서 내실을 닦으라는 뜻이다.

그렇게 잘 대처하면 13번 동인(同人 ䷌)괘가 펼쳐진다. 사물이 끝까지 막히라는 법은 없기에, 다시금 사람들(人)과 교류한다고(同) 말해 주고 있다. 나는 여기에서의 사람들이란 어려움을 해결해 주는 소쩍새와 같은 친구라는 사실을 알 수 있었다. 왜냐하면 13번에서 14번으로 이어지는 대유(大有 ☰)괘는 크게 소유하면서 일상의 행복을 찾는다는 뜻을 내포하고 있기 때문이다. 이는 13번에 등장하는 소쩍새 친구의 도움으로 14번의 크고 넉넉한 세상이 열리는 모습으로 파악할 수 있다.

나 역시 이와 같은 삶의 사이클을 겪었다. 내 삶의 어려움을 극복할 때는 항상 '소쩍새'에 해당하는 친구가 있었다. 나는 내 삶의 경험과 타인들의 삶을 관찰하는 과정에서 누구라도 어려움이 있을 때면, 주역이 말하는 바 그대로 '해결사 소쩍새'로서의 친구가 나타난다는 사실을 알게 되었다.

이는 미국의 작가 '오 헨리'가 『마지막 잎새』라는 단편 소설의 이야기와도 같다. 무명의 여류화가 존시가 심한 폐렴에 걸려서 죽음의 문턱까지 갔을 때, 창문 너머로 보이는 담쟁이덩굴 잎이 모두 떨어지면 자기도 죽는다고 여기자, 같은 집에 사는 어떤 화가가 그 담벼락에다가 실물과 같은 담쟁이 나뭇잎을 그려서 그것이 떨어지지 않음을 보고 기사회생한 이야기이다. 이때 마지막 잎새를 그린 화가는 소쩍새였다.

최근 개인적 친분이 있는 제천시 덕산면에 사는 농부 시인 진철이형이 시집을 출간했다며, 내게 한 권을 보내주었다. 잠깐 펼쳐 보았더니 <우리 친구라며>라는 시가 눈에 들어온다.

나는 아프다는데,
너는 바쁘다 하고
나는 털어놓고 싶은데,
너는 시간 없다 한다.
그래서 볼 수 없고, 들을 수도 없다 하니
이게 뭐야!
우리 친구라며?

이 시는 우리가 친구 관계에서 새롭고 더 크게 나아갈 것인지, 아니면 이대로 끝날 것인지에 대한 심정을 잘 표현해 주고 있다. 친구는 소쩍새 친구처럼 친구다워야 한다. 내가 어려울 때 친구가 친구답지 않은 모습을 보였다면, 나 역시 친구가 어려웠을 때 그랬는지 성찰하면서 반성할 필요가 있다. 친구도 나도 때론 삶의 그로기에 빠져서 헤맬 수 있다. 그래서 침거할 수도 있고 실망을 줄 수도 있고 실망을 할 수도 있다. 그럴 때 그런 실망감에 사로잡혀 서로 좌절하고 무너지기보다는,

'친구에게 내가 모르는 어떤 사연이 있겠지. 뭐.'

라면서 끝까지 믿어준다면 친구 관계는 새롭게 업그레이드 된다.

그런데 만일 실망 좀 시켰다고 그 관계가 단절된다면, 그 역시 좋다. 내가 어려울 때 손 한 번 내밀지 못하는 관계라면 어떻게 수없이 닥치는 삶의 달동네의 파고를 함께 논하면서 넘어갈 수 있겠는가. 그런 친구는 없는 것만 같지 못하다. 그러므로 깨져야 할 관계라면 깨지고 끝나는 게 오히려 좋다.

나는 전작에서 나와 관련이 없는 어떤 누군가가 잘되고 행복한 것을 부정하는 마음을 '시기(猜忌)'로, 나와 관련이 있는 사람이 나로 말미암지 않고 다른 누군가로 인해서 행복해지는 마음을 '질투(嫉妬)'라고 정의했다.

친구 관계도 연인 관계도 가족관계도 모두가 나와 관련이 있는 사람들이다. 만일 소유욕이 동반된 애증의 관계라면 질투라는 감정에 휩싸이게 된다. 그러한 사랑은 좋을 때는 한없이 좋다가도, 아닐 때는 칼부림이 일어날 수 있는 매우 위험한 관계다.

우정도 애정도 내가 정성을 다해 상대에게 챙겨줄지라도 그 끝판에서는 "네가 내게 해준 게 뭔데?", "네가 내게 이럴 수 있는 거니?"라는 말을

들을 수 있다. 어쩌면 그것은 **내가 정성을 다해 챙겨주었기에 상대에게 서 들을 수 있는 최고의 찬사**일 수 있다. 그러니 이제는 그렇게 상대를 잘 챙겨준 내 마음을 챙겨주는 것은 어떨까?

"그래, 난 참 멋진 사람이야. 상대에게 온 마음을 다해 챙겨주었으니까."

라고.

서로의 인간관계가 껄끄러워졌을 때, "너와 나 우리 둘이 서로 잘해 보자!"라고 의기투합해도 좋은 방법이다. 하지만, **'상대가 마음을 잡도록 권고하기보다, 내 마음부터 먼저 잡는 게 중요하다'**고 퇴계, 율곡, 구암 형들은 말했다. 그래서 나 역시 사랑이든, 우정이든 그 견고함을 잘 지켜 나가기 위해서는 먼저 형들의 권고에 따라서 다음처럼 내 마음을 잡는 데 주력했다.

연인이든, 친구이든 그 누구든지 내가 평생 상대를 사랑하겠다고 결심하고 안 변하면 그만이다.

나는 나와 가장 자주 보고 함께 살아가는 가족에게 이 방법을 적용했다. 그랬더니 상대가 나를 사랑하든지, 사랑하지 않든지 마음의 평화가 깨지지 않았다. **우정도 애정도 상대의 문제가 아닌 내 마음, 내 결심에 달려 있을 뿐이었다.** 상대의 언행을 보면서 그것을 평가하며 상대 탓을 한다면 어떻게 내 마음의 평화를 유지할 수 있겠는가.

다만 결심만으로는 어떤 변화도 일궈낼 수 없다. 그러한 결심이 유지 되고 실천으로 이어지기 위해서는 반드시 심성계발, 자기수양이라는, 너무나 아름답고도 때로는 혹독하게도 느껴지는 훈련과정이 필요하다. 그러면 그 결심은 반드시 변해도 변치 않은 우정, 깨져도 깨지지 않은 애정으로 연결된다.

누구에게나 해동네란 장점이 있고 달동네란 단점이 있다. 만일 상대의 장점은 내게 없고, 상대의 단점을 보완할 수 있는 장점이 내게 있다면, 우리는 이를 좋은 인연이라고 칭한다. 그러면 특별히 애쓰지 않고 최소한의 노력만 기울여도 자연스럽게 서로를 보완해주면서 인간관계가 좋아질 수 있다.

그러나 그러한 행운이 아닐 때는 수양이란 카드를 꺼내면 된다. 수양이란 상대의 장점을 보면 상대를 칭찬하며 그 장점을 배우려는 자세를 말한다. 수양하는 사람은 상대에게 단점이 보이면 내가 상대의 단점을 짚어내는 데에 있어서 나의 편협한 시각은 없는지 살필 줄 안다. 또한 타인을 통해서 바라본 그의 단점이 내게 있는지, 없는지를 살펴서 내면을 성장토록 하는 기회로 삼는다.

나는 지난날, 나의 부족함으로 인해서 나를 사랑하는 사람들의 기대를 실망으로 갚았고, 그분들에게 적지 않은 상처를 남겼다. 참으로 미안한 일이다. 이 지면을 통해서 진심으로 사과드린다. 그러나 언제까지나 미안한 감정만 붙잡고 이대로 머물 수는 없다. 그래서 나는 세 형들의 말씀에 근거하여 나를 성장시켜서 더 큰 사랑으로 갚고자 자기수양의 끈을 더욱 바짝 동여매 본다.

누구라도 **친구들과의 우정, 연인이나 부부간의 사랑, 동료들과의 의리에 있어 수양의 시각을 가지면, 서로를 이해하고 위로하는 차원을 넘어서 상대와 함께 변화하고 성장하는 관계로 나아갈 수 있는 법.** 그 결과 제대로 사랑할 수 있으며 결국 너도 좋고 나도 좋은 '일상의 행복'을 움켜쥐고야 만다.

🌿 무슨 소리?

인간관계에 있어서 우정과 사랑의 의미에 대해 짚어 봤어.

🌿 그래서?

나부터 하늘의 무한 사랑을 실천하는 소쩍새가 되어보는 거야.

🌿 뭐가 좋지?

원만한 인간 관계를 가질 수 있어.

제3장

오늘을
누린다

하늘의 무한사랑은 일상에서 소쩍새들을 통해
서로 의지하고 격려하고 사랑할 수 있는
마음의 공동체를 만들어낸다.
우리는 이 공동체에서 해동네와 달동네를 체험하며
마음껏 각자의 삶을 누릴 수 있다.

그녀는 참 예뻤다

1984년, 나는 2개월 여 다니던 모 대학 전자공학과를 중퇴하고 한의학과 입학을 준비하는 재수생이 되었다. 나는 그 시절 학원에 가질 않고 독서실과 집을 오가면서 독학했다.

그렇게 입시 공부에 매진해야 할 그 당시에도 또 다른 마음 한 조각은 오직 딱 한 사람, 한 살 아래 고향 후배인 그녀에게 쏠려있었다. 당시 내 머릿속은 공부와 그녀, 그 두 생각뿐이었다. 나는 그녀 생각에 빠져서 늘 품에 안고 다녔던 죽음에 대한 두려움마저도 잊힐 정도였다. 그녀는 내 눈에 우주에서 가장 예쁘고 소중했다. 그래서 감히 나 따위가 그녀에게 좋아하는 감정을 표현해서는 안 된다고 생각했다. 그녀를 향한 나의 사랑은 원카드 짝사랑이었다. 가장 바보같은 사랑이지만, 그만큼 순수하기도 했다.

누구라도 짝사랑을 해본 사람이라면 다음 같은 계율에 빠진다.

'나 같은 하찮은 존재가 어떻게 그녀를 좋아한단 말인가. 절대로 들켜선 안 돼.'

나는 그녀가 보고 싶어도 내 마음을 내보일 수 없는 짝사랑의 계율에 걸려 있었다. 그녀가 보고 싶을 때에는 그녀 주변만을 빙빙 맴돌기만 했다. 재수 시절 다녔던 독서실에서 집으로 돌아올 때, 혹시라도 '그녀를 볼 수 있지도 않을까' 라는 생각에 일부러 그녀의 집 앞길로 곧잘 우회해서 다녔다. 그렇게 일정 거리를 두면서 그녀에 대한 내 마음을 꼭꼭 숨기고 있었다.

그 후 재수에 성공해서 한의학과에 입학하면서 삶의 목표 중 하나를 이루자 오히려 그녀에 관한 생각은 더욱 공고해졌다. 입시가 끝난지라 내게 시간이 주어졌다. 그리고 내게는 그녀의 집에 방문할 수 있는 같은 고향 사람이라는 구실이 있었다. 그러나 나는 그녀의 집에 가더라도 결코 내 마음을 노출하지 않아야 했다. 그녀를 힐끔 쳐다봤을 뿐, 애꿎은 그녀의 언니나 남동생들을 붙잡고 허망한 시사 이야기나, 허접한 주변 이야기를 나눌 수 있는 게 전부였다. 그래도 나는 그녀를 본 것만으로도 만족했고 행복했기에 비정기적으로 그녀의 집에 방문하기를 멈추지 않았고 그러한 일상은 대학 입학 후에도 이어졌다.

그러던 어느 날, 내가 미쳤는지 아니면 용기를 낸 건지, 나는 그녀에게 대학 첫 축제에 한번 놀러 오지 않겠냐고 물어보았다. 그녀는 고향 오빠의 제안일 뿐이라는 생각에 별 부담 없이 수락했고, 축제 첫날 나는 학교 정문에서 드디어 그녀를 맞이할 수 있었다.

'세상에 어떻게 이런 일이 일어날 수 있지? 그녀랑 함께 캠퍼스를 걸을 수 있다니…….'

참 좋았다. 너무 행복했고 꿈 같은 현실이 내 인생에 펼쳐지고 있었다. 그러나 내 마음을 꼭 묶어둔 짝사랑의 계율을 위반할 수는 없었다.

그런데 그 당시 나는 그녀를 초빙했지만 어떤 계획도, 갈피도 잡지 못하고 있었다. 오직 '절대로 들켜선 안 돼!'라는 마음이 나를 더욱 탄탄하게 무장시켰고 손 한 번 제대로 잡아 보지 못했다. 결국 나는 당시에도 서울에서 가장 아름답다는 경희대 캠퍼스에서 2시간을 채 넘기지 못하고 그녀를 다시 정문까지 배웅해주는 해프닝을 연출하고야 말았다. 좀 더 시간이 이어지면, 내 마음을 들킬 것만 같았기 때문에.

그렇게 그녀와의 데이트는 치명적인 자충수였다. 데이트까지 하고 다시 그녀를 찾아간다는 것은, 누가 봐도 내 마음을 들킬 수밖에 없는 뻔한 수작이었으니까. 결국 캠퍼스에서의 2시간 데이트는 내가 우주에서 가장 예쁜 그녀와 나눈 첫 만남이자, 마지막 데이트가 되어버렸다. 고향 사람이기에 그녀의 집에 갈 수 있다는 핑계도 더는 통할 수 없었다.

나는 이 심리에 꽉 막혀서 우연히 그녀를 보는 것마저도 내 마음을 들킬 것만 같아 주변의 서성거림도 멈추게 되었다. 세상에서 가장 고결한 그녀를 감히 좋아했던 내 마음을 용서받기 위해서라도 나는 그 이상 그녀를 사랑할 수 없었다. 그렇게 원카드 짝사랑은 갑자기 종결되었다.

그 후, 오랜 세월이 지났다. 그녀가 결혼했다는 소식이 들렸다. 나도 물론 결혼했다. 그녀를 마음에서 떠나보낸 지 15년쯤 지났을 무렵이었다. 나는 당시 개인 한의원을 운영하고 있었는데 어느 날 그녀가 초등학교 저학년쯤 된 딸을 데리고 진료차 방문했다.

'아니. 이럴 수가! 다시 그녀를 볼 수 있다니.'

여전히 그녀는 예뻤다. 콩깍지 씌인 내 눈이 돌아오기에는 10여 년의 기간은 충분한 시간이 아니었다. 그래도 확실히 나는 예전과 달라져 있었다. 원카드 강박 심리에서 벗어나 투웨이 심리에 머물고 있었다. 그래서 더는 내 마음을 숨길 필요가 없었다. 그러니 무엇을 말하지 못하겠는

가. 나는 딸의 진료를 마치고 그녀에게 물어보았다.

"OO아. 나 스무 살 무렵에 말이야. 너를 너무너무 좋아했거든. 네가 우주에서 가장 예뻤어. 오직 너 생각밖에 하지 않았어. 거의 2년간 너 주변을 서성거렸지. 혹시 내가 그런 줄 알았어?"

"뭐야? 오빠! 말하지 그랬어. 난 조금도 눈치채지 못했어. 호호"

아, 나의 짝사랑 전략은 치밀했고 성공적이었다. 그녀가 전혀 눈치채지 못했으니까. 그러나 전략적으로 어설프고 실패했다면 더 좋은 삶이 펼쳐졌을지, 혹은 아닐지는 하늘만이 아실 터.

그냥 그럴 수 있다. 괜찮다. 그렇게 바보 같은 짝사랑을 할 수도 있다. **'원카드로 살아가면 안 된다'라고 말하면 그건 다시 원카드가 된다. '원카드로 살아갈 수 있다'라고 생각하는 게 투웨이다.** 그러면 원카드는 그냥 추억이 된다. 지금 나의 마음처럼.

시간은 또 한없이 흘러갔다. 그리고 4년 전, 내가 운영하는 치유센터 강 건너에서 동문회 겸 체육대회가 열렸다. 나도 참석했는데, 마침 그녀가 그곳에 와 있었다.

언제봐도 참 반가운 그녀. 그러나 이제 나는 투웨이다. 피할 말이 뭣이고, 숨길 마음이 뭣이겠는가. 내 나이 푸른 시절, 참 좋아했던 그녀! 그 추억만으로도 그녀와의 만남이 좋다. 그녀의 중후해진 모습도, 작은 주름살마저도 여전히 예쁘다.

"OO이가 왔네. 우리 커피 한잔 어때? 내가 읍내에서 아주 맛있게 커피 내리는 카페를 알거든."

"그럴까?"

그녀가 반갑게 응했다. 예전의 캠퍼스 데이트가 마지막이 아니었다. 나는 그녀와 35년 만에 두 번째 데이트를 하고 있었다.

아 그리고 언젠가 그녀와 세 번째 데이트를 할 수 있을지는 모를 일이다. 만나도 좋지만 못 만나도 괜찮다. 이대로도 충분하니까. 그런데도 내 마음은 만나도 좋겠다는 쪽으로 살짝 기운다. 그렇게 기우는 마음이 올라와도 괜찮다. 현재 내 마음은 '투웨이'니까.

🖋 무슨 소리?

원카드에 의한 짝사랑의 추억, 그땐 그럴 수밖에 없는 사연이 있었어.

🖋 그래서?

원카드로도 살 수 있고 투웨이로도 살 수도 있는 거잖아.

🖋 뭐가 좋지?

심리적으로 편해져.

대한민국 중2

천하제일 대한민국 중2, 아들 녀석의 현주소이다. 나는 핵폭탄보다도 위력적인 중2 아들에게 감히 설거지와 청소만큼은 스스로 할 수 있도록 독려하고 가르쳤다. 그러나 녀석은 이마저도 빠져나간다.

"아버지! 오늘 제가 해야 할 설거지 좀 해주실 수 있을까요?"
"뭐라고? 그건 좀... 그래 알았어. 근데 아빠가 어째 아들의 부드러운 말투에 말려든 기분이네. 하하."

녀석은 예의를 갖춰서 상냥하게 말하면 웬만한 것은 다 들어준다는 아빠의 심리를 훤히 꿰뚫고 있다. 대한민국 중2는 청춘의 기세로 두려움이 없기도 하지만, 머리 회전도 빠르다.

아들이 스스로 설거지를 잘 해낸다면 좋은 일이다. 그런데 억지로 설거지를 강요하는 아빠에게 불만을 품고 스트레스를 받으며 부자지간의 친목이 멀어진다면 소탐대실이다. 그럴 수야 없지 않은가. 나는 녀석의 능청에 밥도, 빨래도, 설거지까지도 다 할 때가 많다. 그리고 다음처럼 내 행동에 대해 합리화한다.

'녀석도 어른이 되면 자기 자식에게 나처럼 대하리라.'

1년여 전, 아들은 중학교에 올라오면서 스마트폰과 컴퓨터 게임에 빠져들고 있었다. 게임 레벨이 점점 올라가자 평일과 공휴일, 주말을 가리지 않고 게임에 몰두하기 시작했다. 그러면서 신경질적인 반응도 자주 나타났다. 그 모습을 지켜본 나는 녀석이 하는 게임은 그냥 마약, 그 이상도 그 이하도 아니라고 결론지었다.

"스마트폰 개통한 거 이제 아빠가 끊어야겠다. 그렇게 게임만 하라고 사준 건 아니잖니?"

그랬더니

"아빠. 지금 저에게 협박하시는 거예요?"

라면서 아들이 오히려 큰소리를 내면서 따졌다.
나는 다시 차분하고 친절하게 일러줬다.

"아니, 아빠는 아들에게 협박할 생각 없어. 그냥 내일부터 바로 중단할 거야."

대개 부모들이 아이들의 컴퓨터 게임 만류에 실패하는 이유는 단지 협박에 그치기 때문이다. 그러나 녀석은 아빠의 말투가 부드러워도 말한 사실을 그대로 실천한다는 것을 누차 경험했다.

"아들. 스마트폰이든, 컴퓨터 게임이든 계속하고 싶으면 집을 떠나는 방법도 생각해 보자. 학교에 가든, 안 가든 아들이 알아서 하면 돼. 그냥 독립해서 스스로 돈을 벌고 그 돈으로 컴퓨터 게임을 하겠다면, 아빠는 말리지 않을 거야. 만약 그러고 싶지 않다면 예전에 방학에 다녔던 서당에 가서 장기 유학반으로 지내는 건 어떨까?"

"뭐라고요?"

"서당에 가면 아빠가 학비와 생활비는 모두 지원할게. 아빠와 엄마보다 인성이 훌륭한 훈장님과 지내는 것도 좋다고 생각해. 아들 생각은 어떠니?"

녀석은 황당해하면서도 잠시 생각에 잠겼다. 사실 녀석은 초등학교 시절 이미 방학을 이용하여 논산에 있는 서당에 2주씩 두 차례 단기 유학반으로 다녀온 경험이 있었다. 그래서 이 말이 결코 협박이 아님을 잘 알고 있다.

나는 당시 상황을 투웨이로 바라보고 있었다. 나는 녀석과 함께 살기를 바라면서도 만일 녀석이 당차게 결의하고 서당에 간다면 그 역시 참 괜찮다고 생각했다.

생각을 마친 아들이 말했다.

"아빠 저 게임 끊고 아빠 엄마와 함께 살게요."

"그래. 그럼, 그러려무나. 아빠는 아들의 결정을 존중할게."

그 후, 아들은 더는 컴퓨터 게임을 하지 않는다. 당연히 녀석의 게임 레벨이 급하락하였고 지금은 컴퓨터 게임이 옛 추억이 돼버렸다. 게다가 아들의 컴퓨터 속 메모리 카드 슬롯 한 곳이 고장이 나면서 최신 사양의 게임을 구동할 수 없는 구형 컴퓨터가 돼버렸지만, 녀석은 이제 컴퓨터를 수리할 생각조차도 하지 않는다.

그럼 피시방에 가서 몰래 한다고?

그렇다면, 그것까지 어떻게 말리겠는가. 일 년 이상 관찰했지만, 중2가 된 지금도 나는 아직 그런 징후를 보질 못했다. 그리고 만일 컴퓨터 게임을 재개한다면 서당으로 들어가겠다고 결심하는 것이니, 그렇다면 이 역시 나쁜 일도 아니다. 게임을 하면 해서 좋고, 안 하면 안 해서 좋다.

내가 아들에게 컴퓨터 게임을 중단시킨 이유는 아들에게 꼭 필요한 감성인 무료함과 심심함을 되찾아주고 싶었기 때문이었다. 그러한 감성은 새로운 뭔가를 찾아서 도전할 수 있게 만들어 준다. 물론 어느 정도의 컴퓨터 게임을 허용하면 스트레스도 풀고 또래 친구와의 교제에 도움이 될 수도 있다. 그러나 부모가 그 좋은 청춘의 감성을 컴퓨터 게임에 모두 잠식당하게끔 내버려 둔다면, 부모다운 부모로서 할 바는 아니다.

녀석은 현재 학교 수업이 끝나면 바로 집에 온다. 그리고 간식을 먹고 차라리 뒹굴어 버린다. 그래도 나는 그 모습이 게임 중독보다 훨씬 낫다고 생각한다.

무료함이 주는 효과는 적지 않다. 나는 이미 첫째 딸과 둘째 딸이 학창 시절에 가진 **무료한 시간이 새로운 취미를 위한 완충 지대로서** 훌륭한 역할을 해낸 것을 보았기 때문이다. 그러므로 나는 이 과정을 전혀 걱정하지 않는다.

나는 녀석이 기본적으로 해야 할 설거지와 빨래를 한동안 대신 해 주다가, 또 다른 카드를 꺼내 들었다. 경제관도 심어주고 동기 부여도 하고 좋은 습관도 익힐 수 있는 1석 3조의 효과를 볼 수 있는 제안이었다.

"아들! 아들이 스스로 해내는 일에 대해 포인트 점수를 매기는 건 어떨까? 예를 들어서 설거지를 할 때마다 포인트 점수를 적립하는 거지. 청소할 때도 그렇고. 그리고 이것을 주말에 합산해서 용돈을 받을 수 있는 시스템인데, 아들 생각은 어때?"

"아빠. 그거 진짜 맘에 드는 제안이다. 난 얼마든지 할 수 있어. 좋아요!"

그렇게 모든 일에 자립 포인트를 설정했다. 용돈이 늘어나자 녀석도 좋아하고, 나는 아들에게 좋은 습관이 형성되니 만족스러웠다. 그 후 녀석은 적극적으로 포인트를 적립하고 있다. 덕분에 자립을 위한 좋은 습관이 들기 시작했다. 자립 항목도 점점 늘어나면서 밥하기, 세탁하기, 쓰레기 치우기, 부모에게 안부 전하기 등으로 확대했다. 그렇게 수개월이 지나자, 녀석의 주머니 사정도 안정권에 이르게 되었다.

🖋 무슨 소리?

부모는 부모다워야 해.

🖋 그래서?

예가 아니라면 단호하게 끊어줘.

🖋 뭐가 좋지?

변화된 자녀의 모습을 볼 수 있어.

내가 알아서 할게

"아빠! 저요. 아빠가 사준 산악자전거를 팔아야겠어요."

어느 날 아들은 포인트를 적립하면서 늘어난 자본을 믿었는지, 내게 불쑥 다소 엉뚱한 제안을 했다. 녀석은 평소에는 예사말을 쓰지만, 시급하거나 아쉬울 때는 아빠에게 존댓말을 쓴다.

"아니, 그 좋은 자전거를 뭐 때문에?"
"픽시 자전거로 대체하려고요."
"픽시 자전거가 뭐지?"
"체인을 밟아도 겉돌지 않아서 페달을 앞으로 밟으면 앞으로 가고요. 뒤로 밟으면 뒤로 갈 수 있는 자전거죠."
"그래? 그렇구나. 그럼 너희 반 친구 중에 픽시 자전거 타는 아이들이 있어?"
"어휴. 왜 자꾸 물어요. 내가 알아서 할게요."
"알았다. 알았어."

말이 끝나기 무섭게 아들은 가지고 있었던 자전거를 중고사이트에 매물로 내놓더니, 수 시간 안에 팔아 치웠다. 그리고 하루가 지나자 중고 거래 사이트에 괜찮은 픽시 자전거가 나왔다면서, 차로 구매 장소까지 데려다 달라고 내게 요청했다. 나는 녀석과 곧바로 약속 장소로 이동하여 판매자를 만나 현장에서 그 자전거를 샀다.

녀석은 가지고 있던 자전거를 팔 때는 매수자에게 12만 원을 할인해 주었는데, 새로 산 픽시 자전거는 15만 원을 더 주어야 했다. 산술적으로 27만 원의 손실이 발생했지만 녀석은 감당할 만한 금액으로 여겼는지 표정이 담담했다.

픽시 자전거를 구입한 다음 날 아침, 등교 시간에 아들이 말한다.

"아빠. 오늘 시간 돼요?"
"왜?"
"자전거 수리 좀 하려고요. 브레이크도 장착하고 타이어도 갈고요. 안장도 내리고요. 하교 후에 봐요."
"그래. 일단 알았어."

나는 조금 애매하게 답변했지만, 아들은 내가 수락한 것으로 알아들었다. 녀석은 학원에 다니지 않기에 방과 후에는 친구들과 놀다가 저녁 무렵에 오기도 하지만 친구들이 대부분 학원에 나가기에 거의 일찍 집에 온다. 게다가 이날은 해야 할 일이 있으니 수업이 끝나자마자 바로 귀가했다. 그런데 아들이 원하는 자전거 수리점은 자동차로 50분쯤 소요되는 곳에 있었다.

"아들. 가까운 자전거 수리점에 혼자 가면 안 될까?"
"아빠 거기 우리 친구들이 가지 말래요. 자전거 부속이 좋지 않대요."

녀석은 지금 친구가 중심이기에 무엇보다도 또래의 말을 신뢰한다. 당시 나는 영상도 만들고 책도 집필하는 중이라 먼 거리를 다녀오는 게 부담스러웠다. 하지만 뭐든지 생각하기 나름이다. 비록 먼 거리지만, 가고 오는 시간에 아들과 이런저런 대화를 할 수 있다고 생각을 바꿔보니 즉시 부담감이 물러났다. 오히려 소풍 가는 것처럼 즐거운 기분마저 올라왔다.

나는 서둘러 녀석을 차에 태우고 50분 거리의 자전거 수리점을 향해 출발했다. 그리고 운행 중에 녀석에게 넌지시 말을 걸었다.

"아들! 픽시 자전거는 어떻게 알게 된 거지?"

그랬더니 녀석이 하는 말,

"어휴, 왜 자꾸 물어요. 내가 다 알아서 한다고 말했잖아요."

헉. 소풍은 무슨 소풍!

상황은 내 예측과는 전혀 다른 방향으로 흘러가고 있었다. 갑자기 내 마음이 답답해져 왔다. 그런데 정신을 가다듬고 다시 이 상황을 차분히 헤아려 보니, 한 생각이 잡혔다.

'가만있자. 왜 내가 아들과 소통해야만 한다고 주장하는 거지? 그리고 이미 함께 차를 타고 가는 이 자체도 소통 아닌가? 내가 뭘 더 바라고 있는 거지?'

이 또한 단지 나만의 원카드 강박 심리일 수도 있겠다는 생각이 들었다. 그러자 다시금 또 다른 생각이 올라왔다.

'가만있자. 대한민국 중2는 질풍노도이면서도 자기만의 정체성을 찾아가기 위한 묵언 수행을 하는 시기이기도 하잖아. 만일 스님들이 한참 용맹하게 묵언 수행할 때 말을 걸어서 소통하고자 한다면, 그건 무례한 일이잖아.'

아! 바로 이거였다.

지금의 상황은 녀석이 내게 침묵했기 때문이 아니라, '침묵해서는 안 된다'라는 꼰대 강박 심리가 만들어낸 나만의 답답증이었다. 대한민국 중2인 아들을 '묵언 수행자'라고 정의하자마자 갑자기 모든 문제가 사라졌다.

사실, 녀석은 이미 평소에 두 가지 말로 자기의 입장을 명확하게 전달하고 있었다.

첫째, "신경 쓰지 마."
둘째, "내가 알아서 할게!"

아하, 그래.

아들이 충분히 말했으니 존중해 주면 될 일이었다. 그동안 나는 그저 내 방식을 고집하고 있었을 뿐이었다.

잠시 후 수리점에 도착하자, 안장을 내리기 위한 프레임 커팅, 뒷바퀴 타이어 교환, 앞바퀴에 브레이크 장착, 손잡이 보호대 끼우기 등의 작업이 순서대로 진행되었다. 수리를 마치자 아들은 매우 기뻐하며 자전거를 가게 바깥으로 바로 끌고 나갔다.

나는 이틈을 타서 자전거 수리점 대표님에게 물어보았다.

"아이들이 왜 픽시 자전거를 타는 거죠?"
"아, 그냥 멋이에요. 그래도 여기서 앞바퀴 브레이크를 장착했으니 다소 다행스럽긴 해요. 저 나이 때는 그러고 싶은 세대들이잖아요. ”

"호오. 그래요? 그럼 우리 아들이 멋쟁이라는 뜻이네요?"

집으로 돌아오자 녀석은 픽시 자전거를 끌고 자전거 도로로 나갔다. 어쩌면 녀석은 맨 처음 자전거를 발명한 사람이 비틀 비틀 중심을 잡으면서 낯설고도 새로운 두 바퀴의 작품을 접했을 때의 희열을 맛보고 있는 듯했다.

이날 밤, 나는 거실에서, 아들은 옆방에서 잠이 들었다. 그런데 내가 잠들 무렵, 나는 녀석이 옆방에 있음을 느끼며, 그곳에 마음을 턱 얹는 내 모습을 알아차렸다. 내가 이러고 있으면 녀석 역시 거실에 있는 아빠에게 녀석의 마음을 얹을 수도 있는 일.

더 많은 소통이 필요하다는 생각은 나만의 망상이었다. 이미 나와 아들은 이토록 이미 진하게 공감하고 있었다.

녀석은 학교에 가서도 알아서 잘할 것이다. 예컨대 수학 선생님이 인수분해를 가르치면 그것을 이해할 수도 있고, 못할 수도 있다. 그래도 그 강의를 들었으니 충분하다고 나는 생각한다. 나머지는 녀석이 알아서 할 일이다. 이제 나는 더 신경쓰지도 걱정하지도 않는다.

녀석이 다 알아서 한다고 말했으니까.

🌿 무슨 소리?

부모가 먼저 나서기 전에

자녀가 하는 이야기도 한번 들어보는 거야.

🌿 그래서?

자녀의 주장도 잘 인정해 주면서 따라볼 만해.

🌿 뭐가 좋지?

침묵을 통해서도 소통할 수 있어.

오합지졸

자정이 넘은 시간, 잠이 들었는데 스마트폰이 울린다.

'이 시간에 누가 전화를 하는 걸까?'

살짝 놀란 마음으로 받아보니 결혼 5년 차 첫째 딸이다.

"아빠, 동생 친구들이 제게 전화했는데요. 채림이가 아까 4시부터 지금 7시간째 소식이 끊겼대요. 제가 동생에게도, 엄마에게도 전화해도 모두 받지를 않아요. 걱정이 돼서 전화했어요."

"아, 그래? 이상하네. 내가 5시까지 함께 있었거든. 아마 별일은 없을거야. 스마트폰 배터리가 방전돼서 꺼져 있는 게 아닐까?"

"그렇긴 한데요. 아무래도 느낌이 이상해요. 경찰에 실종 신고라도 해야 할까요?"

"에구. 너무 과한 추측인 것 같아. 좀 걱정되면 직접 집에 가보는 게 어떠니?"

전화를 끊고 나서 나 역시 좀 이상하다 싶어 둘째 딸에게 전화해 보았지만, 역시 신호만 갈 뿐 응답하지 않았다. 그리고 다시 내 스마트폰을 확인해 보니 둘째 딸의 친구로부터 '둘째가 연락이 되지 않아 걱정되어 실례를 무릅쓰고 여쭨다'는 내용의 문자가 와 있었다.

요즈음 시대에 스마트폰 연락이 되지 않으면, 호흡이 끊어진 것과 다르지 않다. '뭐 그럴 수도 있겠지'라면서 넘어갈 수 있는 일이지만, 둘째 딸 친구들의 우정 네트워크에 기반한 개인 안전관리 시스템은 생각보다 민첩하게 가동하고 있었다.

'뭐야, 정말 무슨 문제라도 생긴 걸까?'

그 덕분인지, 그 때문인지, 내 머릿속에서도 혼란한 생각의 연기가 모락모락 피어오르기 시작했다. 그런데 30여 분이 지나자 첫째 딸로부터 전화가 왔다.

"아빠. 엄마 집에 와보니 동생도 엄마도 곤히 자고 있네요. 스마트폰은 꺼져 있었고요. 동생 친구들에게는 제가 집에 안전하게 잘 있다고 전해줄게요."
"에구, 다행이네. 한밤중에 고생했구나."
"네. 아빠. 편히 주무세요!"

나는 다시금 둘째 딸 친구에게 문자로 감사를 전했다.

- 걱정해줘서 고마워. 친구들의 사랑이 예쁘네~♡
  └ [박○○] 늦은 시간에 걱정만 시켜드린 거 같네요. 그래도 정말 감

사드립니다.

둘째 딸 친구들의 모임은 학창기를 거치면서 자연스럽게 다섯 명으로 구성되었다. 그들은 스스로 '오합지졸(烏合之卒)'이라고 불렀다. 물론 오합의 오는 숫자 '5'가 아니다. 무질서한 까마귀 떼라는 애칭일 뿐이다.

수년 전, 오합지졸의 멤버 중 한 친구가 잘못 맺은 인간관계로 인해서 자칫 좋지 않은 삶의 구렁텅이로 빠질 뻔한 적이 있었다. 그때 모든 친구가 도시락을 싸서 돌아가면서 설득하고 또 설득하며 만류했다. '이 길은 아니야'라고 친구들이 극구 반대하자, 그 길을 포기했다. 결국 그 친구는 그 자리를 떨치고 나올 수 있었다. 그녀들의 우정 네트워크는 이미 오래전부터 오합지졸이라는 명칭과는 달리 조금이라도 안전하지 않게 느껴지면, 이를 예방할 수 있는 탄탄한 방어막을 갖추고 있었다.

본래 혈연으로 연결된 가족이라는 공동체는 우리 삶의 가장 강력한 안전핀이다. 그리고 우정 공동체도 그 이상의 역할을 할 수가 있다. 그때처럼 친구들의 안전감시망에 포착된 둘째 딸의 이번 실종 사건은 하나의 해프닝으로 끝났다. 다음 날 둘째 딸은 친구들로부터 종일 애정 어린 욕설을 먹어야만 했다. 둘째 딸이 이 정도의 우정 네트워크로 연결되어 있음을 보자, 나는 딸 친구들의 마음이 참 감사했고 그녀들이 대견스러웠다. 이 정도의 공동체가 형성되었다면 내가 죽어 세상에 없어진들 무슨 걱정이 있겠는가.

나 역시 어린 시절 고향 계곡의 물에 빠져 사경을 헤매고 있었을 때, 동네 형이 나를 건져내어 살렸다. 그때 그 형이 없었다면, 나는 지금 이곳에 없다. 그때 시골 동네에서의 공동체 역시 강력한 힘이었다.

지금 자신에게 내 가족 외에도 끊임없이 관심을 주고 걱정해 주는 누군가가 있는가?

그리고 본인 역시 내 가족 외에도 계속 관심을 주고 지켜주고 싶은 누군가가 있는가?

만일 이와 같은 사랑과 우정의 공동체가 없다면, 지금이라도 늦지 않다. 내가 먼저 주변 사람에게 낯빛을 온화하게, 말투를 부드럽게, 태도를 공손하게 갖추면 된다. 그러면 머지 않아 사랑의 샘물이 솟구쳐 흐르는 공동체에 속해 있는 자신을 발견할 수 있다.

바로 오합지졸의 그녀들처럼.

🍃 무슨 소리?

혈연의 가족도 필요하지만, 사랑과 우정의 공동체 역시 참 중요해.

🍃 그래서?

내가 먼저 타인을 사랑하면 자연스럽게 사랑의 공동체에 속할 수 있어.

🍃 뭐가 좋지?

내 삶을 지켜주는 든든한 울타리를 얻게 돼.

백수와 백수의 결혼

"엄마, 나 요즘 남자친구 사귀고 있어요."

2016년 어느 날, 큰딸이 엄마에게 전화했다.

"히야. 그래? 우리 딸 참 장하네. 근데 남친이 누구야?"
"그냥. 있어요. 다시 말해 드릴게요."

아주 간단한 통화였다. 당시 22살이면 남친을 사귈 만한 나이였지만, 대학교 입학 후에 소개팅 한 번 하지 않았던 큰딸이었다. '청춘은 연애 좀 해봐야 성장한다'라고 생각하는 나는 딸이 전해 준 신선한 청춘사업 뉴스를 들으니 내심 반가웠다.
이틀이 지나자 다시 딸이 연락했다.

"엄마. 그런데 사실요. 나...음...그냥 남친과 같이 살고 있어요."

딸은 자초지종을 털어놓았다. 이야기를 정리하자면 다음과 같다.

딸의 지인 한 사람이 간단한 게임 앱을 만들기 위해서 20대 초, 중반의 프로그래머, 기획자, 디자이너 등 5인조 프로그램 개발팀을 결성하였다. 그중 딸은 디자인 부분을 담당하였고 딸의 남친은 앱 스토리 기획자로 참여했다. 둘은 당시에 서로가 백수 신분이었다. 때마침 한 멤버의 부모님께서 6개월쯤 집을 비우게 되었는데 덕분에 그 집을 앱 제작 작업 공간으로 쓰게 되었다. 그렇게 딸과 남친은 같은 공간에 기거하면서 서로 눈이 맞았다.

그렇게 앱 프로그램을 만들기 위한 모임은 두 백수의 사랑을 연결해 주는 훌륭한 계기가 되어주었다. 그 후, 앱이 완성되고 웹에 론칭을 했지만, 아쉽게도 큰 주목을 받지는 못했다. 그러나 투웨이의 시각으로 본다면 앱 작업으로 한 커플이 탄생하였으니 그 가치는 이미 충분했다고 볼 수도 있는 법. 그 후 둘의 사랑은 더욱 돈독해져 2년 후 결혼에 골인했다.

유명 결혼정보회사가 최근 2년 이내 결혼한 신혼부부 1,000명(남 500명, 여 500명)을 대상으로 조사한 '결혼 비용 보고서'를 발표했다. 이처럼 잘 준비해서 결혼할 수 있다면 참으로 괜찮은 선택이다. 그런데 이처럼 할 수 없다면 또 다른 카드 한 장이 있다. 바로 결혼 비용 자체를 생각하지 않는 것이다.

나의 첫째 딸과 사위(백수와 백수)의 결혼 비용은 3천만 원이 넘지 않았다. 주택 월세 보증금 500만 원으로 옥탑방을 얻었고, 결혼식 비용과 신혼여행으로 약 1천 5백만 원이 들었다. 기타 비용을 합해도 1천만 원을 넘지 않았다. 둘은 2018년 가을에 결혼했는데 물가 상승률을 적용해도 총액 3,000만 원을 넘지 않았다고 볼 수 있다. 이 정도면 그리 거액의 액수는 아니다.

2023 결혼비용 보고서

1 · 2년차 신혼부부 1,000명 대상 설문조사

자료: 듀오

총 결혼비용 3억 3,050만원

신혼집 2억 7,977만원
혼수 1,573만원
예식홀 1,057만원
예단 797만원
예물 739만원
허니문 485만원
예식패키지 333만원
이바지 89만원

성별 결혼비용 부담율

1억 3,127만원

신랑 60%
신부 40%

1억 9,923만원

신혼부부 총 결혼 비용은 3억 3천만 원이다. 각 항목은 ▲주택 2억 7,977만 원 ▲혼수 1,573 만 원 ▲예식홀 1,057만 원 ▲예단 797만 원 ▲예물 739만 원 ▲신혼여행 485만 원 ▲결혼 패키지(스튜디오, 드레스, 메이크업) 333만 원 ▲이바지 89만 원으로 구성됐다.

출처: 문화뉴스. 2023년 2월 24일

3억을 벌 때까지 기다렸다가 결혼하려면 마흔을 넘겨도 어려울 수 있다. 그러니 그냥 3,000만 원을 목표로 잡고 결혼에 도전해도 된다. 축의금을 받을 수 있다면, 이마저도 줄어든다. 물론 이 액수로 결혼 과정에 어려움이 없진 않았다. 그러나 3억을 들인 결혼식이라고 어려움이 없을까? 돈이 많다고 결혼이 쉽지만은 않은 것은 세상이 다 아는 일이다.

큰딸은 명리학적으로 을목(乙木)이라 그런지 예술적 자질이 풍부하다. 그리고 모든 예술인이 그러하듯이 다소 민감한 성품을 지녔다. 그런데 묘하게도 사위는 그런 민감성에 대해서 전혀 문제 삼지 않았다. 사위는 정화(丁火)다. 사람들은 서로가 상생 관계다. 남들은 사주팔자가 잘 맞는다고 말한다. 나도 반은 동의한다. 그러나 사주가 잘 맞아서 사랑하는 게 아니다. 서로 사랑하면 사주는 그 사랑을 위한 해설일 뿐이다. 따라서 상극도 좋다. 상극은 서로에게 발전적인 관계라서 이 역시 좋다.

나는 그저 청춘이라는 자산을 믿기에 두 사람이 결혼하고자 결심한다면, 첫째 딸처럼 어떤 장애도 큰 문제가 되지 않는다고 믿는다.

둘은 결혼 후 서로에 대한 책임감을 느끼며 직장을 구하면서 백수에서 졸업했다. 그리고 결혼 5년 차가 되자, 그들은 알뜰살뜰 모은 돈에 금융권의 도움을 받아서 살 집을 장만했다.

나의 둘째 딸은 이 과정을 모두 지켜보았다. 둘째 딸은 프리랜서로서 외적으로는 청년 백수에 속한다. 그녀에게도 최근 남친이 생겼는데, 그 역시 5년간 다니던 직장 생활을 접었다. 그러니 또 한 쌍의 백수 커플이 탄생할지도 모르는 일이다.

일상의 행복을 누릴 수 있는 최적의 길은 여와 남 그 두 인연이 만나 어우러지는 길이다. 형태는 그리 중요하지 않다. 결혼이든, 탈혼이든, 동거든, 연애든, 비혼이든 그냥 함께 교류할 수 있다면 그것으로 아주 충분하다.

남녀 만남에 꼭 결혼이 필수는 아니지만 결혼이 필요할 때는 부모의 전폭적인 지원을 받아 신혼집을 마련하고 경제적 부담을 낮추는 것도 좋다. 그런데 두 청춘이 진실로 사랑하면 그 기쁨과 열정, 자신감으로 모든 것을 다해내고야 만다. 비록 백수의 신분이라고 하더라도 자기의 환경이 받쳐주는 한도 안에서 사랑 하나로 얼마든지 결혼할 수 있고, 결혼 후에도 점점 더 성장할 수 있다.

나는 백수로 출발하여 힘겨웠던 지금까지의 모든 과정을 청춘과 사랑으로 극복한 두 사람이 참 자랑스럽다. 내 삶에 최고로 감사한 일 중의 하나가 아닐 수 없다.

🖋 무슨 소리?

백수도 결혼할 수 있어.

젊음과 사랑, 열정이라는 큰 자산이 있으니까.

🖋 그래서?

기대치를 낮추고 자기 분수에 맞춰보는 거야.

🖋 뭐가 좋지?

뭐든지 해내는 청춘의 뜨거운 에너지를 체험할 수 있어.

땡비 벌과 지네

10년 전, 나는 늦깎이로 '씨 없는 수박' 대열에 합류했다. 그러나 편의를 얻으면 또 다른 불편도 따르는 법. 아마도 그 후유증이었을까? 1년이 지나지 않아서 음낭 좌측에 수종이 생겨났다. 처음에는 밤알 정도로 만져졌지만 수년간 조금씩 자라나더니 이물감이 들 정도로 커졌다. 성인 음낭 수종이었다.

고환을 싸고 있는 막에 물이 차오르는 이 질환은 그 원인이 불명확하다. 그래서 꼭 정관수술로 인한 후유증이라고 단정할 수는 없다. 나는 처음에는 그런대로 버텨나갔지만 그대로 둘 수가 없어서 2018년에 모 대학병원에서 척추마취로 첫 수술을 받았다.

그러나 수술 후 2주가 지나자 다시금 물이 차오르기 시작했고 2년여를 관찰했지만 나아지기는커녕 수술 전보다도 더 크게 부풀어 올랐다. 그 기간에 같은 병원에서 두 번의 외래진료를 받았지만, 재수술을 권고받은 것 외에 다른 방법이 없었다. 나도 의료인이기에 웬만하면 주치의를 믿고 같은 곳에서 치료받고 싶었지만 한 번의 실패와 이에 대한 석연치 않은 설명으로 인해서 재수술받는 게 몹시 꺼려졌다.

나는 그 후 서울의 다른 전문 병원을 알게 되었고, 2021년 여름에 초진을 받았다. 담당 의사분은 수술 후 하루 입원이면 충분하며, 퇴원 후 일상생활이 가능하다고 말했다. 또한 수 주 안에 정상적으로 돌아올 것이라고 말씀하셨다. 다만 0.4%의 가능성으로 수술 후유증이 발생할 수 있으며, 그 역시 시간이 지나면 대부분 회복된다고 설명했다.

2주 후에 수술 날짜가 잡혔고 그것은 내 생에 세 번째 수술이었다. 첫째는 20세에 모 대학 병원에서의 사시수술, 둘째는 앞서 말한 음낭 수종 수술이었다. 앞선 두 수술은 모두 부분 마취였다. 그런데 이번 세 번째는 전신마취로 결정되었다. 전신마취는 호흡근이 마비되면서 인공호흡을 통해 수술이 진행된다.

'전신마취라. 거참 겁나고 부담스럽네. 어떡하지?'

나는 또 방법을 찾았다. 믿고 맡기기였다. 사실 내가 할 수 있는 일은 아무것도 없었다. '지금의 상황을 있는 그대로 바라봐도 좋지만, 내게 유리하게 해석해도 괜찮다'라고 위안하면서 투웨이를 적용했다. 즉, 나는 내 마음이 행복해지도록 이 부담스러운 현실을 다음과 같이 왜곡하여 해석했다.

'나를 살피는 의료진들 모두가 내 연인들이야. 모두가 나를 사랑하는 손길이고 수술은 나를 쓰다듬는 거야. 나는 잠시 명상하면 되는 거지.'

나는 이 무거운 현실에 아름다운 생각 하나를 더 추가하여 희석시켰다. 그러자 바로 부담감이 가셨고, 오히려 마음이 지극히 평화로워질 정도로 안정될 수 있었다.

드디어 그날이 다가왔고, 의료진들의 손길이 시작되었다. 명상 주사를 맞고 힐링 가스를 마시자, 나는 즉시 열반에 들었다. 그 후 나는 무슨 일이 일어났는지 알 수 없었다. 나는 깊은 잠을 잘 때처럼 '의식(意識)의 나'에서 '비의식(非意識)의 나'로 머물다가 잠시 후 깨어났고 내 몸은 이미 회복실에 도착해 있었다.

이전에 내가 척수 마취를 받을 때는 수술 내내 의식이 말짱했지만 마취가 풀려 회복하기까지는 거의 하루가 걸렸다. 그러나 전신마취는 강렬하게 마취되고 바로 깨어날 수 있어서 훨씬 깔끔했다. 내가 제천 센터에 있었을 때 땡비 벌에게 쏘인 게 부분 마취였다면, 지네에게 물린 것은 전신마취 같다고나 할까. 땡비 벌에게 쏘이면 따끔한 정도지만 2~3일의 지루한 후유증이 생긴다. 반면 지네에게 물리는 순간에는 100만 볼트 전기에 감전되는 느낌이 들지만, 3~4시간 후에는 깔끔하게 회복된다. 그래서 나는 차라리 후자가 더 낫다는 생각이 들었다.

그런데 이번에도 또 다른 문제가 발생했다. 회복실에서 3시간쯤 지나자, 수술받은 부위가 조금씩 부풀어 오르더니 아예 음낭 전체가 점점 팽창해지면서 커지고 있었다. 이를 본 담당 의사분이 말했다.

"수술 과정에서 주의를 기울였지만, 음낭 내 모세혈관 일부가 터진 것 같습니다. 하루쯤 더 입원하시는 게 좋겠습니다. 그 후 경과를 보도록 해야겠어요."

그러나 다음 날에도, 부풀어 오른 음낭은 가라앉을 기미가 없었다.

"드문 일이긴 하지만, 0.4%의 확률로 이와 같은 후유증이 생겨납니다. 이 상태는 재수술할 수는 없고요. 기다리는 수밖에 없습니다. 3개월쯤 되면 혈관이 재생되면서 차츰 회복될 수 있습니다."

아, 나는 그토록 드문 0.4%의 수술 후유증에 당첨되고야 말았다. 입원을 연장한다고 달라질 게 없자, 주치의 선생님도 바로 퇴원을 권고했다. 나는 어쩔 수 없이 달갑지 않은 수술 후유증 선물을 받고 일상으로 복귀했다.

'그래. 이것도 삶이야. 이번 일도 달동네일 뿐이야. 불편하면 불편한 대로 그냥 살아보자!'

이렇게 마음먹었지만, 실제 생활은 몹시 불편했다. 일단 내가 좋아하는 여러 가지 운동을 제대로 할 수 없었다. 걷기, 팔굽혀펴기, 턱걸이, 조깅 어느 하나도 편하게 실행할 수가 없었다.

퇴원 후 2~3일이 지나자, 음낭의 크기가 줄어들기는커녕 조금씩 더 커지더니, 마치 고구마 하나를 달고 다니는 느낌이 들었다. 급기야 중력이 잡아당기는 힘도 이겨낼 수 없었는지, 평상시에도 음낭 부위에 둔통이 생겨났다. 일어서도, 의자에 앉아도 불편함이 지속되었다.

'이대로 3개월을 살라니! 그러나 뭐 어쩔 수 없잖아. 어떻게 하겠어. 이 상황과 싸우지는 말자. 내가 언제 이렇게 아팠던 적이 있었던가. 이 기회에 오히려 환자의 고통을 체험하는 기간으로 삼아보자.'

자연스럽게 나만의 고행 수도 생활이 시작되었다. 그런데 일주일이 지나자, 음낭을 유지해주던 근육과 인대의 피로감이 누적되면서 둔통의 정도가 점점 심해졌다. 어느 날에는 통증이 심해져서 서기는커녕 앉는 것마저도 힘들었다. 나는 어쩔 수 없이 소파에 의지해서 옆으로 누웠다. 그리고 평소보다 세 배쯤 커진 음낭을 손으로 잡아 올려서 허벅지 안쪽에 얹었다. 중력을 해제시키기 위함이었다. 다행히 효과가 있었다. 그렇게 수분이 지나자, 순간적으로 둔통이 사라졌다.

'아. 참 행복하다. 여기가 바로 천국이구나.'

대개 수행자들은 스스로 고행을 택한다. **고행이 극에 이르면 그 고통으로 인해서 더는 욕심에 머물 수 없다. 욕심이 끊어진 그 자리에 본연의 세계가 나타난다.** 여기에 고통을 넘어선 성취감과 엑스터시로 인해서 그동안의 고행에 대한 보상을 얻는다. 그것은 마치 포성이 쏟아지는 전쟁터에서 그 포성이 잠시 멈췄을 때의 안도감이 주는 행복과도 같다.

계곡이 깊으면 산이 높다고 했던가?

수술 후유증이 주는 고통이 멈추자, 그때 비로소 찾아오는 지극한 행복감. 행복은 고통스러운 삶의 현장 속에서도 먹구름을 뚫고 비치는 한 줄기 햇살처럼 살아 숨쉬고 있었다. 나는 고통과 행복은 역시 따로 놀지 않고 있다는 사실을 실감했다.

🖋 무슨 소리?

살다 보면 불운을 만날 수 있어.

🖋 그래서?

어쩔 수 없어.
그러니까 내 삶의 달동네로 인정하자고.

🖋 뭐가 좋지?

그 안에도 또 다른 행복이 있어.

백척간두에 서다

혈종 후유증은 쉽게 극복되지 않았다. 수술 부위에서는 아주 작은 천공이 생겼고 그 틈새로 끊임없이 미세한 출혈이 일어났다. 이를 흡수할 수 있는 훌륭한 도구가 있었는데, 바로 여성 생리대였다. 가임 여성이라면 한 달에 한 번씩 최소 3일에서 7일씩 생리대를 착용한다. 그러나 나는 잠시 주어진 회복 기간에만 착용할 뿐이지 않은가. 후유증 덕분에 여성분들이 겪는 불편함을 느낄 수 있다면 이 또한 의미 있는 일이라는 생각이 들었다.

그런데 향후 최소 1개월 이상 생리대를 쓰려니 센터에 비치된 것으로는 충분치 않았다. 목마른 사람이 우물 판다는 말처럼, 나는 생리대를 사러 편의점에 들렀다. 그곳 상점 모퉁이에는 여러 가지 생리대가 진열되어 있었다. 나는 별 생각없이 그중 한 묶음을 집어서 계산대로 가져왔다. 그러자 점원이 말했다.

"고객님. 이건 원 플러스 원 상품이에요. 하나 더 가져오시겠어요?"

나는 이 말을 듣는 순간 참 기뻤다. 완전 대박이 터진 느낌이었다. 그와 동시에 나는 내 감정을 의심했다.

'생리대 원 플러스 원이라는 소식에 내가 이렇게 기뻐해야 할 일인가?'

그러나 나는 바로 깨달았다. 나는 당시 수술 후유증이라는 달동네서 용맹정진 수행 중이라는 사실을. 내가 늘 고통 속에서 살아가다 보니 아주 조그마한 일상의 성취감에서도 바로 기쁨이 감지되는 상황에 처해 있었다.

그것은 마치 마라톤 경기 속 고행과 비슷했다. 나는 25번의 하프 코스와 4번의 마라톤 풀코스를 완주했다. 풀코스 경기는 대개 30km를 넘어가는 지점부터는 대회 주최 측에서 2.5km 간격으로 시원한 냉수를 준비한다. 이 지점부터 마라토너들이 겪는 고통과 지루함은 상상 초월이다. 이때부터는 2.5km를 달려서 물 한 모금 마시는 게 인생의 최대 목표가 된다. 죽을힘을 다해 달려서 음료수 설치대에 도착하여 물 한 모금을 마시면, 세상만사 이보다 좋을 수 없다.

나는 0.4%의 수술 후유증이 선물한 달동네에 머물면서 **작은 일상에서도 얼마든지 기쁨을 찾을 수 있는 도의 경지**에 도달하고 있었다. 그러므로 아프고 가난하고 어려운 달동네의 삶이 결코 나쁜 것이라고 단정할 수만은 없다.

세상의 적지 않은 분들이 목숨을 걸고 에베레스트산 정상을 향하거나 맨손만으로 암벽 등반에 도전한다. 수행승들은 용맹정진, 무문관 수행을 통해 극한의 고통을 감내한다. 그 극한의 세계까지 가서 잠깐 보이는 틈새로 평소에 보지 못했던 찬란한 삶의 희열을 추출하기 위함이다.

그러고 보니, 이때 수술 후유증 상황도 아무것도 아닐 만큼 그 전에 내겐 더 엄청난 사건이 있었다.

약 15년 전, 나는 마라톤 클럽에서 '인터벌 주행'이라는 달리기 훈련을 한 적이 있었다. 당시 400m 트랙을 한 번 전력 질주하고 또 한 번은 가볍게 달리는 훈련이었다. 나는 이토록 혹독한 훈련 과정을 9회 반복하고 나머지 남은 한 바퀴 400m 트랙을 전력 질주하면서 골인 지점을 100m쯤 앞에 두고 있었다. 이때 나는 내 체력을 상승시키기 위해 남은 100m 구간을 사력을 다해 뛰었고, 힘겹게 골인할 수 있었다. 그런데 그것이 문제였다. 골인하자마자 갑자기 다리가 풀리고 숨이 제대로 쉬어지지 않았다. 마치 심장이 멈춰질 듯했고 정신도 아득해지며 팔다리의 힘이 풀리면서 주저앉았다.

'아, 이러다가 죽는 거로구나.'

죽음의 신이 내 코앞까지 바짝 다가와 있었다. 나는 내 몸이 감당할 수 없는 무리한 훈련법으로 생명의 끝점을 만지고야 말았다. 바로 그 순간 내 입에서 맑은 타액이 분비되어 흘러나왔다. 그냥 침과는 달랐다. 속칭 '게거품 물다'라는 말의 생생한 체험이었다. 생존을 위한 마지막 급냉 시스템이 발동했다고나 할까. 이로 인해 무리한 운동으로 급격히 올랐던 체온이 뚝 떨어졌고, 나는 절체절명의 위기에서 겨우 벗어날 수 있었다.

세상의 모든 수행도 이와 같다. 도저히 참을 수 없는 그 지점까지 이르면, 죽음의 문턱에 이른다. 그러다 그냥 꼴깍 저세상으로 넘어갈 수도 있다. 나는 마라톤 수행의 끝자락까지 가 보면서 삶과 죽음은 종이 한 장 차라는 사실을 명확히 알 수 있었다. 이러한 진리를 마라톤 훈련에서 얻었기에 더 바랄 게 없었다. 나는 운 좋게 다시 살아났고, 그 후 더 이상의 무모한 훈련을 중단했다.

그렇다면 지금 내가 수술 후유증으로 불편을 느끼는 상황을 마라톤 훈련 중 느꼈던 극한 위기의 상황과 비교해보면 전쟁터도 아니고 극한의 재난도 없는, 그저 평범한 일상 중에서 약간 특이한 정도의 경험일 뿐이었다. 따라서 수술로 인한 다소의 고통으로 이 정도의 희열감을 누린다면 가성비 대비하여 참 괜찮은 수확이 아닐 수 없다.

그런데 다시 한번 생각해 보자. 과연 지금 우리가 누리는 일상의 삶은 안전하기만 할까?

그 또한 전혀 그렇지 않았다.

내가 극한의 수행으로 도달했던 삶의 끝점은 지금 우리가 살아가는 일상에서도 똑같이 일어나고 있다. 한번 생각해 보자. 우리에게 주어진 생명의 축복은 겨우 100년 정도다. 천년이 주어져도 불만이 생길 수 있는 판국에 겨우 100년이라니 말이 되는가. 이 얼마나 짧은 시간인가.

우리는 이미 절체절명의 순간을 살아가고 있다.

백척간두(百尺竿頭)에서 진일보하라!

선가에 회자되는 유명한 화두다. 물론 백천간두에서 진일보하는 분들이 있다. 번지점프처럼 등에 목숨줄을 매달거나, 윙슈트를 입고 절벽에서 뛰어내리거나 헬기에서 낙하산을 매고 뛰어내리는 경우다. 이런 상황도 아닌데, 맨몸으로 뛰어내리라고 한다니. 미친 소리다. 하지만 위 화두는 미친 소리가 아니다. 이미 우리는 백척간두에 서 있음을 인식하자는 뜻이다.

우리의 삶이 비록 지루하고 따분하게 느껴질지라도, 투웨이 시각으로 보면 이미 평온하면서도 동시에 백척간두다. 지구 역시 우리를 무한히 지켜주는 안전한 땅 같지만, 언제라도 혜성이 들이닥쳐 아수라장이 될 수 있는 위험천만한 장소이기도 하다.

그럼, 백척간두에서 한 발자국 더 나아가면 어떨까?

그냥 평온할 뿐이다. 백척간두에 있어도 일상인데, 한 번 더 진도를 나아간들 이 이상의 세상이 없기 때문이다. 그래서 우리 삶은 어떻게 살든지 간에 바람 앞의 등불이자, 평화스러운 동네요, 백척간두이면서 푸른 초원이라는 양면성을 가지고 있다.

놀랍게도 우리 모두는 이미 백척간두에서 한 발 더 나아가며 살아가고 있다. 누구라도 꾸준히 늙어 가고 있고 병이 들고 결국 죽는다. 이 얼마나 심각한 상황인가. 우리 삶에 이 이상 더 심각한 문제가 어디 또 있단 말인가?

그래도 우리는 이 상황에서도 웃고 수다를 떤다. 이미 최악의 상황이며, 더 나빠질 일이 없는 이 상황마저도 우리는 거뜬히 받아들이고 있었다. 이런 백척간두에서 진일보하면서도 잘 살아가는 우리들이거늘, 그 어떤 현실이 우리를 힘들게 할 수 있겠는가. **힘든 것은 현실이 아니라 원카드가 일으킨 내면의 전쟁이었다.**

나 역시 이미 절체절명 백척간두의 삶에서 그깟 0.4%의 후유증 정도가 생겼다고 슬퍼할 일이 아니었다. 이 작은 사건으로 오히려 내 의식은 깰 수 있었고, 원플러스 원 상품을 구매하면서도 희열을 느낄 수 있었다.

어쨌든 그 후 나는 음낭 혈종이 스스로 흡수되기까지 기다리는 것이 능사는 아니라고 생각했다. 그래서 나는 적극적으로 대처하기 시작했다. 먼저 황기(黃耆)라는 한약재를 달여서 하루 3번씩 복용하기 시작했다. 출혈이 지속되는 부위에 작은 부항으로 어혈(瘀血)을 빼내자, 3개월이 아닌, 한 달 반 정도가 지나면서 수술 후 후유증을 잡을 수 있었다. 그렇게 서양의학과 한의학은 서로 '투웨이'가 돼 주었다.

자칫 불운하게 여길 수도 있었던 0.4%의 후유증은 내게 있어 환자의 입장에 서서 병을 바라볼 수 있는 소중한 체험을 제공해 주었다. 그러니 나을 수 있는 질병을 얻는 것은 일상의 행복을 일깨워주는 알토란 같은 수행 선물이라고 말할 수 있다.

그런데 나을 수 없는 질병이 따로 있을까?

나는 그렇게 생각하지 않는다. 모든 병은 아무리 급박한 상황까지 몰리더라도 다 나을 수 있다. 우리가 살아가는 이 세상, 이 우주는 이미 백척간두임에도 불구하고 아무런 문제 없이 건강하게 돌아가지 않는가.

그렇다면 아무리 위중한 질병에 걸리더라도 얼마든지 건강을 회복할 수 있다는 사실은 자명하다. 아니, 회복하지 않더라도 이미 우리는 웃고 떠들며 잘 살아가고 있다. 백척간두에 서 있음에도 불구하고.

🖋 무슨 소리?

내 삶은 안정적이면서도 백척간두 절체절명의 위기 상황이기도 해

🖋 그래서?

이미 절체절명의 상황에서도 웃으며 살아가는 나 자신을 성찰해 봐.

🖋 뭐가 좋지?

일상의 작은 일에서도 희열을 느낄 수 있어.

골골 100년, 내 어머니

내 어머니는 자주 아프셨다. 내가 어릴 적에는 위병이 생겨 한약방을 운영하셨던 나의 5촌 당숙님 댁에 기거하시면서 단식에 들어가셨다. 그렇게 15일을 굶으신 후 위병이 나았다. 그 후 구안와사라고 부르는 안면 신경마비증도 왔었지만, 이를 극복하셨다.

내가 고등학교 시절, 어머니께서 우울증이 발병했다. 당시에 어머니께서는 필요 이상 음식을 드시려 했고 잠시 의식이 가물거리는 적도 자주 목격됐다. 어머니는 그냥 병을 온전히 앓고 또 앓다가 우울증에서도 벗어나셨다.

아버지께서 말씀하신다.

"너희 어머니는 함께 살아간 후로부터 지금까지 아프지 않은 적이 없었던 것 같구나.

어머니의 병은 참 다양했다. 관절염도 왔었고 각종 사고로 뼈를 접합하는 수술을 수차 받기도 하셨다. 그런데도 어머니는 거듭거듭 회복되셨다.

골골 100년이라고 했던가. 병을 앓고 또 앓자, 병도 지친 기색이 역력했다. 어머니께서 75세를 넘기시자 어머니를 힘들게 했던 이런저런 병들이 결국 더 버티지 못하고 이삿짐을 꾸려서 모두 떠났다. 그리고 80세가 되시자 육체는 더욱 건강해시고 의식도 더욱 또렷해지셨다.

그런데 82세가 되시던 어느 봄날에 동생에게서 전화가 왔다.

"형! 어머니께서 낙상하셨어. 많이 다치셨나 봐."

순간적으로 나는 가슴이 쿵 무너지는 기분이 들었다. 급히 차로 두 시간을 달려 도착해보니 어머니는 이미 119의 도움을 받아서 응급실로 이송된 상태였다.

어머니는 낙상 후 꼼짝도 하지 못하셨다. 아마도 고관절 부위에 심각한 골절상이 예측될 정도로 심하게 다치신 듯했다. 고관절 골절은 연로하신 분들에게는 치명적이다. 그런데 놀랍게도 엑스레이 촬영과 CT 스캔 결과, 어떤 골절도 발견되지 않았다. 기적 같은 일이었다. 근육 타박상이 심했지만, 두 달이 지나면서 다시금 이전의 건강한 수준으로 거의 회복할 수 있었다.

그런데 그해 여름 어느 날, 이번에는 어머니께서 내게 직접 전화하셨다.

"아들아. 내가 너무 아프다."

최근에 몇 년간 부쩍 건강을 찾긴 하셨지만, 그래도 연로하신지라 아프지 않을 수는 없었다. 다만 웬만한 증상에 대해서는 아들이 염려할까 두려워 말씀조차 꺼내지 않는 어머니이셨다. 그런데 이런 말씀을 하시는 것을 봐서 매우 심각한 상황임이 분명했고 목소리에서도 아프신 기색이 역력했다.

　나는 곧바로 어머니가 거주하시는 곳으로 향했다. 도착해서 살펴보니, 어머니는 식사를 제대로 못 하셨고, 겨우 드신 음식마저도 모두 토하시기를 반복하면서 기진맥진한 상황이었다.

　내가 어머니의 상태를 관찰해보니 거동을 멈추실 때는 구토 증상이 조금 덜하시다가도 다시 움직이시면 또 증상이 나타나기를 반복했다. 나는 위병 그 자체보다 뭔가 다른 데 원인이 있다고 판단했다.

　병원에 입원해서, 기본 검사와 CT촬영을 해 본 결과 우측 신장에 큰 낭종이 보였다. 수신증이었다. 약 1.5cm 크기의 요로결석으로 인하여 신장이 부풀어 있는 상태였다. 담당 의사는 꼭 그것이 구토의 원인이라고 단정하지 않았지만, 나는 확대된 신장이 장과 위를 자극하면서 구토가 일어난 상황으로 인식했다. 그리고 결석이 큰 편이기에 대학병원급 이상에서 수술받을 것을 추천했다. 그러나 수술을 받기 위해서는 내과적인 검사를 해야 하고 다시 날짜를 잡아야 하는데, 아무리 빨라도 한 달 이상의 시간이 필요했다. 그런데 어머니는 지금 이 상황에서 한 달을 버텨 낼 체력이 아니었다. 나는 대학 병원에서 수술을 받고자 해당 절차를 진행하였지만, 그 시간을 어떻게 견뎌야 할지 참으로 암담했다.

　아픈 어머니를 마냥 기다리게 둘 수는 없었던 나는 일말의 희망을 찾기 위해 주변 비뇨기과 개인병원 여러 곳으로 전화했다. 하지만 결석도 큰데다가 연로하신 상태라서 쇄석 치료가 힘들다는 반응뿐이었다. 그러나 적극적으로 어머니를 모시고 오라는 개인병원이 있었다. 관련 영상자료를 제출했더니 담당 의사분이 말씀하셨다.

　"크기도 조금 되고, 환자분이 연로하시지만, 저희 병원에서는 초음파 쇄석치료에 성공한 경우가 많습니다."

　"아. 그래요? 그럼 저희 어머님은 언제부터 시술받을 수 있을까요?"

"지금 저 소리 들리시죠? 쇄석 치료 초음파를 쏠 때의 소리입니다. 저 환자분 치료 후에 지금 바로 시술받을 수 있습니다. 먼저 저희가 별도로 확인하기 위한 엑스레이 촬영부터 하시지요."

역시 길은 한 가지가 아니었다. 항상 또 다른 해결책이 존재했다. 나는 그렇게 어머니 병증을 해결하는 소쩍새 병원을 찾아낼 수 있었다. 그리고 그렇게 한차례 시술을 받았는데, 바로 증상이 경감되었다. 그렇게 일주일에 1회씩 모두 5주를 연속해서 치료를 받으신 후 어머니는 다시 건강을 찾을 수 있었다. 참으로 다행한 일이었다. 그 후 나는 다시금 센터로 온전하게 복귀했다.

그렇게 한 달이 지났을까, 이번에는 아버지께서 전화하셨다.

"어머니가 또 넘어지셔서 크게 다쳤단다."

아버지의 목소리는 몹시 다급했다. 나는 곧바로 어머니 댁으로 올라왔다. 병원 진료를 받아 본 결과, 하지 부위에 미세 골절상이 발견되었다. 담당 의사는 수술 여부에 대해서 명쾌한 이야기를 하지 않았다. 다만 잘못 붙으면 더 고생하실 수 있으니 수술이 낫겠다고 권고했다. 그런데 이번에는 어머니께서 한사코 수술을 사양하셨다. 며칠 입원 후, 어머니께서는 집에서 치료하겠다며 병원에 머무르기를 거부하셨다.

그러나 어머님은 전혀 움직일 수 없는 상황이었다. 단순히 뼈 골절의 문제보다 심각한 근육 손상이 문제였다. 걷기는커녕 일어날 수도 없으셨고, 앉기조차도 불가능했다. 아버지께서도 어머니 간호에 지치셔서 휴식이 필요했다. 코로나19의 영향으로 치유센터가 한가해진 상황에서, 나는 어머니의 현재 병증은 양방보다 한방이 좀 더 효율적이라는 판단에 어머님 댁에 머무르게 되었다.

기력이 떨어진 상태에서 한방의 보법은 강력한 치료 효과를 발휘한다. 통증이 심할 때는 옆에서 침과 뜸, 약침 시술을 해 드렸고, 병증 호전을 위해서 기력을 회복시키는 보약도 복용시켜 드렸다. 그리고 사과, 바나나, 양배추, 토마토, 단호박을 푹 삶은 후, 이를 갈아서 만든 해독 주스로 위와 장을 편안토록 해드렸다.

밤에도 어머니 곁에 함께 자면서 대소변을 받아냈다. 이 과정에서 나 역시 몸은 매우 피곤해졌지만, 마음만큼은 전혀 힘들지 않았다. 그렇게 어머니와 10일 밤낮을 같이 하면서 치료에 전념하자, 드디어 어머니께서 발을 조금씩 디딜 수 있었다. 그리고 그 후로 어머니 병증은 조금씩 조금씩 회복하시기 시작했다. 그리고 다시 6개월이 지나자 노점에도 나가실 수 있을 만큼 건강을 회복하셨다.

한의학에서는 병을 없애고 꺾으려고 하기보다 병을 잘 앓을 수 있도록 돕는 데 중점을 둔다. 병은 결코 내 삶의 적이 아니라는 사실을 잘 이해하고 있기 때문이다. 내 어머니도 잦은 질병으로 힘들어하실 때가 많았지만, 어머니는 병 그 자체를 미워하거나 거부하지 않으셨다. 살아가는 과정에는 병이 있기 마련이라며, 병에 걸려도 치료하면 된다는 믿음으로 태연하게 이겨내시었다.

그렇게 내 어머니는 우리 삶의 질병마저도 함께 데리고 살 수 있다는 진리의 산증인이 되어 주셨다. 나는 내 어머니의 의연한 모습에서 지금도 질병을 대하는 자세를 배우고 깨쳐나가고 있다.

✍️ 무슨 소리?

평생을 질병과 친구삼아 지내 온 내 어머니 이야기야.

✍️ 그래서?

병을 잘 앓는 것도 치유의 중요한 과정이라는 사실을 인식해 보자고.

✍️ 뭐가 좋지?

어떤 병이라도 잘 극복할 수 있어.

하, 하, 하

나는 K형을 2012년 통합의학 박람회에서 처음 만났다. 형은 대체의학 전문가로서 명상과 자연치유 요법을 알리기 위해 참여했다. 나는 한방 심리 상담과 건강상담을 위해 일주일간 주최 측에서 마련한 부스에 머물면서 자연스럽게 형을 알게 되었다. 첫 만남부터 형은 그냥 '따스함' 그 자체였다.

'어떻게 이토록 온화할 수 있는 거지?'

나는 형의 온화한 미소, 맑은 눈에서 피어나는 사람에 대한 무한한 애정을 온 몸으로 느낄 수 있었다. 한마디로 나는 형의 따뜻한 인간미에 홀딱 반해버렸다.

그렇게 형과의 만남 이후 2013년 여름, 나는 내가 돌보는 환우들 6명을 차에 태우고 일주일 정도의 힐링 투어 일정을 기획했다. 전국에 있는 나의 인성 인맥 네트워크를 활용하는 여행이었다. 물론 K형이 운영하는 계룡산 기슭의 힐링센터가 중심이었다.

그 당시에는 형과 형의 어머님이 센터에 상주하였는데, 형의 어머니는 틈틈이 방문하시는 분들에게 명상 지도도 해주시고, 담화를 나누면서 온정을 베푸는 형을 도와 밥과 반찬을 챙겨줄 정도로 건강하셨다. 나는 아직도 그때의 기억이 눈에 선하다.

그런데 2014년 대체로 건강하셨던 형의 어머니께서 밭일 중에 넘어지셨다. 머리 부위가 돌에 부딪히면서 뇌출혈이 생겼고 손발조차 제대로 쓰질 못했다. 엄청난 불운이었다. 그러자 이때부터 형은 모든 일정을 접고 어머니 간호에 나섰고 철저히 어머니의 수족이 되어 드렸다. 그리고 형이 할 수 있는 모든 대체요법을 동원했다. 그러기를 1년여가 지나자 어머니 상태를 거의 정상 수준까지 회복시켜드릴 수 있었다.

그래서 어머니는 2018년에 내가 주관한 힐링 프로그램에서 명상 파트를 담당했던 형을 따라오셔서 함께 프로그램에도 참여할 수 있었다.

그런데 그 후 1년이 지나자, 어머니의 뇌출혈 후유증이 재발하였고 병증이 악화되면서 몇 번의 병원 신세를 지게 되었다. 뚜렷한 회복세가 보이질 않자, 형은 다시금 모든 일을 접고 오직 어머님 치유만을 위한 삶으로 전환했다. 그렇게 4년 동안 형은 형의 어머니를 밀착 간호했다.

내가 다시금 형을 만나러 갈 때는 2022년 10월 하순이었다.

"어머니! 안녕하세요? 그리고 K형, 내가 너무 무심했네. 너무 오랜만에 오게 되었어."
"하하하. 아우님 오셨네. 어서 와. 늘 전화로 연락했는데 뭐. 하하"

어머님은 치매 증세로 무표정이셨지만 형은 환한 웃음으로 나를 반겼다.

"형! 어머님 보살피는 게 참 힘드시겠어요. 고생이 참 많아요."
"고생이라니, 스승님을 모시면서 큰 기쁨을 누리고 있지. 하하하."

헉! 역시 형은 예상대로 완전히 다른 차원에서 살고 있었다. '3년 병에 효자 없다'라는 속담은 형에게는 그냥 종이 위에 쓰인 글자일 뿐이었다.

"형이 하고픈 일이 많았을 텐데."

"물론이지. 명상 지도도 하고 싶었고, 티베트의 카일라스산에도 가보고 싶었고 그렇지만 어머니를 두고 그럴 수 없었던 거지. 그런데 지금 나는 이 두 가지를 다 하고 있어."

"그게 무슨 말이야?"

"나는 날마다 아침이면 잠시 어머니 곁을 떠나 산천을 누비며 '하하하' 명상을 해. 그리고 그것을 우리 아우와 같은 도반님들께 SNS를 통해서 날마다 전송하고 있잖아."

"아하. 맞아. 형 덕분에 나도 아침마다 한바탕 웃으며 하루를 출발하고 있거든."

"그리고 카일라스산도 찾았어."

"아, 그래요? 어떻게?"

"어머니 당신이 바로 카일라스산이더라고. 하하"

"아니, 형. 그게 뭔 말이야?"

"어머니께서 병든 후 함께 생활하기로 작심했지만, 처음에는 힘들더라고. 그 이유를 찾아보니 바로 '나'라는 에고가 굳건히 자리를 잡고 있었던 거야. 바로 내가 어머니를 케어한다는 그 생각말야. 그런 '나', 그런 생각이 참 무거운 것이더라고. 그런데 굳이 어머니와 함께 살아가는데 그런 '나'를 데리고 갈 필요가 없잖아. 그런 나를 알아차리자 바로 그 순간 '나'가 없어지더라고. '무아'가 되었어. 내가 없어지고 난 후에 다시 어머니를 쳐다보니 내가 그토록 가고 싶었던 카일라스산이 보이는 거야. 티베트의 카일라스산은 고정되어 있지만, 어머니 카일라스산은 감정도 있고 움직이시기도 하고. 하하하. 너무 기쁘더라고. 내가 무아를 여기서 찾다니! 하하하."

형의 얼굴은 너무나 평온했다. 형에게는 그 어떤 상황에서도 언제나 웃음과 환희가 떠나질 않는다. 지금도 예외가 아니다. 항상 어머니와 이마를 맞대고 '하하하' 명상으로 소통한다.

"어머니. 행복하세요? 하하하. 어머니 사랑해요. 하하하."

어머니는 무표정한 얼굴이지만, 형에게는 문제가 되질 않는다. 어머니의 손을 잡고 그 체온을 느끼고 미세한 떨림을 통해 형은 충분히 소통하고 있기 때문이다.

다행스럽게도 어머니께서는 음식을 떠서 드리면 스스로 오물오물 씹으시다가 삼키실 수 있다. 형은 텃밭에서 직접 지은 농산물로 어머니를 위한 자연식을 만들어 매 끼니를 모두 손수 챙겨드리고 있었다.

형은 어머니의 치매 증상이 발현하자, 더욱 간절한 마음으로 어떻게든 어머니를 즐겁게 해드리고 싶었고 어머니와 소통하고 싶었다. 그래서 형은 고민 끝에 어머니께 전할 말을 "하하하"로 압축해서 큰 소리로 외치며 소통을 시도했다. 그러자 놀랍게도 어머니가 즐거운 표정으로 반응하기 시작했다. 컨디션이 좋은 날에는 어머니도 "하하하"라고 답하신다. 이것으로 충분했다.

형은 '하하하' 명상의 뜻을 다음처럼 정의했다.

첫 번째 '하'는 하늘처럼 차별하지 않는 마음이다.
두 번째 '하'는 하해처럼 넓은 마음이다.
세 번째 '하'는 우리 모두 사랑으로 하나가 되는 마음이다.

형이 창안한 '하하하' 명상법은 우주에서 가장 쉽다. 이제 미소 짓기 시작하는 갓난아이부터 치매 증상을 가진 어르신까지 살아 있는 우리 모두에게 적용할 수 있다. 그냥 '하하하' 웃으면 된다. 바로 첫음절 '하'에 명상이 시작되고, 둘째 음절 '하'로 열반에 들어가고, 셋째 음절 '하'로 다시 일상의 행복을 누린다.

만국 공통어라서 번역조차도 필요 없다. 매우 빠르게 돌아가는 바쁜 세상에서도 가능하며, 졸다가도 이 명상을 할 수 있고, 눕거나 앉거나 뛰면서도 가능하다. 어떻게 하라는 설명조차 필요 없다. **그냥 '하하하' 웃으면 된다. 이렇게 단순하고 명쾌한 명상법은 세상 어디에도 없다.**

형의 하하하 명상법은 누구라도 실천하자마자 바로 일상의 행복을 찾아준다. 형은 병환이 깊던 어머니와도 이 명상법으로 충분히 소통할 수 있었다. 그러던 2023년 5월 초순의 어느 날, 어머니는 천수를 다하시고 소천하셨다.

그러나 K형은 어머니가 돌아가신 게 아니라 돌아오신 것으로 여긴다. 여전히 대지와 산하에서 어머니의 사랑과 가르침을 느끼고, 즐기고, 더 넓게 누리고 있다. 오늘도 형과 나는 함께 웃으며 명상한다.

어머니는 분명히 지금의 이 순간에도 형과 내가 웃으며 살기를 원하실 터. 그래서 오늘도 나는 자기를 모두 비워 다 내려놓은 형마저도 없는 형과 함께 웃음 명상을 즐길 수 있다면, 비록 실없는 이야기일지라도 가리지 않는다.

"형! 어쩌면 우리는 그 어떤 거대한 생명체가 있어서 재채기할 때 그 거품 속 작은 포말 하나를 빅뱅이라고 파악한 후, 이것을 우주의 기원을 알아차렸다고 말하고 있을지도 몰라. 그 짧은 시간을 우주 과학자들은 150억 년으로 환산해 낸 거야. 그렇다면 그 거대 생명체는 도대체 몇 년을 살아가는 걸까? 정말 아득하지 않아? 하하하.”

　“그렇게 말이야. 아우! 그리고 또 혹시 몰라. 그 거대 생명체가 바로 나 자신일지도. 하하하.”

　형과 나는 오늘 하하하 웃음 명상을 한다면 이미 내 인생은 성공 그 자체라고 생각한다. 어찌 웃지 않을 수 있겠는가.

　하하하.
　하하하.

　🖋 무슨 소리?

일상의 행복 세계로 인도하는 ‘하하하’ 명상법이 있어.

　🖋 그래서?

그냥 “하하하”하고 웃어보자고.

　🖋 뭐가 좋지?

바로 행복해져.

나는 망할 자신이 없다

"선생님! 미아 몰리에가 무슨 뜻이죠?"

"이탈리아 말로 '내 아내'라는 뜻이에요. 커피가 제 아내죠. 하하. 카페 이름이며 나만의 커피 브랜드이고, 내 회사 이름이지요."

그렇게 J형은 커피와 결혼했다. 형은 청년 시절, 다방에서 음악 디제이를 하면서 자연스럽게 커피와 친숙해졌고, 오랫동안 커피에 미쳐 살다가 마침내 세계 최초로 숯가마 로스팅 장비를 발명했다. 나는 형이 내린 커피 맛을 기대하면서 한 모금 마셔 보았다.

"제가 커피를 마신 건가요? 아니면, 커피 차를 마신 건가요?"

"하하하. 그런 이야기를 많이 들어요. 나는 커피차라고도 말해요."

약 10년 전, 나는 다른 지역에서 커피 전문점을 운영하는 J형을 한번 만났었다. 그때 나는 커피 애호가가 아니었지만 형의 커피에 대한 애정은 남달랐다는 점과 당시 형이 내려준 커피에는 뭔가 특별한 맛이 깃들어 있음을 느꼈었다. 그리고 무슨 그리 많은 시간이 필요했던지, 자주 통화를 했지만 나의 '하늘'은 10년이 지나고 나서야 내게 두 번째 만남을 허락했다.

"형! 이제 나는 더 이상 선생님으로 부르지 않을게요. 괜찮죠? 하하"
"아무렴. 아우님! 내가 원하던 바야. 핫핫."
"형의 눈동자가 빛나고 있어요. 예전이나 지금이나 청춘의 그 모습 그대로예요."
"나는 지금 프리미엄 커피를 개발하는 중이야. 더치 커피를 발효시켜서 상품화하고 있는데 거의 완성 단계지. 또한 농촌 공동체와 커피를 접목해서 함께 잘 살아가는 세상을 만드는 중이야. 나는 커피를 사랑하는 한, 망할 자신이 없거든."

형은 정말 나이를 잊은 채 살아가고 있었다. 지금도 하고 싶은 일이 있고, 목표를 설정하고 계획표를 짜서 실천하고 있었다. 그러면 청춘이다. 지금의 나도 그러하기에 진한 동질감이 느껴졌다.
나는 형이 어떻게 나이를 잊고 청춘으로 살아가고 있는지, 그 자신감의 원천이 무엇인지 궁금해졌다.

"형. 근데. 관록이 있으니 좀 편하게 사는 길도 있으실 텐데."
"이게 지금 내게 가장 편해. 나는 오늘, 지금, 여기에서 커피 볶는 게 제일 즐거워서 이러고 있는 거야."
"형도 나이가 조금 되셨잖아. 병이 생기거나, 그러다가 잘못될 수도 있을 텐데. 그런 생각은 안 하셔?"
"요즈음은 발효 커피를 개발하는 중인데, 여기에 마음을 쓰기도 바빠. 나는 오늘 커피를 볶다가, 확 죽더라도 여한이 없어. 그건 최고로 행복한 죽음이지. 그런 걸로 고민할 시간이 없지. 내 아내인 커피에 마음을 둘 뿐이라네.”

“뭐야? 형은 커피 형수님을 진짜로 사랑하는구나. 하하”

형이 뜨겁게 발산하는 뜨거운 에너지의 원천은 바로 ‘사랑’이었다. 집착을 넘어서야 사랑이 된다. 커피를 사랑하든, 일을 사랑하든, 연인을 사랑하든, 철학을 사랑하든, 돈을 사랑하든, 신을 사랑하든, 나 자신을 사랑하든 사랑하는 그 마음은 내가 가지고 있다.

“형은 어떻게 커피를 사랑하게 된 거죠?”

“커피를 사랑한 이유? 그런 게 어딨어. 그냥 사랑하게 된 거지. 나도 한때는 토목 건설도 크게 했었고, 그때 내 지위와 능력을 다른 사람들 앞에 돋보이게 드러내려고도 했었지. 그랬더니 병만 찾아오더라고. 안 되겠다 싶어서 그냥 그런 것은 다 내려놨어. 그랬더니 그 자리에서 커피가 보이더라고. 커피밖에 사랑할 수 없었고, 커피는 사랑해도 되겠더라고. 그렇게 커피와 정이 들게 되었는데 커피는 결코 나를 결코 실망하게 하지 않았어. 그래서 나는 커피를 아내로 삼았고, 커피로는 망할 자신이 없다는 믿음을 얻게 된 거지. 하하.”

형도 한때 불행의 행복을 좇고 있었다는 점을 알 수 있었다. 그랬던 형은 언제부터인가 지금의 일상에서처럼 사랑이 강물처럼 흐르고 있었다. **오늘 사랑하기 바쁜 형이 어떻게 내일의 불행을 걱정할 수 있겠는가.** 서양 스피노자는 사과나무 한 그루를 더 심겠다고 말했는데, 형은 오늘 하루 커피를 볶고 있었다.

그럼 나는?

나는 의료인의 길을 묵묵히 잘 가야지 뭐.

아 참! 현재는 잠시 쉬고 있으며 막둥이 아들 캐어가 더욱 중요하다. 그런데 최근 아드님께서 그간의 묵언수행을 풀고 내게 아주 달콤하고도 은혜로운 제안을 했다.

"아빠! 오랜만에 끝말잇기 게임 한번 할까?"

나는 이래 봬도 베스트셀러 작가다. 어휘력에서 중2 아들을 능가한다. 그래서 늘 져줬다. 그런데 어느 순간부터는 져주는 게 아니라 그냥 지기 시작했다. 이제 정신 바짝 차려야 한다. 아들이 먼저 포문을 열었고 우리는 끝말잇기를 이어 나갔다.

레미콘 - 콘 스네이크 - 크란 키 - 키다리 - 리버풀 - 풀럼 - 럼주 - 주둥이 - 이빨 - 빨래

이제 아들이 이어받을 차례였다. 'ㅐ'와 'ㅔ'는 서로 봐주기로 했다. '래'로 끝났으니 '레', 혹은 '래'로 시작할 수 있었다. 녀석이 한참 생각하더니 묘수를 둔다.

"아빠. 레미콘은 아까 했으니, 음, 사물 명사니까 다른 걸로 할게. '레미콘 돌리면서 가는 차' 이렇게!"
"앗! 좋다. 창의적 발상이야. 아빠도 인정! 그럼, 계속 이어나가자. 음, 뭐로 할까나. 좋아. '차에 실려 가는 소'!"

갑자기 끝말잇기의 범위가 무한대로 확장되었다.

"소노! '작은 분노'라는 뜻의 인터넷 용어야! 노루 - 루키 - 키다리 - 리

어카 – 카센터 하는 사람, 하하 – 람보 삼촌 – 촌스러운 사람 – 람보 이모
– 모자 쓴 사람 – 람보 고모 – 모자 벗은 사람 – 람보 할아버지 하하하."

막상막하, 무승부다.

그까짓 것 규칙 따위가 뭐 그리 중요한가. 녀석과 소통하고 놀려고
하는 경기니까. 그러면 되는 법. 형은 커피 사업에 망할 자신이 없다. 아
들 녀석은 끝말잇기 시합에 질 자신이 없다. 나는 녀석 돌봄에 실패할
자신이 없다. 왜들 이렇게 자신이 없는 걸까?

어쩌면 이쯤에서 어떤 눈 밝은 독자님이 한 말씀 하실 듯하다.

"그래요. 나도 이제 더는 '불행의 행복'을 누리며 살 자신이 없어요."

라고.

✍ 무슨 소리?
J형은 나이 70세에도 뜨거운 청춘으로 뜨겁게 살고 있었어.

✍ 그래서?
우리도 그렇게 형처럼 기대치를 내리고 내 삶을 사랑해 볼까?

✍ 뭐가 좋지?
어떤 일에도 망할 자신이 없어져.

수다 떨고 행복 줍고

2023년 봄철, 나는 ○○시의 센터 위탁 입찰에서 탈락했다. 이제껏 내가 기울인 노력과 정성에 반하는 결과에 허망했지만 '해동네도 좋지만, 달동네도 괜찮다'는 투웨이 그대로를 내게 적용했다.

'하늘은 내게 더 나은 그 무엇을 준비하고 계시리라.'

그래서 현재 상황에 대하여 지금 내가 어떤 마음을 가져야 할지 하늘에게 물어보았다. 그랬더니 하늘은 15번 지산겸(地山謙,☶)괘와 3번째 효로 응답했다.

- 겸괘: 형통하다. 군자가 유종의 미를 거둔다. (亨, 君子 有終)
- 3효: 공로가 있으면서도 겸손하다. 군자처럼 끝맺음을 잘하니 길하다.
  (九三 勞謙, 君子 有終 吉)

역시 하늘은 족집게 과외 선생처럼 내게 가장 필요한 조언을 하신다.

지금의 상황은 오히려 형통하며 ○○시와 이제껏 맺은 인연에 유종의 미를 거두고 더욱 겸허하게 살라고 권고하시고 있다. 이미 공로가 충분하니 더 낮춰 살라고 말씀하신다. 내가 며칠간 고민하면서 얻은 결론과 같았다. 언제나처럼 하늘은 내게 늘 따뜻하게 격려해 주고 있었다. 나는 어려움이 있거나 내 뜻대로 일이 되지 않으면 다음 구암형이 제시했던 화두를 떠올린다. 내가 사람으로 태어났고, 아직 생명이 붙어서 살아 숨 쉰다는 사실 말이다. 하늘은 늘 내게

"뭘 더 바라는가? 이만큼이라도 충분한 것 아닌가?"

라고 말씀하시고 있었다.

만일 **이 상황에서도 내가 감사와 기쁨을 얻지 못한다면 과연, 그 무엇을 얻어야 기쁘고 감사할 수 있단 말인가. 그러므로 우리는 누구라도 충분히 행복할 수 있으며, 이미 행복하다.** 행복은 일상에 널려 있기에 그저 줍기만 해도 되는 거였다.

나는 초등학교 시절, 학교에 가기 위해 남한강 강변을 따라 10리 길을 걸어 다녔다. 그 길 중간쯤에 장화 모양으로 생긴 샛강이 있었는데, 그곳은 다슬기 천국이었다. 동네 어르신들은 비료 포대를 들고 수시로 나가서 그곳에서 다슬기를 잡았다. 아니다. 잡는 게 아니라 줍는 거였다. 충청도 사투리로 다슬기는 '올뱅이'다. 당시 시골에서는 아무도 '올뱅이'를 잡는다고 말하지 않았다. 그냥 '올뱅이'를 줍는다고 말했다.

여기서 샛강은 일상이고 올뱅이는 행복이다. 샛강은 내 고향에만 있는 게 아니라, 곳곳에 널려 있다. 가까이 있지만 이를 보지 못하고 헤맬 수 있다. 그래서 겸허함이란 밝은 눈이 필요하다. 겸허함을 가지면 얼마

든지 샛강이라는 일상을 찾을 수 있고 올뱅이라는 행복을 주울 수 있다.

　문득 이 시점에서 나는 나만의 샛강이 아닌 또 다른 곳, 또 다른 일상을 찾아 올뱅이라는 행복을 줍고 싶었다. 그렇다고 멀리 갈 필요도, 이유도, 비용도 없었다. 장소보다는 사람이다. 다소 신세를 져도 마음이 편한 친구를 만나는 것으로 족할 일이다. 시간이 허락되는 친구를 찾아보니 서산에서 고교 동창생과의 1박을, 또 그 다음 날 화성에서 사회 절친과의 1박이라는 서해로의 여행 일정을 잡을 수 있었다.

　먼저 서산 사는 친구네 집에 들렀다. 사는 게 뭔지, 뭘 그리 바빴는지, 마음을 나눌 수 있는 친구였건만 실로 참 오랜만에 만나게 되었다. 친구와 이웃들은 내가 도착할 시간에 맞춰 모두 모여서 나를 뜨겁게 맞아 주었다.

　친구가 사는 그곳은 작은 언덕을 깎아서 새롭게 조성한 마을이었다. 마을 앞으로는 논이 펼쳐져 있었고 걸어서 갈 수 있는 곳에 서해가 있어서 소금기를 머금은 짠바람이 불어왔다.

　놀랍게도 이곳 친구네 동네에는 담벼락이 없었다. 각자 자기 집 앞의 텃밭을 일구면서 그 농작물을 서로 나눠 먹으며 생활공동체를 이뤄 살아가고 있었다. 그로 인해서 이웃끼리 서로 챙겨줄 수 있는 구조였다. 실제로 내가 그곳에 방문한 날 이웃집 한 분이 2시간 동안 자취를 보이지 않자, 한바탕 수색 소동이 일어났고 그분의 위치를 확인한 이후에야 다시 일상이 잠잠해지는 것을 목격할 수 있었다.

　아름다운 공동체로 한마음이 된 그곳은 한눈에도 참 행복해 보이는 해동네였다. 그러나 친구와 더 수다를 떨어보니, 이처럼 좋은 해동네에 살고 있으면서도 친구만의 달동네 사연이 있었음을 알게 되었다.

"친구야. 나 3년 전에 협심증으로 거의 죽을 뻔했어. 스텐트 시술도 받았거든. 그 후 아등바등 살려는 마음이 없어졌어. 내가 낚시를 좋아하잖아. 주변 낚시터에 왔다가 자연스럽게 이 동네가 눈에 들어와서 이곳에 정착했지. 무엇보다도 이웃 사람들이 참 맘에 들어. 우리집 식구들은 여기를 별장이라고 생각하지만, 나는 여기가 집이야. 360일을 이곳에서 살거든. 하하."

친구는 이곳 마을에 살면서 마음을 비웠다. 그 결과 몸도 건강해졌고, 일상의 행복을 찾게 되었다고 말했다.

이날 저녁, 친구네 집에서 바라보는 서해의 낙조는 무척 아름다웠다. 나는 유기농 채소가 곁들인 풍성한 저녁 식사를 했고, 그 후 이웃들과 함께 기타 치고 노래 부르면서 두런두런 이야기꽃을 피우며 마음껏 수다를 떨었다.

다음 날 아침, 또 다른 친구를 만나기 위해 화성시 전곡항으로 향했다. 그곳에서 케이블카를 타고 제부도로 함께 가기 위함이었다. 나는 약속한 전곡항 주차장에서 친구를 만났고, 그곳에 있는 카페에 들렀다. 그곳에서 커피도 마시고 빵도 먹으면서 친구와 함께 본격적으로 수다 떨기에 돌입했다.

친구는 큰 사업체를 운영하기에 겉보기에는 화려한 해동네다. 그렇지만 심리적인 달동네가 깊다. 한때 극한의 우울감에 시달려서 아무것도 하지 못했던 적이 있었다. 그래서 수양하지 않고서는 살 수 없는 팔자다. 따라서 수양에 관련한 어떠한 수다도 마다하지 않고서는 살 수 없는 팔자다. 물론 그냥 한번 웃어넘길 수 있는 다음과 같은 가벼운 수다도 즐긴다.

"친구야. 아프리카 부족의 최고 권력자가 추장이잖아. 그런데 그 추장보다 더 권력이 센 지위가 있다는 거야."

"그래? 그게 뭔데?"

"고추장!"

"헐!"

"그리고 고추장보다도 더 센 권력자도 있어."

"뭘까?"

"초고추장이야! 그런데 그보다도 훨씬 강력한 권력자가 있다고 하더군!"

"아하. 감이 온다. 알겠다. 태양초 고추장이지? 하하하."

수다에 내용이 있어도 좋고, 없어도 괜찮다. 그냥 즐거우면 된다. 최근에 친구는 내게 '왕 수다쟁이'라는 친근한 별명도 지어주었다. 친구와 나는 서로의 달동네를 다 털어놓을 수 있기에 언제 만나도 편하고 반가운 사이다.

최근 친구는 새로운 사업을 시작했는데, 이 상황에 대해서 하늘이 어떻게 여기는지, 그리고 합당한 지침이 무엇인지를 하늘에게 물었다. 놀랍게도 하늘은 주역 1번 중천건(重天乾, ䷀)괘에 1번 효로 응답했다.

- 건괘: 원만하고 형통하고 이롭고 바르다. (元, 亨, 利, 貞)
- 1효: 잠자는 용이니 나서지 말라. (潛龍, 勿用)

이 점괘는 해석할 이유가 없다. 그냥 그대에게 하늘이 함께 한다는 뜻이다. 그러니 따질 것도 없다. 잘 되든 잘되지 않든 하늘이 함께 할 테니까, 되면 돼서 좋은 일이요, 안 되면 안 돼서 좋은 일이라는 견해다. 즉 하늘이 말씀하시기를,

"너는 그냥 가만히 있어. 내가 다 알아서 해줄게."

라는 뜻이다. 정말 대단한 응원과 격려가 아닐 수 없다. '원 포인트 레슨'인 효의 메시지 역시 구체적이었다. 일단 지금은 쉬어야 할 시기라는 권고였다. 친구는 하늘의 권고를 잘 참고해서 대처하겠다고 말했다.

그렇게 카페에서 한참 수다 떨기에 열중하다가 목표로 두었던 제부도로 가기 위해 카페에서 나와 서둘러 케이블카 정류장으로 향했다. 오후 4시가 가까워지는 시간이었다. 이윽고 그곳 케이블카에 오르자, 썰물로 드러난 섬과 육지로 연결된 도로로 자동차들이 오가는 행렬이 눈에 들어왔다. 그때의 풍경은 마치 모세의 기적을 보는 것처럼 신비로웠다.

그렇게 우리는 케이블카를 타고 제부도에 도착해서 바닷가 해안으로 내려와 바닷물이 찰랑거리는 모래사장을 맨발로 걷기 시작했다. 5월 중순 무렵의 바닷물은 그리 차지 않았다. 친구와 나는 시원한 바닷바람과 바닷물이 적신 촉촉한 모래사장을 맨발로 걸으며 폭풍 수다를 이어 나갔다.

"내가 기업 경영을 하면서 여러 사연이 있었고 그것으로 마음이 힘들어지면서 친구를 만난 것이고 심리적인 어려움에서 벗어날 수 있었어. 나는 이 점을 늘 고맙게 생각한다네. 어언 20년이 가까워졌으니 친구한테서 들은 한국 고유의 치유 심리학에 대해서 대략 읊어볼 테니까 함 살펴봐 주게나."

"감사함으로 표현한다면, 친구야말로 늘 나를 무한히 응원했으니, 내가 더욱 친구에게 감사하지. 아무튼 그럼 한번 시작해 보게나."

"세상에 존재하는 모든 심리적인 어려움은 '해동네이어야만 한다'라는 생각이 불러온다네."

"얼쑤! 바로 그거라네."

"세상에는 이미 달동네가 있고, 달동네 바탕 위에서 해동네가 있는데, 달동네를 떼어내고 해동네로만 가려는 것은 마치 왼발을 떼어내고 오른발로만 걷겠다는 것과 같아. 그 이유는 착시현상으로 인해서 오른발과 왼발을 별도로 보기 때문인 거지. 그러나 오른발과 왼발은 몸통으로 이어져 있거든. 마찬가지로 이미 해동네 속에 달동네가 있고, 달동네를 통해서 해동네가 발현되거늘, 이를 별도의 존재, 대립의 개념으로 봐서 생기는 문제라네."

"하므, 그라제!"

"그렇다면, 이 둘은 별도의 존재가 아니라 서로를 위하고 힘이 되는 존재지. 그래서 그 둘은 서로 절대적으로 필요로 하니까 친구가 이를 투웨이라고 명명한 것이고 옛사람들은 음양이라고 말한 것이지. 이 둘은 떨어져도 떨어질 수 없고 깨져도 깨질 수가 없다네. 서로 한 통속이니까."

"아무렴!"

"하늘의 사랑은 결국 달동네를 통해 그 순기능이라고 말할 수 있는 겸허함과 내면의 성장을 선물하고 있어. 즉 내가 못마땅하게 느꼈던 달동네에서도 좋은 점을 찾으니, 달동네는 달동네가 아닌 해동네가 되는 거지. 그렇게 해동네가 달동네가 하나가 되니, 둘의 차별성은 사라지는 거야. 이제 달동네가 문제가 되지 않으니, 달동네를 문제로 여긴 시각이 없어지면서 문제로부터 초월하는 거지. 나 역시 내가 원하는 '해동네로서의 나'만 인정하려다가 심리적 절름발이가 돼서 우울증까지 온 것임을 깨닫고, '달동네로서의 나'를 챙기면서 마음의 평화를 얻었다네. 결국 달동네 인정이 전부야. 그렇지 않은가?"

"퍼펙트 하다네!"

"그러한 해동네와 달동네는 드러나는 현상 세계이고, 이를 드러나게 하는 것인 본질 세상인데, 신이라고도 말할 수 있고 하늘이라고도 말할 수 있다네. 그 속성은 사랑이라네. 왜냐면 자신을 드러내지 않고 드러난 현상계들이 마음껏 자유롭게 살아갈 수 있도록 묵묵히 지켜주고 있으니까 말이야. 그리고 결국 궁극적으로 하늘과 나는 떼어내려고 해도 뗄 수가 없으니 하늘은 또 다른 나, 근원적인 나라고도 말할 수 있지. 우리는 이렇게 음양표리라는 투웨이 구조로 삶과 죽음, 의식과 비의식을 통해 끊임없이 역동적으로 순환하고 있는 거지. 결국 이분법에만 집착하지 말고 순환론으로 보완하자는 거지 뭐. 이 정도라면 충분하지 않은가? ”

"충분하고말고. 자네는 내 마음을 관통했구먼. 하하하. 내가 한 가지는 물어볼까 하네. 우리는 왜 살아가고 있는가?"

"아니, 그걸 어떻게 알 수 있는가? 살아 있으니 살아가는 거지. 또한 살아 있어도 살아 있는 것이 아닐 수도 있는데 살아 있는 것을 묻는 게 무슨 의미가 있겠는가? 오늘 자네와 내가 함께 걸으면서 행복을 누리면 이미 충분한 것을."

"하하하. 그렇게 말이야."

다정한 친구를 만나 가벼운 술이나 커피, 차를 마시며 떠는 수다는 마음의 영양을 보충하는 술이며, 내 생각을 깨워주는 커피이고, 마음의 때를 씻어 주는 차다. 나는 이 자리를 통해서 일상에 널린 행복을 마음껏 줍도록 도와준 나의 사랑하는 두 친구에게 깊은 감사를 표한다.

무슨 소리?

우리 주변에는 마음껏 수다를 떨 수 있는 친구와 적합한 공간이 있어.

그래서?

믿고 찾아 봐.

뭐가 좋지?

얼마든지 일상에 널린 행복을 줍게 돼.

사다리와 보름달

최근 나는 경기도 광주시의 태화산 기슭에 힐링을 할 수 있는 괜찮은 쉼터가 있다는 소문을 들었다. 그곳에 당도해 보니 게스트하우스 같은 분위기가 나는 건물과 비교적 넓은 마당이 있었다. 그리고 입구에 놓인 항아리에는 예쁜 캘리그래피로 쓰인 다음의 시 한 수가 나를 반겼다.

> 이곳은 행복의 주인공이 되는 곳.
> 나를 보면 보는 사람도
> 행복해지는 곳.

마당 한쪽 편에서는 '계약했어요. 지금부터 행복'이라는 아주 짧은 시도 눈에 들어왔다.

나는 집 안쪽에서 들리는 인기척에 그쪽을 향해 먼저 인사를 건넸다.

"안녕하세요? 여기 쉼터가 있다고 하기에 잠시 들렀습니다. 조금 머물

러도 될까요?"

그랬더니, 한 여성분이 나와서 친절하게 말씀하셨다.

"아, 그럼요. 물론이죠. 옆문을 통해 저희 거실로 들어오세요."
"네, 감사해요."
"때맞춰 잘 오셨네요. 저희가 지금 음식을 준비 중이었는데, 마침 한 분이 더 드실만한 분량이 되거든요. 식사부터 하시죠."

이곳 쉼터의 주인장은 모 철강 회사를 운영하고 있었는데, 이곳을 '이야기 터, 휴'라고 이름지었다.

"이곳은 제가 10여 년 전에 건강이 좋지 않았을 때 마련했어요. 저 자신의 건강도 챙기고 직장인을 비롯한 많은 일반인들이 여기 와서 힐링할 수 있도록 개방했어요. 사실 제 제 기업을 성공적으로 이끌 수 있었던 건 우리 사회가 저를 도와준 덕분이죠. 조금이나마 베풀고자 하는 마음으로 이 터를 가꾸고 있습니다. 다행스럽게도 제 건강은 많이 좋아졌답니다.
"네, 그렇군요. 그럼 제가 잘 온 거네요. 감사합니다. 하하."

잠시 후, 단출한 건강식을 먹을 수 있었는데 정갈하면서도 맛도 참 좋았다.

알고 보니 이곳 시의 대부분은 주인장과 친밀하게 지내는 감성 시인 Y님의 작품이었다. 다음의 '어쩌면 좋지?'라는 제목이 붙은 시는 중학교 교과서에도 실렸다고 한다.

자다가 눈을 떠.
방 안에 온통 네 생각만 떠다녀.
생각을 내 보내려고 창문을 열었어.
그런데 창문밖에 있던 네 생각들이
오히려 밀고 들어오는 거야.
어쩌면 좋지?

나 역시 시인의 영향을 받아서일까?

이곳에 세 번째로 방문했던 어느 날, 저녁까지 머물다가 떠오른 달을 보면서 몇 글자 적게 되었다.

나는 지금
철물점으로 가는 길이야.

어젯밤
지붕 위로 떠 오른
둥근 달을 보면서
사다리가 꼭 필요해졌거든.

오늘 밤엔

그 사다리를 타고

지붕에 올라가

보름달을 냉큼 따서

그대 품에 안겨줄 거야.

그러면 그대는 알겠지?

그대를 향한 내 마음이

보름달만큼이나

꽉 찼다는 사실을.

난 위 시의 제목을 '사다리와 보름달'로 정했다. 산문 작가인 내가 시를 쓴 것은 초등학교 시절 면의 백일장에 나가서 입상한 이후 처음이다. 그리고 보니 내가 시에서도 전혀 문외한은 아닌 듯하다.

나는 나눔의 미덕을 가진 이곳 주인장에게 회사를 어떻게 그토록 잘 경영해 왔는지를 물어보았다.

"기업 경영은 어렵지 않아요. 정직하고 성실하면 되죠. 이것이 신뢰를 쌓으면 발전할 수밖에 없어요."

이 철학으로 나 자신을 되돌아보았다. 나 자신이 정직한지는 잘 모르겠다. 그러나 내 감정에 대해서만큼은 정직했다고 자부한다. 성실한 줄도 잘 모르겠다. 하지만 게으르지는 않았다고 생각한다. 신뢰 역시 수없이 깨졌지만, 그 덕분에 깨져도 안 깨지는 신뢰를 얻는 데 성공했다.

기업 경영의 덕목이 정직과 성실, 신뢰라면 **힐링의 덕목은 사랑과 유연함, 유머**이다. 이것은 깨져도 안 깨지는 믿음에서 나온다. 그리고 그런 믿음은 하늘의 무한 사랑에서 출발한다.

결국 나는 다시 또 사랑 타령이다. 그런데 이곳 '이야기 터, 휴'에서 사랑이 아니면 그 무엇이 재미있으며, 우리 삶에 사랑이 빠지면 또한 무슨 시가 나올 수 있겠는가.

남녀노소 누구라도 사랑 이야기를 가장 사랑한다. 연인의 애정 이야기, 친구 간의 우정 이야기, 사회에서의 의리 이야기는 사랑이 그 기반을 이루고 있다. TV나 영화 속 스토리나 유행가에서 오페라까지 역시 사랑이 가장 높은 빈도로 등장한다. 사랑에 관한한 종일 이야기를 해도 싫증나지 않고 언제나 새롭다.

사랑 이야기를 나눌 수 있는 공간은 어디라도 있을 터.

그 이름은 이야기 터.

우리 함께 사랑할 수 있는 터.

🖋 무슨 소리?

풋풋한 감성을 나눌 수 있는 곳, '이야기 터, 휴'에 가봤어.

🖋 그래서?

어디에도 있어. 그러니 그대도 한번 찾아 봐.

🖋 뭐가 좋지?

따뜻한 인간미를 나눌 수 있거든.

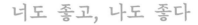

너도 좋고, 나도 좋다

"아빠. 저 아무래도 용돈에 보너스 좀 얹어서 주셔야겠어요."

"그래? 무엇 때문에?"

"중간고사를 봤거든요."

"그랬구나. 그럼 성적이 올라간 거야?"

"국어 36점에, 과학은 겨우 한 문제 찍어서 맞췄어요. 뒤에서 일등이 확실해요. 그러니 아빠가 격려금 얹어 줘야 하는 것 아닌가요?"

"오호. 우리 아들은 좋은 성적일랑 친구들에게 모두 양보하고, 낮은 자세로 맨 뒤를 지키고 있다는 이야기구나. 인성이 참 훌륭하네. 당연히 보너스를 줘야지."

아들의 친구들은 학업 성적이 상승하고, 녀석은 용돈을 타는 솜씨가 상승하고 있다. 나는 학교 성적의 상승보다 자신감과 자존감의 상승을 중시한다. 그러므로 녀석의 기를 꺾을 이유가 없다.

나는 나의 두 딸이 그러했듯이, 녀석도 앞으로 뭘 해서 먹고살지 스스로 찾아내리라 본다. 다만 내적 방랑의 시간이 좀 더 필요할 뿐이다.

다음은 어느 여성이 20대 초반에 가지고 있었던 꿈이다.

'내가 결혼해서, 세탁한 옷들을 탁탁 털어 빨랫줄에 널고, 커피 한잔을 마실 수 있다면 참 좋겠다.'

10여 년이 지난 후, 햇볕이 따사로운 어느 날 평소처럼 세탁기에서 빨랫감을 꺼낸 그녀는 아파트 베란다 빨랫줄에 빨랫감을 널고 있는 자신을 보았다. 그리고 그녀는 바로 그때 그녀의 꿈이 이미 이뤄져 있음을 알아차리게 되었다.

사실 **우리가 이미 사람으로 태어나, 생명 활동을 하는 이 자체만큼 경이로운 일은 없다.** 그래도 우리는 부지런히 꿈꾼다. 나 역시 사람이 되는 꿈을 이루고 나서도 또 다른 꿈을 가졌다.
한의사가 되고 싶었고 그렇게 그렇게 되었다. '내 사랑'을 '내 사람'으로 만들고 싶었고 그렇게 되었다. 힐링센터를 운영하고 싶었고 그렇게 되었다. 베스트셀러 작가가 되고 싶었고 또 그렇게 되었다.
나는 더 나아가 센터 위탁에 성공하여 K-힐링을 주도해 한국의 심신 힐링 프로그램을 전 세계에 알리고 싶었다.

'그런데 내가 원하는 모든 꿈을 들어주시더니, 하늘은 왜 이걸 꺾으셨을까?'

그러나 결코 꺾은 게 아니었다. 내게 더 새롭고 더 큰 뭔가를 주시겠다는 하늘의 뜻이 있음이 분명했다. 나는 그 당시 내 마음 자세에 대한 하늘의 견해를 물었을 때, '겸허함으로 유종의 미를 거두라'는 하늘의 목소리를 들었다. 그래서 나는 기대치를 좀 더 내리고 '내 떡 썰기'를 하면서 기다렸다. 그리고 나는 지금의 이 시점에서 현재 나의 상황과 내가 어떻게 대처해야 바른길인지에 대해서 다시 물어보았다.

그러자 하늘은 내게 5번 수천수(水天需 ䷄)괘로 응답하셨다.

성장을 꾀하면서 기다릴 줄 알아야 한다. 믿음을 가지고 있기에 빛나고 형통하며, 올바름을 지키기에 앞날이 좋다. 큰 승부를 걸어라.
(需, 有孚, 光亨, 貞吉. 利涉大川)

라고 응대해 주셨다. 여태껏 굳센 믿음으로 잘 기다렸다고 말씀하신다. 바른 생각, 즉 투웨이로 나아가면 좋으니 큰 승부를 걸라는 말씀이다. 그래서 큰 승부가 뭔지 다시 물었다. 그러자 하늘은 내게 다시 41번 산택손(山澤損 ䷨)', 즉 '마음을 비워 라!'라고 말씀하셨다. 그리고 다음과 같이 부연했다.

하늘에 대한 믿음만 굳건히 가진다면, 대그릇(簋) 두 개만으로도 크게 길하다.
(損, 有孚 元吉. 无咎 可貞. 利有攸往 曷之用 二簋 可用享.)

'헉. 대그릇 두 개라고? 그럼 투웨이(Two ways)네.'

위 세 가지 하늘의 견해를 미루어 짐작한 결과 이제 나는 모든 것을 알 수 있었다. 수천, 수만 명을 상대로 힐링 프로그램을 진행하는 것도 좋다. 그러나 그것은 하늘이 내게 예비한 계획보다는 작은 꿈이었다. 그런 작은 꿈일랑 덜어내고 그것보다 더 큰 꿈은 '그대 한 사람 사랑하기'에 도전하기였다. 그리고 이것이야말로 가장 우주적인 꿈이었다. 그대 한 사람이 곧 소우주이기 때문이다. 그렇게 하늘은 내 꿈을 무한의 우주로 확장해 주었다.

아, 여기가 바로 내 본연의 자리였다. 그러기 위해서는 대그릇 두 개에 해당하는 '웃음과 해학'의 투웨이 한방 수다로 심신의 때를 씻어 주고 일상의 행복을 찾아 주고 있다면 이미 충분한 법.

'음. 감사하게도 하늘께서 정확히 알려 주시고 있네.'

내가 어디에 머물든, 무슨 일을 하든 이제 모든 것이 명쾌해졌다. 오직 그대 한 사람이 득신(得神)해서 그대 심신이 건강해지도록, 그대의 본성이 회복되어서 그대의 삶이 즐겁고도 보람있게 살 수 있도록, 그대 마음이 합도(合道)하여 그대의 인생이 유쾌하고 행복하게 살 수 있도록 돕는 일이었다.

그것은 지극히 즐거운 일, 그리고 그것은 이미 내가 진행하고 있는 일, 그렇다면 지금 이대로만 하면 된다는 하늘의 대단한 격려였다. 이 길은 하늘이 원하는 길이니, 나 역시 내가 한다는 착각과 교만을 버리기만 하면 되는 일이었다. 이처럼 하늘은 나에게 어떤 부담도 주지 않고 무한히 응원하고 있었다.

비록 우리가 삶의 고통스러운 요소를 채집하여 '불행의 행복'을 껴안고 우울과 불안을 외친들, 하늘의 응원은 그치지 않는다. 그 응원에 힘입어 내가 그대를 사랑하지 않을 수 없고, 그런 사랑을 받은 그대 또한 나를 향한 사랑을 멈출 수 없다.

그러므로 일상이 던지는 잔잔한 사랑과 화려한 행복의 파동 앞에서 계속 망상을 붙잡고 버티어 내는 건 도저히 불가능하다. 결국 우리는 일상에 머물 수밖에 없고, 서로 사랑할 수밖에 없고, 행복해질 수밖에 없다.

혹자는 말한다. 그렇게 머물기만 한다면 과학은 누가 하고 발전은 누가 시키느냐고. 그건 오해다. 우리가 일상에 머물며 사랑한다면 달동네와 다투면서 낭비되는 에너지가 없다. 그러므로 넘치는 생명이 마음과 사물에 관한 관심과 집중으로 이어지면서 개인의 내적 성장과 공동체의 외적 발전으로 이어질 수밖에 없다.

해동네와 달동네가 교차하는 이곳 지금의 일상이면 충분하다. 일상은 삶과 죽음의 고리를 통해 서로 연결되어 있으며, 천상마저도 포용할 수 있다. 나라는 존재 역시 너라는 모습으로 공존하며, 내 의식 역시 비의식과 위치를 바꿔가면서 끊임없이 순환한다. 이처럼 일상 외의 또 다른 일상은 존재하지도 않거니와 존재할 필요도 없다. 이곳 일상에는 모든 것이 준비되어 있었고 무슨 일도 해낼 수 있다.

나 역시 이러한 일상에서 깨져도 안 깨지는 믿음을 바탕으로 투웨이를 적용했다. 그것은 내 힘만을 쓰는 원카드라는 집착에서 벗어나 하늘의 응원을 믿는 또 하나의 길이었다. 나는 다만 '내 떡 썰기'를 했다. 그리고 내 삶에 어려움이 따를 때는 이를 '달동네'로 인정하면서 다음 세 문구를 자주 읊조렸다.

"잘될 거야. 일은 잘 진행되고 있어. 내 앞에 어떤 좋은 일이 생겨날지 아무도 몰라."

그랬더니 정말로, 마치 거짓말처럼 우주적인 뜻을 펼칠 수 있는 구체적이고 실질적인 공간이 나타났다. 나는 현재 하늘의 무한한 응원 덕분으로 청주시 무심천변의 새로운 일상에서 나의 또 다른 소쩍새들과 새로운 일로써 새롭게 출발하고 있다. 나는 지금 내게 일어나는 일이 하늘의 도움이라고 말하지 않는다면, 지금 내게 일어나는 일을 어떤 수식어로도 이보다 정확히 묘사할 길이 없다.

이곳 내가 있는 일상은 하늘의 무한 사랑에 힘입은 마음이 따뜻한 소쩍새들이 모여있다. 그러므로 누구라도 이곳에 온다면 불행의 행복에서 벗어나, 일상의 행복으로 나아갈 수 있다.

누구나 누리는 일상이지만 저마다 색다름이 있는 법. 그대가 있기에 내가 말할 수 있고, 내가 있기에 그대가 말할 수 있다. 그렇게 너와 나의 구라는 우리들의 경쾌한 수다가 되어 계속 이어질 터.

나는 이제 즐거운 마음으로 잔뜩 기대를 안고 그대 일상의 행복이 펼치는 아름다운 투웨이 이야기를 기다린다. 그것은 **그대가 있어 내가 행복하고, 내가 있어서 그대가 행복한 이야기**다. 아, 본래부터 그러했던 너도 좋고 나도 좋은 일상이 활짝 열렸다.

"투웨이, 투웨이"

하하하.

🖋 무슨 소리?

일상에 모든 것이 갖춰져 있어.

🖋 그래서?

'내 떡 썰기'하면서 하늘을 믿고 모든 걸 맡겨 봐.

🖋 뭐가 좋지?

너도 좋고 나도 좋은 세상이 열려.

맺는 말

저는 허준 선생께서 제시한 두 가지 조건, 사람으로 태어났다는 사실과 생명을 가졌다는 것만으로 행복하겠다는 원대한 포부에 저의 열정적인 에너지를 더해 이 책을 쓸 수 있었습니다. 이러한 열정적 에너지는 독자님들이 주신 폭발적인 사랑에 힘입은 동력이었습니다.

다만 이러한 열정에 저의 오만과 객기라는 마음때가 잔뜩 묻어져 있는 건 없는지 성찰해 봅니다. 그러나 걱정하지 않겠습니다. 이전에 주셨던 투웨이에 대한 독자님들의 열화와 같은 응원처럼, 저의 부족한 모습 역시 독자님들의 냉철한 질책으로 교정되고 보충되리라 믿습니다.

이 책을 완독한 그대, 한 분께 감사합니다.
이 책의 스토리를 쓸 수 있게 해준 내 스승 율곡, 퇴계, 구암형들에게 감사합니다.
이 책의 스토리에 참여해 준 내 혈연의 가족과 마음의 가족에게 감사합니다.
이 책을 함께 만들어 주신 박영사 출판사와 교정에 많은 공을 들인 소다인, 박윤재, 엄기환, 이흥원 선생, 알찬 조언과 교정으로 최선을 다한 김혜경 선생, 그리고 내게 이 책의 집필 동기를 심어준 이상우 선생과 전작의 독자님들에게 감사합니다.

무엇보다도 나를 빗대어 이 책을 쓰신 진정한 원저자 '나의 하늘'께 감사합니다.

저자 소개

황웅근

저자는 한의사 집안에서 태어나 가업을 이었다. 동의보감에 수록된 허준 선생의 풍부한 인문학적 소견에 크게 감동하여 한국 인문학의 두 거봉인 퇴계 선생과 율곡 선생을 사숙(私淑)했다. 그 후 선생들의 인문학과 한방의 음양론을 결합하여 한방심성계발을 창안하고 이를 바탕으로 2005년부터 10여 년간 환우분들의 마음병 근본 치유에 집중해 왔다. 이 과정에서 『해동네도 좋지만, 달동네도 괜찮다』(2009, 동아일보사)와 『마음 세탁소』(2013, 정신세계사)를 발간하여 한국 고유의 치유심리학에 관한 대중적 기반을 구축하고자 노력했다.

그 후 2014년부터 2022년까지 제천시와 손잡고 '한방자연치유센터'를 운영했으며, 현재 청주시에 '마음따뜻 한방병원'을 열어서 인문학적 휴머니즘에 의료 기술을 접목하여 마음병 및 만성 통증, 난치성 질환 치료에 매진하고 있다.

저자는 우리의 옛 선현들이 밝힌 한국 고유의 치유심리학이 홍익인간의 이념 그대로 한류의 물결을 타고 세계인의 마음 평화에 일조하리라고 굳게 믿고 있다. 이 책 역시 이를 위해 적절한 역할을 하리라고 기대하고 있다. 저자는 지금 열정적으로 임상에 임하는 한편, 설레는 마음으로 새 책 독자님들과의 만남을 고대하고 있다.

저자 찾아가는 길

1) 유튜브: www.youtube.com/@mindcleaning
2) 홈페이지: www.맘따병원.com
3) 인스타그램: www.instagram.com/woongkeun.h

투웨이

초판발행	2025년 1월 3일
지은이	황웅근
펴낸이	노 현
편 집	소다인
기획/마케팅	허승훈
표지디자인	Ben Story
제 작	고철민·김원표
펴낸곳	㈜ 피와이메이트
	서울특별시 금천구 가산디지털2로 53, 210호(가산동, 한라시그마밸리)
	등록 2014. 2. 12. 제2018-000080호
전 화	02)733-6771
f a x	02)736-4818
e-mail	pys@pybook.co.kr
homepage	www.pybook.co.kr
I S B N	979-11-6519-480-2 03180

copyright©황웅근, 2025, Printed in Korea

정 가   18,000원

박영스토리는 박영사와 함께하는 브랜드입니다.